プロフェッショナル・ディベロップメント

大学教員・TA研修の国際比較

安藤 厚・細川敏幸・山岸みどり・小笠原正明［編著］

International Symposium on Professional Development in Higher Education

北海道大学出版会

(前列左から) シ (清華), ウィメー (インディアナ), ワック (ダルハウジー), テイラー (ダルハウジー), ナイキスト (ワシントン), イ (ソウル), フォンヘーネ (バークリー), ソラッコ (バークリー) 各氏

A. Ando, T. Hosokawa, M. Yamagishi and M. Ogasawara (Eds.)

International Symposium on Professional Development in Higher Education.

Program B: Aspects of Professional Development(Hokkaido University, July 30-31, 2009).

Revised Japanese Edition.

Hokkaido University Press, ©2012

本書は，平成23年度北海道大学総長室事業推進経費の助成により刊行されました。

Image # はじめに

　本書は，2009年7月27日〜31日につくば市と札幌市で開催された，筑波大学と北海道大学共催の国際シンポジウム「高等教育におけるプロフェッショナル・ディベロップメント」のプログラムB「プロフェッショナル・ディベロップメントの諸相」(北海道大学，7月30日〜31日)の記録をもとにした日本語版である。
　このシンポジウムの英語版記録はすでに，
　International Symposium on Professional Development in Higher Education (Proceedings). Program B: Aspects of Professional Development (Hokkaido University, July 30-31, 2009). Center for Research and Development in Higher Education, Hokkaido University, 2010. (http://hdl.handle.net/2115/48496)
として刊行されている。
　その内容は，日本における教育改善および教員支援の今後の発展に役立つ多くの貴重な議論を含んでいるので，より広く活用されるよう，構成を改めて日本語版を作成した。英語版では割愛された資料もいくつか補足してある。
　本書の第I部「外国の大学におけるプロフェッショナル・ディベロップメント」では，米国・ワシントン大学，中国・清華大学，韓国・ソウル国立大学の重層的な教員研修・サポートシステムの全体像を紹介するとともに，効果的な教員支援の手法としてワシントン大学のマイクロティーチング，およびソウル国立大学のeラーニングサポートを紹介している。
　第II部「大学院生向け研修プログラム」では，カナダ・ダルハウジー大学および米国・カリフォルニア大学バークリー校のTA(Teaching Assistant)

研修からPFF（Preparing Future Faculty）プログラムへの発展の流れを紹介している。また，バークリー校のプログラムに関連して，アカデミックライティングについての討論も紹介されている。

第Ⅲ部「学生・教員調査を活用した教員研修」では，今後の教育支援ツールとして注目される，米国・インディアナ大学の全米学生調査NSSE（National Survey of Student Engagement），教員調査FSSE，授業調査CLASSE，および同志社大学の新入生調査JFSと上級生調査JCSSなど，学生・教員調査の成果を紹介している。

第Ⅳ部「日本の大学におけるプロフェッショナル・ディベロップメント」では，北海道大学と筑波大学の取組を中心に，日本の大学における教育改善・教員支援の現状を紹介している。

質疑応答では，さまざまな異論・反論も交えて，白熱の議論が紹介されている。多岐にわたる問題が真剣に議論され，私たちは国境を越えて共通の問題に直面していることが確認された。

シンポジウムを終えるにあたって，北海道大学と筑波大学は，高等教育の質の向上のためのプロフェッショナル・ディベロップメントを推進するための方策を討論し，両大学が全国的なネットワークの形成・普及に積極的な役割を果たすことを提言した。

教育改善，教育学習支援に関心を持つ多くの大学人に，本書が広く読まれ活用されることを願っている。

2011年12月

北海道大学 名誉教授
筑波大学 客員教授
小笠原 正明

目　次

はじめに………………………………………………………小笠原 正明　i
執筆者・発言者一覧　vii

序　論………………………………………………………………安藤 厚……1
日本の大学におけるプロフェッショナル・ディベロップメント　1／国際シンポジウム「高等教育におけるプロフェッショナル・ディベロップメント」　3／なぜプロフェッショナル・ディベロップメント(PD)なのか？　4／次世代 FD の研究　5／海外の先進事例の調査研究　6／国際シンポジウムにおける議論　6／プロフェッショナル・ディベロップメント活動の今後の課題と展望　8／結び　9

(参考1)北大型 FD の十年　10

第Ⅰ部　外国の大学におけるプロフェッショナル・ディベロップメント

1. 学内諸組織の連携による FD プログラム
　　──ワシントン大学──　……………………ジョディ・D・ナイキスト……17
コラム　ワシントン大学の概観　18
教育学習資源のコンソーシアム　19／新任教員歓迎プログラム　22／TA 研修　25／質疑応答　26

2. マイクロティーチングの活用
　　──ワシントン大学授業開発研究センター──
　　　…………………………………………………ジョディ・D・ナイキスト……29
マイクロティーチングの手順　30／マイクロティーチングに必要な器材　34／グループの作り方　35／建設的フィードバック　36／マイクロティーチングの評価　36／ファシリテーターの役割　37／結び　38／質疑応答　39

(付録)マイクロティーチング関連資料　43

3. 組織的プロフェッショナル・ディベロップメント戦略
　　──清華大学──　………………………………シ・ジンファン……53
グローバルな背景　53

コラム　清華大学の概観　54
　　　中国の高等教育における全国的拡大　55／中国における教員の能力開発(FPD)
　　　56／清華大学の発展戦略　58／清華大学におけるFD　59／結び　62／質疑応答　63

4. ファカルティ・ディベロップメントと教育の質保証
　　──ソウル国立大学── ………………………………………… イ・ヘジュン …… 65
　　　教育学習サポートの諸組織　65
　　　コラム　ソウル国立大学の概観　66
　　　FDプログラム　67／優れた授業のためのeラーニング　69／結び　75／質疑応答　76

第Ⅱ部　大学院生向け研修プログラム

1. 研究大学における大学院生TA研修
　　──ダルハウジー大学── ………………………………… K・リン・テイラー …… 79
　　　ダルハウジー大学の大学院生TA　79
　　　コラム　ダルハウジー大学の概観　80
　　　発表の目的　80／背景説明　81／なぜGTA研修に投資するのか？　83／GTA研修
　　　が必要な根拠　85／ダルハウジー大学のGTA研修　86／効果のあった証拠　91／
　　　いくつかの課題　93／結び　95／質疑応答　96

2. 将来の大学教員養成研修(PFF)
　　──カリフォルニア大学バークリー校── ……………… リンダ・フォンヘーネ …… 105
　　　コラム　カリフォルニア大学バークリー校の概観　106
　　　ティーチングアシスタントの初期の歴史　107／TA研修の起源　109／将来の大学
　　　教員養成(PFF)プログラム　110／バークリー校のPFFプログラム　111／GSI教育
　　　資源センター　111／将来の大学教員養成(PFF)サマーカレッジ　117／質疑応答
　　　119
　　　(参考2)カーネギー財団の大学分類　125

3. 大学院生向けアカデミックライティング・プログラム
　　──カリフォルニア大学バークリー校── ……………… サブリナ・ソラッコ …… 127
　　　アカデミックサービス　127／大学院生の悩み　131／将来の大学教員養成(PFF)サ
　　　マーカレッジ　133／質疑応答　139

4. (討論)日本と米国におけるアカデミックライティング …141

　筑波大学における
　PFF 英語アカデミックライティング・ワークショップ
　　…………………………………………………………宮本　陽一郎……141
　　統合的・分野横断的・多文化的アプローチと「エレベーターピッチ」　141
　東京大学教養学部における
　理系英語アカデミックライティング・プログラム ……トム・ガリー……144
　　科学ライティングとプレゼンテーションの科目　144／いくつかのライティング教育法　145／プロフェッショナル・ディベロップメントにおけるライティングセンターの役割　146
　討論　147／質疑応答　149

第Ⅲ部　学生・教員調査を活用した教員研修

1. 教員研修による学習成果向上
　――全米学生調査(NSSE)から授業調査(CLASSE)へ(インディアナ大学)――
　　……………………………………………ジュディス・アン・ウィメー……153
　　全米学生調査(NSSE)(ネッシー)　153
　　コラム　インディアナ大学の概観　154
　　教員調査(FSSE)　155／授業調査(CLASSE)　156／模擬調査報告書　159／四分割分析レポート　160／質疑応答　163
　　(参考3)学士課程教育におけるよい取組の七つの原則　166
　　(参考4)Bloom の教育目標分類表(認知領域)　168

2. 教育改善のための学生調査
　――新入生調査(JFS)と上級生調査(JCSS)――　………………山田　礼子……169
　　日本における学生調査の現状　169
　　コラム　同志社大学の概観　170
　　JFS と JCSS について　172／JCSS の分析結果から　174／JFS の分析結果から　178／結論　181／質疑応答　182

第Ⅳ部　日本の大学におけるプロフェッショナル・
　　　　　ディベロップメント

1. 北海道大学における新任教員研修，FD，TA 研修
　……………………………………………………………細川　敏幸……187
　　日本における変化　187
　　コラム　北海道大学の概観　188
　　北海道大学における変化　189／北海道大学における FD　190／日本の大学における

FDの新しい動向　195／結び　195／質疑応答　196

2. 日本におけるファカルティ・ディベロップメント
　　　　　　　　　　　　　　　　　　　　　　　　石田　東生……199
　　変化の芽　199
　　コラム　筑波大学の概観　200
　　どうしたらPDを促進できるか？　201／質疑応答　201

3. 北海道大学における授業開発コンサルタントの将来性
　　　　　　　　　　　　　　　　　　　　　　　山岸　みどり……203
　　北海道大学におけるFDプログラムの拡充　203／日米四大学の教育学習センターの比較　203／日本の大学におけるFDの手法　205／北海道大学における学生による授業評価　206／北海道大学全学FD参加者へのアンケート調査　207／さまざまなタイプのコンサルテーションプログラム　209／エクセレント・ティーチャーズへのアンケート調査　210／質疑応答　212
　　(参考5)北海道大学教育倫理綱領　214

4. 国際シンポジウムのまとめとその後の展開　……215
　　筑波大学・北海道大学共催2009年度国際シンポジウム
　　《高等教育におけるプロフェッショナル・ディベロップメント》のまとめ
　　　　　　　　　　　　　　　　　　筑波大学　副学長　清水　一彦
　　　　　　　　　　　　　　　　　北海道大学　副学長　脇田　　稔……215

結　語　　　　　　　　　　　　　　　　　　　　細川　敏幸……217
　　諸外国の大学改革の現状　217／FDの将来像　220／大学院教育の将来像　221／おわりに　222
　　(参考6)国際シンポジウムプログラム　224

英語用語索引　229
日本語用語索引　231

執筆者・発言者一覧(職名，称号等は 2012 年 3 月 30 日現在)

安藤 厚 Atsushi Ando	北海道大学 Hokkaido University	名誉教授 Professor Emeritus
細川 敏幸 Toshiyuki Hosokawa		高等教育推進機構教授，高等教育開発研究部門長 Professor, Institute for the Advancement of Higher Education
山岸 みどり Midori Yamagishi		高等教育推進機構教授 Professor, Institute for the Advancement of Higher Education
小笠原 正明 Masaaki Ogasawara		名誉教授 Professor Emeritus
ジョディ・D・ナイキスト Jody D. Nyquist	ワシントン大学 University of Washington	授業開発研究センター名誉センター長 Director Emeritus, Center for Instructional Development and Research
シ・ジンファン(史静寰) Shi Jinghua	清華大学 Tsinghua University	教育研究院常務院長 Executive Director, Institute of Education
イ・ヘジュン Lee Hye-Jung	ソウル国立大学 Seoul National University	教育学習センターeLearning サポート部長(2009 年 7 月当時) Director, e-Learning Support, Center for Teaching and Learning
K・リン・テイラー K. Lynn Taylor	ダルハウジー大学 Dalhousie University	学習教育センター長 Director, Centre for Learning and Teaching
リンダ・フォンヘーネ Linda von Hoene	カリフォルニア大学バークリー校 University of California, Berkeley	大学院機構 GSI 教育資源センター長 Director, Graduate Student Instructor Teaching and Resource Center
サブリナ・ソラッコ Sabrina Soracco		大学院機構アカデミックサービス部長 Director, Graduate Division Academic Services
ジュディス・アン・ウィメー Judith Ann Ouimet	インディアナ大学ブルーミントン校 Indiana University, Bloomington	学士課程教育担当副学長補佐 Assistant Vice Provost for Undergraduate Education

山田 礼子 Reiko Yamada	同志社大学 Doshisha University	社会学研究科教授, 高等教育・学生研究センター長 Professor, Faculty of Social Studies
石田 東生 Haruo Ishida	筑波大学 University of Tsukuba	システム情報系社会工学域教授, 教育企画室長 Professor, Graduate School of Systems and Information Engineering
宮本 陽一郎 Yoichiro Miyamoto		人文社会系教授 Professor, Faculty of Humanities and Social Sciences
トム・ガリー Tom Gally	東京大学 University of Tokyo	教養学部附属教養教育開発機構特任准教授 Associate Professor, Komaba Organization for Educational Development

関連リンク

ワシントン大学授業開発研究センター
Center for Instructional Development and Research, University of Washington
http://depts.washington.edu/cidrweb/

ダルハウジー大学学習教育センター
Centre for Learning and Teaching, Dalhousie University
http://learningandteaching.dal.ca/

カリフォルニア大学バークリー校大学院機構 GSI 教育資源センター
Graduate Student Instructor Teaching and Resource Center, University of California, Berkeley
http://gsi.berkeley.edu/

カリフォルニア大学バークリー校大学院機構アカデミックサービス部
Graduate Division Academic Services, University of California, Berkeley
http://grad.berkeley.edu/acapro/academic_services.shtml

北海道大学高等教育推進機構
Institute for the Advancement of Higher Education, Hokkaido University
http://educate.academic.hokudai.ac.jp/center/index.asp

筑波大学教養教育機構
Organization of Liberal Education, University of Tsukuba
http://www.ole.tsukuba.ac.jp/

序　論

安藤　厚

日本の大学におけるプロフェッショナル・ディベロップメント

　1991年の大学設置基準大綱化以降の20年間は，大規模な大学改革の時代だった。18歳人口が半減する一方，大学進学率が50％を超える「ユニバーサル段階」の状況を背景として，各種GPなど教育改善プログラムの支援も受けて，各大学において組織改革，カリキュラム改革，授業改善，学習支援，教員支援など，さまざまな取組が行われてきた。

　なかでも，授業改善，教員支援を中心としたファカルティ・ディベロップメント(FD)活動が注目され，設置基準においては，1999年にFDの実施が努力義務化され，2007年度からは大学院，2008年度からは大学(学士課程)でFDの実施が義務化された。

　文部科学省の調査(図序-1, 2)によれば，「これら(ファカルティ・ディベロップメント)の取組は，平成9(1997)年度に193の大学(全大学の約33パーセント)において行われていたものが，平成18(2006)年度には628の大学(全大学の約86パーセント)において行われるようになるなど着実な増加を見せており，大学においてファカルティ・ディベロップメントに対する意識が高まっている」[注1]。

　図序-2に見るとおり，FDの内容はたいへん多様である。

　設置基準の大綱化以降，カリキュラム，授業運営の自由度が増し，特色ある大学づくりが推奨されているので，大学ごとに多様な取組があるのは当然ともいえる。一大学のなかでも，授業改善，教員支援に関する各教員の要望は多様であり，それに応えるFD活動も，全学・各部局のさまざまなレベルで，多様で重層的な取組が必要になっている。

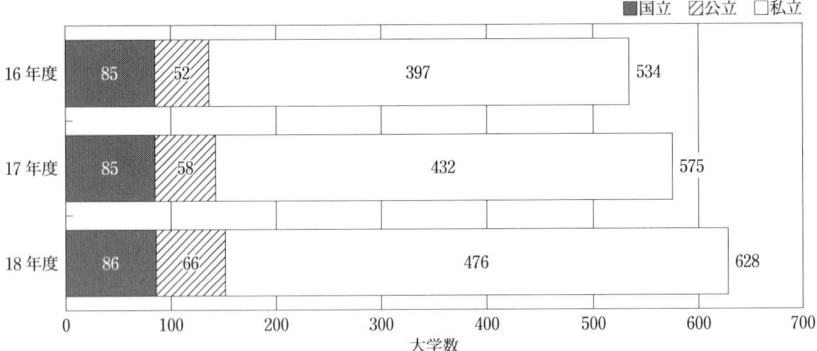

図序-1 ファカルティ・ディベロップメントの実施状況（平成16～18年度）

出所）文部科学省高等教育局大学振興課大学改革推進室
（http://www.mext.go.jp/a_menu/koutou/daigaku/04052801/002.htm）

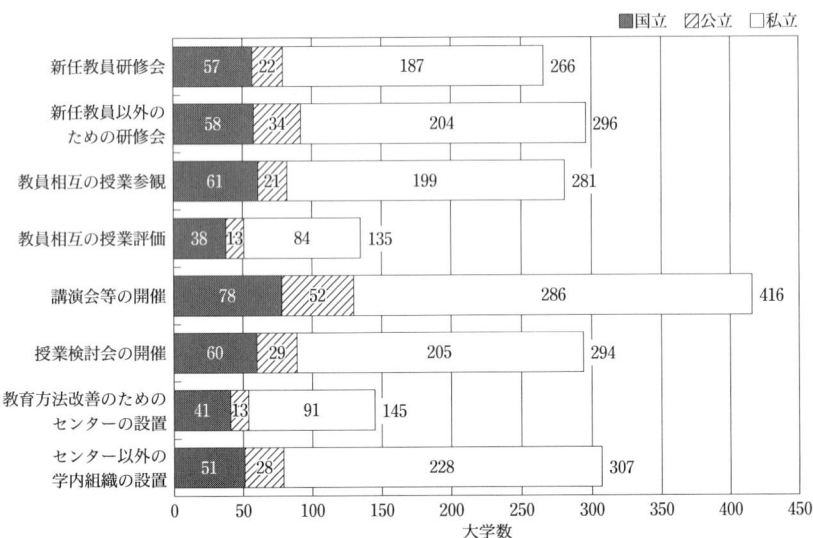

図序-2 ファカルティ・ディベロップメントの内容（平成18年度）

出所）図序-1に同じ

一方で，組織的で持続する活動のためには「PDあるいはFDの目的，目標を共有することが重要」（本書201ページ）という認識も生まれている。

また，国立教育政策研究所の『大学・短大でFDに携わる人のためのFDマップと利用ガイドライン』などFD活動のスタンダードを確立しようとする試みもある。(http://www.nier.go.jp/koutou/projects/fder/index.html)

さらに，小規模な大学，部局のFD活動を支援するため，大学連携によるFDコンソーシアムを作る動きも各地に広まっている。

今や，授業改善，教員支援に関わるさまざまな活動の可能性，多様なFD活動のメニューを示し，そのなかから各校・各人に合ったFDのやり方を見いだす必要が高まっている。

国際シンポジウム「高等教育におけるプロフェッショナル・ディベロップメント」

筑波大学と北海道大学共催の国際シンポジウム（2009年7月27〜31日）は，そのような要請に応えようとする試みであった。

北海道大学では，10年以上前から全学的なFDとして①新任教員研修会②教育ワークショップ③全学教育TA研修会を実施してきた（10，190ページ）。さらに，これらを踏まえて，次の10年に向けて新たなFDプログラムの開発を目ざして「次世代FDの研究」を進めていた。

筑波大学では，平成20〜22年度文部科学省質の高い大学教育推進プログラム（教育GP）取組「筑波スタンダードに基づく教養教育の再構築〜世界水準の教養教育を目指す全学的取組〜」において，教養教育の再構築と並んでTA研修・PFFプログラムの開発を進めていた。

双方の関心が重なり合うことから，2009年3月に両校の間で「教育改善に関する協定」を締結し，それに基づく最初の企画として本国際シンポジウムが実現した。（高等教育におけるプロフェッショナル・ディベロップメント，http://educate.academic.hokudai.ac.jp/center/kokusai_sinpo.html；プログラムA in つくば，2009年7月27日〜28日，http://www.ole.tsukuba.ac.jp/sites/default/files/goshou.pdf）

なぜプロフェッショナル・ディベロップメント（PD）なのか？

国際シンポジウムの表題は「高等教育におけるプロフェッショナル・ディベロップメント」とした。なぜファカルティ・ディベロップメント（FD）ではないのか，説明が必要だろう。

FD の義務化にともなって，ファカルティ・ディベロップメント（FD）という用語は急速に普及したが，同時に違和感も生まれている。

FD について，大学設置基準では「大学は，当該大学の授業の内容及び方法の改善を図るための組織的な研修及び研究を実施するものとする」（第25条の3）と規定されている。

これに対して，「授業の内容及び方法の改善」では範囲が狭すぎる，組織改革，カリキュラム改革こそ重要ではないか，教員研修のテーマとしては，教育支援と並んで研究支援も重要ではないか，などの指摘もある。

FD 発祥の地である米国では，教育改善・教員支援に関連して，以下のようなさまざまな用語が使われている。

Instructional Development（授業開発）
Professional Development（能力開発）
Organizational Development（組織開発）
Curriculum Development（カリキュラム開発）
Educational Development（教育開発）
Career Development（キャリア開発）
Human Resource Development（人材育成）

Faculty Development（教員研修）
Staff Development（職員研修）
Teaching Assistant Development（TA 研修）

設置基準の規定は，狭い意味では上記の「授業開発」にあたるだろう。そのほかに「組織開発」「カリキュラム開発」も重要である。

また「教員研修」という用語は，「職員研修」および「TA 研修」と並んで，「人材育成」「キャリア開発」の下位に位置づけられるともいえる。

　これらを比較検討して，本シンポジウムの表題には，大学の教職員の専門性を強調し，教員研修，職員研修および TA 研修をカバーし，特に将来の大学教員(Future Faculty)および将来の専門職(Future Professionals)としての大学院生の専門的能力開発も含む用語として，プロフェッショナル・ディベロップメント(PD)を採用した。

　その際，米国の授業改善の専門家(Faculty & TA Developer)の研究団体の名称(Professional and Organizational Development Network in Higher Education: POD)も参照した。(http://www.podnetwork.org/)

　なお，個々の発表については用語の調整はしなかったので，発表者はそれぞれ FD，PD，ED などを使い分け，Faculty Professional Development (教員の能力開発：清華大学史教授)という用語も使われた。

次世代 FD の研究

　2008〜2010 年度には学内経費により「次世代 FD の研究」に取り組んだ。北海道大学の過去 10 年間の FD 活動の経験を踏まえ，次の 10 年を見据えて，

(1) 大学院教育に焦点を絞った次世代 FD プログラムを開発して，各研究科等の FD 活動を支援する。また，教育活動全般に関する基本姿勢を明示した北海道大学教育倫理綱領(2009 年 6 月制定)を個々の教員に浸透させる。
(2) 2009 年 10 月に発足した北海道地区 FD・SD 推進協議会の活動を強化し，共同の FD 活動の企画，新 FD・SD プログラムの開発・普及を進める。

ことを目的として，①TA 研修の拡充(大学院生向け PFF プログラム)や，②中堅教員向け教育改善マネジメント FD プログラムなど「大学院教育に焦点を絞った次世代 FD プログラムの開発」と，③北海道地区 FD・SD 推進

協議会の活動強化などを進めた(「次世代 FD の研究」報告書，2011)。

海外の先進事例の調査研究

新しい FD プログラム開発のヒントを求めて，さまざまなテーマで(①TA 研修②PFF プログラム③大学院生講師(GSI)制度④ティーチングポートフォリオ⑤学習教育支援⑥授業コンサルティングとマイクロティーチング⑦IR 活動⑧学生調査 ⑨ICT 活用支援⑩国際化支援⑪研究支援など)，海外の先進事例の調査研究を行った(表序-1)。

本国際シンポジウムは，これらの海外調査の成果の中間まとめでもあった。

国際シンポジウムにおける議論

本書では，国際シンポジウムの発表から，PD の現場に密着した報告・研究に絞って，以下のように再構成してある。

(1) ワシントン大学，清華大学，ソウル国立大学の教員支援システム
(2) ワシントン大学の授業コンサルティング，マイクロティーチング活動
(3) ダルハウジー大学の GTA 研修，カリフォルニア大学バークリー校の大学院生講師(GSI)制度，PFF プログラム
(4) インディアナ大学，同志社大学の学生・教員調査
(5) 北海道大学の全学 FD，TA 研修

シンポジウムでは，将来の大学教員・専門職としての大学院生の教育・研修が大きなテーマの一つであった。ナイキスト先生，テイラー先生，フォンヘーネ先生の紹介にもあるとおり(17, 86, 105, 113 ページ)，このシンポジウムには，最近 10 年ほどの北米における Ph.D. 教育の見直し，TA 研修運動のリーダーたちが集い，多岐にわたって実り豊かな討論が行われた。

聴衆も参加した討論では「教室の文化」「研究室の文化」の違いについての言及もあり，人的・物的資源の差も大きく，実状を聞けば聞くほど彼我の差異が際立ったが，「私たちはみな大学院あるいは学士課程で学ぶ学生の支

表序-1 「次世代 FD の研究」における海外事例研究

2008-1. 中国・清華大学・教育改革フォーラム 2008(Tsinghua Higher Education Forum 2008: Quality Assessment and Assurance, Tsinghua U, Beijing), 報告：細川敏幸, How Japanese University Ensure the Quality of Students; Dr. Alexander C. McCormic, Indiana University, National Survey of Student Engagement(NSSE)	2008.6.12〜13
2008-2. ダルハウジー大学 TA PD Days, コロンビア大学, シラキュース大学, ワシントン大学訪問調査(山岸みどり, 山田邦雅, 瀬名波栄潤)	2008.9.8〜20
2008-3. POD(Professional & Organizational Development Network in Higher Education)参加(米国・ネブラスカ州), マサチューセッツ大学訪問調査(西森敏之, 細川, 小笠原正明, 馬渕奈美)	2008.10.21〜30
2009-1. 筑波大学・北海道大学共催国際シンポジウム「高等教育におけるプロフェッショナル・ディベロップメント」2009.7.27〜28, 筑波大学；30〜31, 北海道大学	2009.7.27〜31
2009-2. 第 12 回北海道大学・ソウル大学合同シンポジウム・分科会 How to Improve the Quality of University Learning: Experiences of HU-SNU, Mapping Internationalization, SNU(安藤, 西森, 山岸, 細川, 山田, 斉藤準)	2009.11.19〜21
2009-3. シンガポール大学 CELC, CIT 訪問調査(細川, 西森, 山田, 安藤)	2010.2.9〜10
2009-4. カリフォルニア大学バークリー校訪問調査(西森, 斉藤, 竹山幸作)	2010.2.16〜22
2009-5. インディアナ大学ブルーミントン校 IR Office, NSSE, 学習教育支援訪問調査(安藤, 山田, 柴田洋, 岡塔裕剛, 日吉大輔)	2010.2.22〜23
2010-1. 台湾・中原大学, 東呉大学, 国立中央大学訪問調査(西森, 宇田川拓雄)	2010.7.6〜10
2010-2. 特任准教授 Lee Hye-Jung 氏講演 Where to Go for Curriculum Innovation in a Top Research University	2010.7.16
2010-3. カリフォルニア大学バークリー校, スタンフォード大学, サンフランシスコ州立大学, ソノマ州立大学訪問調査(西森, 安藤, 宮本淳, 前田展希, 宇田川)	2010.8.17〜23
2010-4. ダルハウジー大学国際コロキューム International Colloquium on Assessing the Impact of Educational Development Practice, 2010.9.21〜22, CLT, Dalhousie U, インディアナ大学訪問調査(細川, 西森, 山田, 安藤)	2010.9.20〜27
2010-5. 第 13 回北海道大学・ソウル大学合同シンポジウム・分科会 Learning Support for New Generation, HU(安藤, 西森, 山岸, 細川, 山田, 斉藤)	2010.11.26
2010-6. 香港大学 Enhancing Learning Experiences in Higher Education: International Conference 2010 訪問調査(細川, 西森, 山田, 安藤)	2010.12.1〜5

援という共通の目標を持っていることを認識するなら，私たちの課題の多くが同質のものだと分かるでしょう」(ナイキスト，29 ページ)，「十分討論して，みなが同じ船に乗っているのだと確認すること(が重要)です」(フォンヘーネ，124 ページ)などの発言に励まされた。

プロフェッショナル・ディベロップメント活動の今後の課題と展望

本国際シンポジウムは，本学の今後の PD プログラムの立案に大きな貢献をした。北海道大学における PD 活動の今後の課題と展望は，以下のようにまとめられる。

(1) 本学では，全学 FD と連携して，5～10 年前から医学部，歯学部，工学部，水産学部などで部局 FD が実施され，FD が義務化された 2008 年度以降はすべての学部で FD 活動が行われている。

今後は全学的取組と部局の取組の役割分担と連携を明確にし，重層的な活動を効率的に行う必要がある。

(2) 本学の FD 活動は，講演(座学)よりもワークショップ(演習)中心で，対象は初期のベテラン・管理職教員中心から，次第に新任教員中心にシフトしてきた。次の 10 年には，対象を将来の大学教員・専門職(大学院生 TA)に広げつつ，個々の教員の要望に沿って，マイクロティーチングなどの手法を取り入れた授業改善・教員支援の取組に力を入れる必要がある。

「教員相互の授業参観」「授業検討会の開催」はすでに全国の大学の約 4 割で取り入れられているが(2 ページ図序-2)，本学は，流通科学大学の特色 GP 取組「全学的一斉授業公開制度を軸とする FD 活動」に学び，2010 年から小規模な授業参観制度をスタートさせたばかりで，米国の先進事例も参照しながら，大学院中心の研究大学にふさわしい新しい授業改善・教員支援の方略を模索している。

(3) TA 制度の拡充，PFF プログラムの開発は，国内では本学が最も早くから取り組んできた課題であり，大学院中心を標榜する本学としては，次の 10 年に最も力を入れたい挑戦の一つである。

(4) 学生・教員調査と IR(Institutional Research：大学調査)データの活用は，持続的な教育改善と学習教育支援のために不可欠な基盤である。

結 び

　教育改善の活動は，各大学の理念，方針，伝統と実状，および各教員の要望に応じて多様であってよい。フォンヘーネ先生の指摘のとおり，米国のモデルを単純にコピー・ペーストしてもうまくいかないだろう(124ページ)。

　一方では，経済・社会のグローバル化を背景に，教育も含めた諸制度の国際化が求められ，我々が共通の課題に直面しており(同じ船に乗っている)，教育の国際化と質保証に向けて現場で使える方略は限られ，似通った手法が用いられていることもたしかである。

　こうした状況のなかで，本シンポジウムの議論や，北海道大学と筑波大学の経験と新たな挑戦が他大学の教育改善の取組にも役立つなら幸いである。

注1) 文部科学省のホームページ「大学における教育内容・方法の改善等について」は「大学が，大学あるいは学部，学科としての教育目標を明確に示し，その目標を実現するための視点から，教育課程の編成や個々の授業科目の開設を行い，その上で各教員がその趣旨に沿った授業を行うという一連のプロセスとしての取組も重要です。このような組織的な教育体制を構築する一環として，個々の教員の授業内容・方法を不断に改善するため，全学あるいは学部・学科全体で，それぞれの大学の教育理念・教育目標や教育内容・方法について組織的な研究・研修を実施することが重要となっています。大学のこうした取組を「ファカルティ・ディベロップメント」と言います」と解説している。

References

小笠原正明・西森敏之・瀬名波栄潤編(2006)．TA実践ガイドブック(高等教育シリーズ139)．玉川大学出版部．

「次世代FDの研究」報告書(2011.3)．北海道大学高等教育推進機構．(http://socyo.high.hokudai.ac.jp/jisedai.pdf)

「筑波スタンダードに基づく教養教育の再構築〜世界水準の教養教育を目指す全学的取組〜」①中間報告書(平成21年3月)②中間報告書(平成22年3月)③最終報告書(平成23年3月)．筑波大学教養教育機構．(http://www.ole.tsukuba.ac.jp/file/20th_mid_report.pdf)(http://www.ole.tsukuba.ac.jp/?q=node/38)(http://www.ole.tsukuba.ac.jp/?q=node/44)

北海道大学・全学教育ティーチング・アシスタント・マニュアル改訂第3版(2011.3)．北海道大学高等教育推進機構．(http://socyo.high.hokudai.ac.jp/TAmanual2011.pdf)

北海道大学高等教育機能開発総合センター点検評価報告書 2002〜2006 年度(平成 14〜18 年度)(2008.3). 北海道大学高等教育機能開発総合センター. (http://socyo.high.hokudai.ac.jp/tenken08.pdf)

(2011 年 12 月)

(参考 1) 北大型 FD の十年

(北海道大学における FD の)歴史については，高等教育機能開発総合センター点検評価報告書(2008.3)に次のように記されている(本書 190 ページも参照)。

❶教員の教育技術・能力の向上に関する取組

①本学における最初の全学的な教員研修として，1995 年 11 月に「新任教官歓迎説明会」が行われ，1999 年から「新任教官研修会」と名称を変え，毎年 6 月の開学記念日に開催されてきた。研修内容は，(1)建学の経緯や教育理念等，本学についての理解を助けること，(2)教育理論の基礎，教育改革の動向，教育法の改善等，大学教員として必要な素養，(3)国家公務員の倫理，セクシャルハラスメント，学生へのカウンセリング等，国立大学の教員として知っておくべきことなどである。

②1998 年 11 月，全国的にも先駆的な第 1 回の合宿形式の全学的な教育ワークショップが行われた。学内外から約 40 人の参加者が集まり，研究部教員を中心としたタスクフォースの支援のもと，熱心な研修が行われた。翌 1999 年 11 月には第 2 回教育ワークショップが行われ，この形式の FD が北大に定着した。この FD は，教育のための知識や技法の一方的な講義ではなく，ワークショップ形式で参加者が討論を通して教育の新しいパラダイムやスタイルを創造していくところに特徴がある。この成果は，高等教育の専門誌やマスコミにも取り上げられ，全国的な反響を呼んだ。この研修の経験をもとに，「北海道大学 FD マニュアル」が『高等教育ジャーナル』第 7 号(2000)に掲載され，多くの大学で利用された。

図Ⅲ　教育評価の構造(191 ページ図Ⅳ-1：授業設計のプロセス)

2001 年度からは，札幌から遠く離れたないえ温泉の隔離された空間で教育

の話に集中するFDを行い，2007年度までに学内から約350人，学外から60人以上が参加した．学内では水産学部や歯学部，学外では東北大学や弘前大学等のFDの立ち上げに協力し，全国の大学から訪問者が訪れ，要請があれば講演に出向き，グループ学習を基本にした北大型FDが全国に普及した．

　この10年間の成果を検証して，2007年度からは，新任教員研修会と教育ワークショップを統合し，新任教員中心の合宿形式の教育ワークショップを年2回行うことにした．

　③並行して，全学教育TA研修会が1998年から開始された．これは，TAの仕事を一種の教育インターンシップ，あるいは将来の教員の養成(PFF: Preparing Future Faculty)のためのFDととらえ，(1)大学教育の基礎，(2)全学教育の趣旨，(3)専門教育に還元できない基礎的な教育技術，心構え，教育理論，(4)担当する科目の教授法の理解とともに，(5)TA相互の交流を目指している．

　2003年度から3年間，TA研修の在り方についての研究会で充実の方策を検討し，2004年度からTAマニュアルを作成，2006年度にはマニュアルを冊子で刊行し，HPにも公開した．研修会を充実し，授業科目別の分科会は12，参加者は200人以上になった．同年，全学教育のTA経験を持つ大学院生と，その担当教員に対してTAの仕事と意識についてアンケート調査を行った．「TAの単位化」を推進し，アカデミックキャリアとしての「資格化」を検討している．近年，TA研修の重要性が他大学でも認識されるようになり，北大の研修を学ぶために訪問する大学が増えている．

　全学教育TA研修会には，その年度のTA担当予定者のうち，研修会を修了していない者全員に参加を求めている．今後は，研修会の全部(全体会，科目ごとの分科会)を修了する者の比率をさらに向上させる方策を検討する必要がある．

　④全国に先駆けたe-ラーニングの研究と実施も研究成果の一つである．2002年度のe-Learning研究会で，当時の世界の実情を調査し，簡単な機能を有する入門用の試験的なシステムとして，HuWebを開発し，2002年10月から使用を開始した．あまり広く宣伝はしなかったが，利用科目数100，教員200人，学生は2000人を超え，学内でのe-ラーニングの普及に貢献した．

　⑤2006年度には，研究委員会・FD戦略WGで，<u>今後のFDの在り方について(報告)</u>をまとめた．

- (1)新任教員中心の全学FD，(2)専門教育に関する各部局でのFD，(3)全学教育TA研修会，(4)各部局での専門教育のTA研修を充実，(5)TAの単

位化を推進
・FDとしての授業参観，授業研究，授業コンサルティングを具体化
・FDの内容を明確にするため，教育倫理綱領・職務綱領について検討

　札幌キャンパスで午前・午後1日かけて行われる①新任教員研修会は2006年度で終了し，学外で1泊2日の合宿形式で行われる新任教員向け②教育ワークショップに統合された。①新任教員研修会の参加者は1998〜2006年度で計705人に上り，対象となる新任教員の53%が参加した(図序-3)。
　②教育ワークショップは，13年間で17回の参加者累計が学内から524人，学外から95人に上り，学内外でFDの普及・発展に大きな貢献をした。学内では医・歯・工・水産学部など，学外では弘前・秋田・山形大学をはじめ，遠くは大分大学医学部まで多くの大学で北大型FDワークショップが実施されている。
　初期のワークショップでは，各部局の教務委員長らが集まり，「21世紀における北大の教育像」「北海道大学の教育戦略」などの大きなテーマで議論し，その中から水産学部の練習船を利用したフィールド体験学習など新科目のアイディアが生まれた。

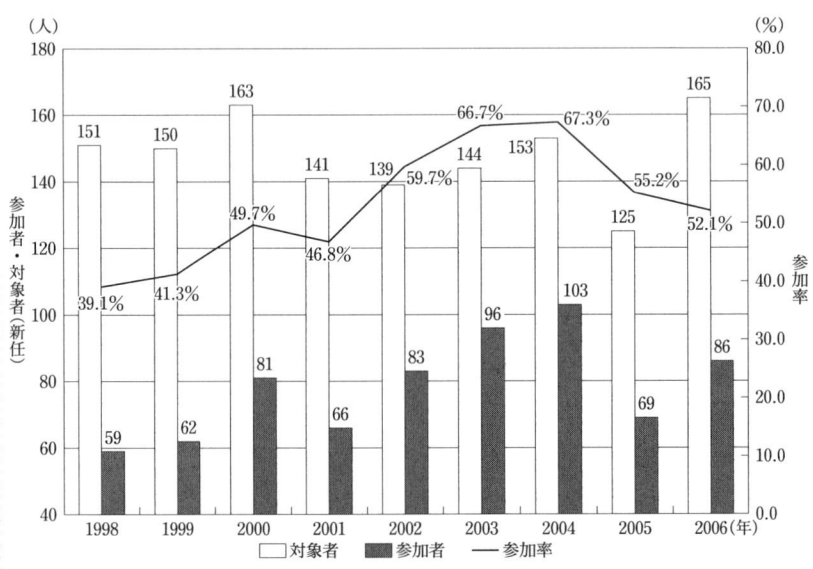

図序-3　新任教員研修会参加者数(1998〜2006年)

その後は参加者が新任教員中心になり，授業設計・シラバスの書き方の指導を基本として「インタラクティブな授業」「適切な成績評価」「Web を利用した授業」「単位の実質化」「魅力ある授業」「e-ラーニング」「教育倫理」など授業の現場に即したテーマを掲げてきた(図序-4)。

小グループ討論が授業の手法として学内に広く普及したことは②教育ワークショップの貢献といえる。専攻分野や部局を越えた，日頃交流のない同僚との出会いも，本ワークショップの魅力の一つとなっている。多様性が改革の原動力となることが期待される。

③全学教育 TA 研修会は，北大型 FD の歴史の中でも特筆すべき成果といえる。

全学教育では，効果的・効率的な授業改善と，大学院生の将来のキャリアに必要な教育能力の育成を目標として，組織的・体系的に TA の活用を推進してきた。

法人化以降，人件費の削減が課題となり，専任教員数は全学平均で 7.5% 減少

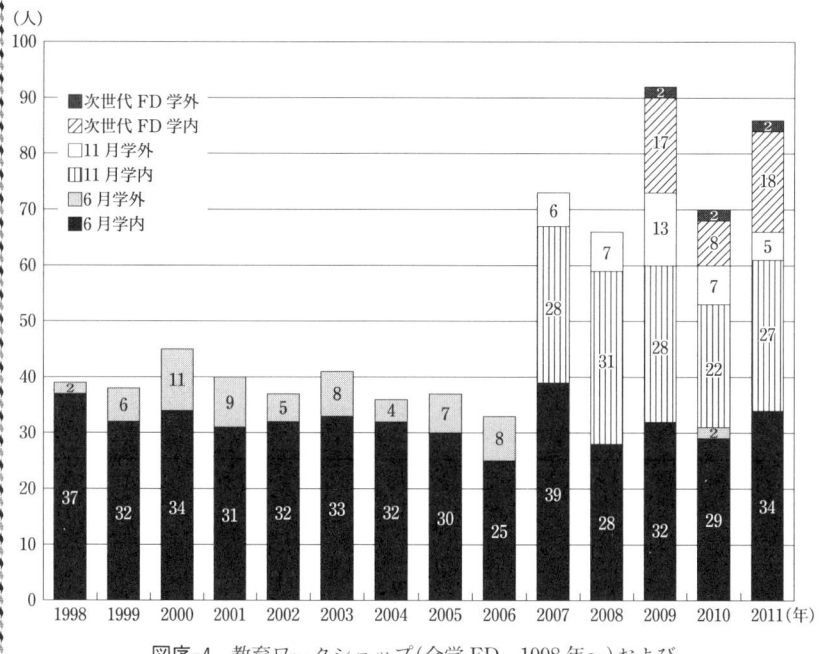

図序-4 教育ワークショップ(全学 FD，1998 年〜)および次世代 FD(2009 年〜)参加者数

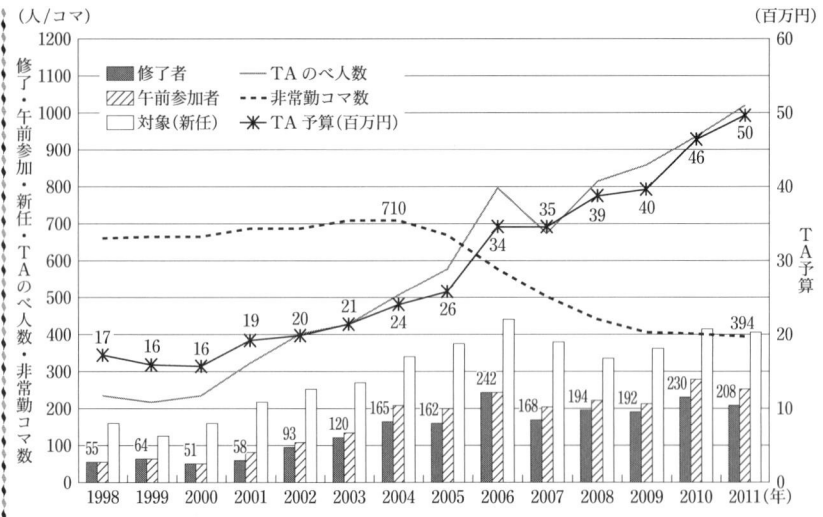

図序-5 全学教育TA研修会参加・修了者数とTA採用のべ人数・非常勤コマ数・予算総額の推移(1998〜2011年)

注)＊対象者：その年度の全学教育TA担当予定者のうち，研修会を修了していない者
＊参加者：研修会の一部(午前：全体会)に参加した者
＊修了者：研修会の全部(午前：全体会，午後：科目ごとの分科会)を修了した者

し，全学教育においても非常勤講師採用コマ数がおよそ50%減少したが，TA採用数は，全学の同意を得て，1998 ⇒ 2010年度に，のべ人数で4.4倍，予算総額で2.5倍に増えた(図序-5)。

　全学教育におけるTAの活用範囲は，10年前には主に自然科学(基礎)実験に限られていたが，その後検討を進め，一般教育演習，論文指導講義，履修者70人(当初は100人)以上の大人数講義(総合科目，主題別科目など)や，情報学，外国語CALL授業などスタジオ型授業にも拡大された。

　その結果，TAの採用数はのべ千人余り，うち新任TAが約400人となり，最近のTA研修会は修了者約230人(修了率約55%)と，全国でも例のない規模に成長した。特に自然科学実験，情報学，外国語CALL授業などでは，科目別分科会もきわめて組織的で充実した研修になっている。

出所)「次世代FDの研究」報告書(2011.3)，1-5ページ

第Ⅰ部　外国の大学におけるプロフェッショナル・ディベロップメント

1. 学内諸組織の連携による FD プログラム
──ワシントン大学──

ジョディ・D・ナイキスト（Jody D. Nyquist）

　北海道大学でまたお話しできて，うれしく思います。私たちが中国，韓国やカナダ，米国から集まり，同じ話題，同じ課題と，それに対応する方法を共有できますことは，すばらしい機会です。刺激的な発表で，新たなアイディアをたくさんいただき，参加者からも重要なご質問，ご意見をいただいて双方向的なシンポジウムになりました。

　教育（ティーチング）と学習（ラーニング）の向上を目ざすアカデミックな仕事には，たしかに最高の知恵が必要です。私は生涯のキャリアを通じて教員の教育と学習の向上の支援について考えてきまして，今やパイオニアと呼ばれる年齢になりました。私たちの試みがなぜ無理なのかというさまざまな議論は，ほとんどすべていつか聞いたことがあるように思えます。抵抗のコメントをいろいろ聞きましたが，それはゆっくりとでも必ず克服できるでしょう。そうした抵抗の原因は，しばしば私たちが学術分野を越えた相互理解ができないから，教育と学習について語るための共通の語彙を共有できないからです。

　私はピュー財団（Pew Charitable Trusts）の補助金を得た「21世紀に向けた Ph.D. 教育の見直し」（Re-envisioning the Ph.D. for the 21st Century）という大型プロジェクトの研究代表者を務めました。1998年から2000年まで18カ月間，飛行機を乗り継ぎ，Ph.D. 育成過程に関わるすべての人々に会い，450回の面接調査を行いました。Ph.D. を育てる人々，Ph.D. に資金提供する人々，Ph.D. を雇う人々，そして Ph.D. を目ざす学生などたくさんの人々の話を聞き，この研究プロジェクトを通じて多様な場面での教育について多くのことを学びました。

> **ワシントン大学の概観**
>
> 　ワシントン大学(UW)は，1861年にシアトルに創立された，西海岸で最も古い州立大学で，現在は4100人の教員と4万7000人の学生がいます。主要な研究大学で，研究補助金は毎年10億ドル以上を得ており，連邦政府補助金の獲得額では常にトップ4，たいていは1位です。
>
> 　図書館の蔵書は740万冊，定期刊行物は6万7000点。教員業績の総合評価では全米で12位，州立大学のなかでは4位です。全米アカデミー会員が86人，ノーベル賞受賞者は6人，50万ドルの研究資金が提供されるマッカーサーフェローズは10人います。
>
> 　主要な研究大学ですから，UWの教員はみなさんの大学の教員と同じプレッシャーにさらされており，研究資金を獲得して毎年重要な研究を完成しなければなりません。効果的に教育を行い，高い期待に対し説明責任を果たさなければなりません。そして私たちは彼らにそのすべてを達成するための資源とサポートを提供しなければなりません。
>
> 　UWは最近「本学は主要な研究大学であるだけでなく，教育と学習に力を入れる主要な研究大学である」「UWは何よりもまず学習の場である」と宣言しました。研究は不可欠ですが，それだけでは不十分です。核心は教育と学習ですから，教員には教育と研究を共に効果的に行うのに十分な資源を提供しなければなりません。
>
> (University of Washington, http://www.washington.edu/)

　どこへ行っても「あなた方の学生は効果的に教えるための準備ができていない」という嘆きを聞きました。私たちの卒業生が教えることになる，民間セクターでも，製薬会社の研究室でも，ビジネスや産業の指導的地位でも，政府機関でも，非営利活動の世界でも，そう聞かされました。

　私たちの卒業生は自分の仕事を上司に説明し，部下のチームを指導しなければなりません。また多様な聴衆に向かって話さなければなりません。

ワシントン大学
(桜並木)
©1990
by Loyd C. Heath

　当時私は教育と学習をあまりにも狭く定義していると責められました。面接調査した人々は，大学では教育と学習を，卒業生が大学の教室で教えるための準備としか考えていないと言い，教育と学習を行うのは学校だけではないと主張しました。ビジネスや産業，政府機関で働く人々は，自分たちも教育と学習を行っており，大学は卒業生に高等教育の教室とは違った場面で教える準備をさせるべきだと信じています。
　これは私にとって変革を促す転機でした。もっと広く大学外で求められる教育能力に注目し，大学院生に，多様な環境で教えるための準備を含めて，もっとよい方法でプロフェッショナル・ディベロップメント(PD)を提供し，強化することを考えはじめました。UW のように多様なキャリアのために Ph.D. 学生を教育する研究大学においては，私たちがこの仕事をやらなければならないと確信するようになりました。

教育学習資源のコンソーシアム
　UW では，全学組織や各部局に多様な教育学習資源があります。学士課程教育の改善に関連して，学内の教育資源を教員や TA に紹介し利用を促す仕組みを作る必要があるという提言が出て，2005 年に表 I-1 の学内組織

が集まって情報共有，企画調整のための教育学習コンソーシアム(Teaching and Learning Consortium: TLC)が結成されました。最近，この組織を「ザ・センター」という新しい名称のもとに統合しようという動きが出ていますが，どんなものになるかまだ分かりません。UWの全学コミュニティの教育経験をさらに豊富なものにするために，協働の場を作ろうとしているのです[注1]。

IT活用支援グループは，教員が教育のためにテクノロジーを利用できるよう，システム開発・管理と研修・支援を行います。たとえば，教員が自分の科目をウェブサイトにアップし，オンラインで学生がレポートを提出し，教員がそれに対してコメントや評価を行い，受講生のなかに討論グループを作るのを支援したり，教育と学習の向上のためにテクノロジーを活用する革新的な方法を開発したりします。

次のカリキュラム転換センターは，本学のカリキュラムについて，バックグラウンドにかかわりなくすべての学生に情報が行きわたっているか，文化的背景の多様性が学習の妨げになり，マイノリティーと白人に関する古くさい不正確な観念を永続化させるため，アクセス不能になっていないか，1科目ずつ点検する仕事に専念しています。この組織は，大学コミュニティの全員にアクセス可能な教育を目ざして教員と共に働きます。

表 I -1 教育学習コンソーシアム(Teaching and Learning Consortium: TLC)の構成

IT活用支援グループ(Catalyst)
カリキュラム転換センター(Center for Curriculum Transformation)
工学学習教育センター(Center for Engineering Learning and Teaching: CELT)
授業開発研究センター(Center for Instructional Development and Research: CIDR)
授業の質保証委員会(Faculty Council on Instructional Quality: FCIQ)
UW大学院
UW図書館
教育評価室(Office of Educational Assessment: OEA)
マイノリティー支援・多様性推進室(Office of Minority Affairs and Diversity: OMAD)
UW教育アカデミー(Teaching Academy)
学士課程研究プログラム(Undergraduate Research Program: URP)

三つ目の工学学習教育センター(CELT)は，主に工学教育に責任を負い，「どうやって理系の教員に教育と学習に注目させるか？」という古くからの問題に応えようとしています。米国では全米アカデミー・科学工学公共政策委員会(COSEPUP)のレポートが出て，教育と学習の能力を認可要件に含めることが採択されました。現在，工学系の大学はその卒業生に研究スキルだけではなく，チームワーク力，プレゼンテーション力，そのほか多くの能力を身につけることを求めています。この決定が出て，UW工学部は自分たちの教育について真剣に考えるようになり，COSEPUPの要求に応えるために本センターを設置したのです。

私が20年間センター長を務めた授業開発研究センター(CIDR)は，典型的な教育学習センター(CTL)です。教員やティーチングアシスタント(TA)，各部局やそのほかのプログラム向けにコンサルテーションを行い，教育と学習の向上のためのたくさんのイベントを主催します。TA研修には，CIDRは膨大な努力をしています。それについてはのちほどお話しします。

授業の質保証委員会(FCIQ)は，教育と学習に関する諸問題について大学評議会(Faculty Senate)に政策提言を行います。各部局はときどき大学の政策を無視しますが，FCIQは政策決定への影響力を通じて教育と学習の向上のために活動します[注2]。

UW大学院もコンソーシアムに入っています。米国の大学院は，個々の大学院部局が調整して大学全体のプログラムを作り，大学院教員の推挙と採用は各部局の基準に沿って行われます。日本では大学全体が大学院で，ほとんど全員が大学院教員のようですが，米国ではちょっと違ったシステムです。

そのほかUW図書館，教育評価室(OEA)(さまざまなアンケート調査で学生の満足度を測定します)，マイノリティー支援・多様性推進室(OMAD)，UW教育アカデミー，そして学士課程研究プログラム(URP)があります。

本学における最近数年間の大きな取組として，大学院生だけでなく，学士課程学生にも，実験室で教授と共に働いたり，自分の論文を書いて発表したりする，本物の研究活動に参加させる取組があります。「学士課程学生が研究中心の大学に行くのと，教育中心の大学に行くのでは何が違うのか？」と

問うてみて,研究中心の大学に来た以上,研究のプロセスに触れ,そこに参加するべきだろうということになったのです。

以上が本学の教育と学習を支援する全学的資源です。

新任教員歓迎プログラム

以下,教育アカデミーが行う新任教育歓迎プログラムについて説明します。

(i) UW 教育アカデミー

教育アカデミーは,優秀教育賞や大学院メンター(相談教員)賞を受賞した教員で構成されています。両賞ともきわめて権威ある栄誉で,毎年,優秀教育賞は4人,大学院メンター賞は1人選ばれます。日本ではこういう賞はあまり尊重されないそうですが,UW はこれらの賞が大きな意味を持つよう工夫しています。受賞者は,大学新聞に写真が載り,かなりの額の賞金を受け取り,総長と学務担当副学長から祝福され,大学本部のホールに写真が飾られます。私たちは受賞者を心から祝福します。

教育アカデミーのメンバーは大学の最高の人々です。ウェブサイトでは,次のように述べられています。

> (教育アカデミーの使命は)学士課程と大学院の学生に,生涯にわたる批評的な思考と学習を促し奨励する,リーダーシップを提供することにある。教育アカデミーは,最高の研究大学において,成功する学習環境を創り出すために必要な態度,思考,活動の開発への支援に力を入れる。この望ましい学習環境は,学生,教員,そして大学の教育ミッションを支援するために働くすべての個人に対する深く根づいた尊敬に基礎を置き,探求,多様性,革新性,卓越性を重視する文化に根ざしている。

(ii) ファカルティーフェローズプログラム

教育アカデミーはワークショップ,教員コンサルテーションなど,1年を通じて多彩な活動を行います。その一つが「ファカルティーフェローズプロ

グラム」という6日間の新任教員歓迎プログラムです。テイラー先生や細川先生のお話(87，190ページ)とほぼ同じですが，ユニークな点もあります。

　他大学と同じように，本学も経済危機の打撃を受けました。本学では通常，年に200人ほど新しい教員を採用しますが，2009年度は16人だけでした。そのためこの秋は本プログラムも中止され，2009年組は来年2010年組と一緒に実施します。2008年には典型的な教員オリエンテーション体験プログラムを実施しました。2010年秋にはこれに戻りたいと思っています。

　まずスタートは資源フェアです。これはさまざまな学内組織が集まり，それぞれが教育，学習，研究そのほかの教員生活のさまざまな面で新任教員にどのような支援ができるかを紹介する催しです。新任教員は各ブースを回って情報を集め，興味のある組織の担当者と話します。1週間の催しのなかでもこのフェアはいつも高い評価を得ています。

　続いて，恒例の総長や学務担当副学長の歓迎挨拶，プログラムの概要説明，キャンパスツアーなどがあります。

　二日目は，UWの教育ビジョンの説明のあと，パネル討論で学士課程と大学院の学生がUWにおける学生の経験や大学教育への期待を語ります。

　次に，新任教員にUWの学士課程および大学院学生に関する調査結果，つまり学生が先生たちに何を望み，何を期待しているかを紹介します。テイラー先生のお話にもありましたが，学生は自分が何を知らないかを知りませんので(85ページ)，学生の要望だけを中心にプログラムを組むことはできませんが，学生の期待を考慮することは効果的な学習の設計に役立ちます。

　新任教員はUWの学士課程学生の姿を想像できるさまざまな統計を受け取り，ときにはショックを受けます。たとえば本学の学士課程学生の90%はワシントン州出身です。中西部や東部の大学ではあまり見られない傾向で，そちらから来た教員はとても驚き，この事実の意味を探ります。

　次に図書館の提供する援助の紹介があります。

　さらに，地球惑星科学の著名な研究者であるStan Chernicoff博士が，自分の教えはじめの頃のあらゆる失敗について話します。これは新任教員がミスを避けるための助言です。

本学の成績評価システムは信じがたいもので，A，A−，B＋，B，B−，C＋，C，C−…からFまでずっとあって，A−とB＋の違いを見つけるのはたいへんです。多くの教員はこんな評価システムを使うのは初めてで，この「UWの成績評価システムの基本事項」を学ばなければなりません。

三日目は，マイクロティーチングのセッションがあります。「私の学生は私をどのように見るでしょうか？」と題されたこの部分は，毎年歓迎プログラムの最高のセッションと評価されています。

昨日私は北海道大学の4人の先生と彼らの初めてのマイクロティーチングセッションを行いました。とても楽しい時間でした。評価シートには全項目で最高点の5をつけていただきました。帰りがけにはとても喜んでくださいましたので，こちらでも役に立つ手法が見つかるだろうと楽観しています。

UWでは多くの時間を費やし，マイクロティーチングを用いて，先生たちが自分の教える姿を見て，より効果的な教師となるために教員はお互いに助け合えることを知り，集まってお互いの関係を作り上げています。多くの友情，将来の共同研究活動，とりわけ学術分野を越えた関係が，初めて一緒に経験したセッションの成果といえるでしょう。マイクロティーチングについては別にお話しします。

四日目は，効果的な講義，グループ討論の進め方，多様性について，またオンブズマン相談室(トラブルが生じたとき支援が受けられます)やCIDRの提供するさまざまなサービスについて，講演やワークショップがあります。

五日目は，新任教員にUWの最初の授業のために用意したシラバスを持ってきてもらい，ベテラン教員が授業設計，TAと共に教える授業，作文の宿題を作る，運動部の学生を理解する，などのワークショップで指導します。UWには運動部の学生がたくさんいて，彼らのための大きな特別プログラムがあります。これについても新任教員に理解してもらう必要があります。

六日目は，テニュア(終身教授職)，契約，昇進などについて話します。新任教員はみなこれらのセッションがお目当てで来ます。新任教員をグループに分け，部局長やそのほかの教員が各グループにその部局でテニュアを得る

のに必要なことを説明します。ここでは主に新任教員が部局に帰って，部局長やテニュアの可否投票をする人々に適切な質問ができるように指導します。これらの活動は，UWでテニュアを獲得するのは神秘のプロセスではないことを確認しようとする試みです。

TA 研修

　米国では，大学院生TA(Graduate Teaching Assistant: GTA)は将来の自分の職業のために，教育の仕方を学ぶ必要があります。大学でも，ビジネス界や産業界でも，政府機関や非政府組織でも，学位を持つ者は研究だけでなく，教育も効果的に行えなければなりません。大学では，それは科目の授業と，大学院生に対するメンタリング(相談)の問題です。大学外でも，就職すれば必ず部下を教育し，自分のチームは何を達成しようとしているのか上司に説明する必要があります。現代社会では，大学を出てからも，教えることはいつも必要です。学位を取得して就職する者には，特に教育能力が求められます。学位取得者は，どこでもリーダーになることが求められています。

　UWのTA研修は，大学院生，指導教官，各部局，CIDRが参加する多面的なプロセスです。各部局で始まり，大学院生が在籍する部局の教員の責任で実施されます。TA研修プログラムは，①オリエンテーション②教員のきめ細かな指導のもとで行う教育実習③部局において教員と共に，あるいは単独で(もちろん教員の指導のもとで)教える機会の3段階で構成されています。

　私たちの研究によれば，GTAは①上級学習者②研修中の同僚③後輩という3段階の成長過程を通ります(Nyquist & Sprangue, 1998)。このことがUWのTA研修プログラムの基盤となっています。

　UWのTA研修は，秋学期の2週間ほど前に開催されるTAオリエンテーションウィークで始まります。新任TAは，1日目は所属部局のオリエンテーションに出たあと，CIDRが実施する2日間にわたるTA研修会に参加します。この研修会は全体会と分科会で構成され，まず資源フェアで，新任TAが教え方を学ぶのに役立つ学内の資源(部署)を紹介します。

UWのTA研修会の特徴は，分科会の内容がすべてTAや教員からの要望に基づいていることです。また，TAの所属部局は各TAに，どの分科会へ出席を義務づける，あるいは推奨すると決めます。こうすれば，オリエンテーションに出席することが重要とは思っていないTAも確実に参加します。

オリエンテーションのあと，GTAは各部局で討論グループや実験の指導，講義，単独で行う授業など，それぞれに割り当てられた任務につきます。CIDRのコンサルタントは，TAが関わるすべての段階および直面するあらゆる問題に対して支援を行います。TAが教えているクラスに科目担当教員やCIDRコンサルタントが訪問し，適切なフィードバックを与えます。TAが，大学院生として，また近い将来の就職に向けて教育・学習の力量を高め，必要な知識を確かなものにするには，これが最もよい方法だと思います。

質疑応答
（管理者育成プログラム）

質問1：質問というよりコメントです。東京大学駒場の総合科学研究科・教養学部では，教授や准教授の採用に三つの基準を設けています。①研究能力②教育能力③行政能力です。本学でも，おそらくほかの多くの大学でも，教員は研究者・教師であるだけでなく，管理者でもあります。教員は，理系では実験室を運営し，文系では教育プログラムの責任者を務め，学務関係のマネジメントも行うなど，きわめて多様な行政的責務を負っています。

第一の柱，若手研究者の研究活動の準備は確立したPDの分野です。

第二の柱，教師の準備は，まだ不十分なところはあるでしょうが，今日の発表からも分かるように，積極的な改善の努力がなされています。

しかし第三の柱についてはどうでしょうか？　私は，今は管理者で，時間の半分は行政的責務のために使っていますが，そのための訓練を受けたことはありません。同僚を見ても，有能な管理者もいれば，そうでない人もいます。ビジネスの世界では，従業員をよいマネジャーにするための研修は重要な領域です。大学の世界にはこれに対応するものはあるのでしょうか？　研究者として訓練された人を，研究者や教師だけでなく，よい管理者にするた

めのプログラムはあるのでしょうか？

ナイキスト：まったく同感です。多くの Ph.D. プログラムが今やビジネス界の同僚と共に新しい資格認定プログラムを導入しはじめています。将来の教員(GTA)はそこで，たとえば研究補助金の監督や，賃金総額の管理，製品のマーケティングに必要なマネジメントツールを手に入れることができます。この種のマネジメントは準備がなければとてもたいへんな仕事です。これは私たちの PFF プログラムの大きな部分になるでしょう[注3]。

[注1] 新組織は，UW 大学院，図書館，学士課程学務部の連携する学習教育推進センター(Center for the Advancement of Learning and Teaching: CALT)として発足し，2010 年 9 月，初代 CALT センター長に，CIDR センター長を兼務する Beth Calikoff 博士が就任した。

[注2] 2010 年 4 月に FCIQ はほかのいくつかの委員会と共に，教育学習委員会(Faculty Council on Teaching and Learning)に統合された。

[注3] 北海道大学でも，2010 年度に大学教員の業務と教育改善マネジメントに関する中堅教員向け次世代 FD を試行し，学内 8 人，学外 2 人が参加した。2011 年度には第 1 回「教育改善マネジメント・ワークショップ」を本格的に実施し，学内 18 人，学外 2 人が参加した(図序-4)。

References

Nyquist, J. D. & Sprague, J. (1998). "Thinking developmentally about TAs." In M. Marincovich,, J. Prostko, & F. Stout (Eds.), *The Professional Development of Graduate Teaching Assistants*. Bolton, MA: Anker.

Re-envisioning the Ph.D., University of Washington, ©2001–2002 (http://www.grad.washington.edu/envision/)

2. マイクロティーチングの活用
――ワシントン大学授業開発研究センター――

ジョディ・D・ナイキスト（Jody D. Nyquist）

　私は昨秋から日米両国の大学院教育の共通点と差異について論文を書きはじめました。このテーマは野心的すぎて，とても終わりそうにありません。少し書きかけて，両国の差異よりも共通点に心を打たれました。私たちはみな大学院あるいは学士課程で学ぶ学生の支援という共通の目標を持っていることを認識するなら，私たちの課題の多くが同質のものだと分かるでしょう。

　自分の大学および他の大学における教育と学習の向上に努力することは，私にとってすばらしい使命でした。毎年この仕事を楽しみ，情熱を燃やしてきました。教員は「教え方が分からない教員。ほかのことに集中していて教え方を学ぶ時間がない教員。やる気のない教員」の3種類に分類できるという昨日のお話には感銘を受けました。

　教員を支援する私たちも，4種類に分類されると思います。まず，支援のやり方が分からない人々がいます。次に，私はトリビアの勝利と呼んでいますが，仕事が多すぎて手の回らない人々がいます。やらなければならないことは山ほどあり，援助を求める人々はたくさんいて，個人別，あるいはグループごとに支援できるかどうか，時間の優先順位づけが難しくなります。第三は，敗北した人々です。落胆して，希望を失い，挫折感から努力をやめてしまっています。このような人々の場合は，敗北感を打ち砕くことが私の使命です。第四は，ここにいる私やみなさんのように，本当にやる気があって新しいアプローチやアイディアを探している人々です。

　昨夜のパーティーでどなたかが，私は多くの戦いをしてきた「幸福な戦士」だと言われました。私は世界のどこへ行っても教育と学習の向上のために戦う戦士でありたいと願っています。昨日からいろいろなお話や事例を

伺って，みなさんのお国，みなさんのセンターを一つひとつ訪問して，みなさんのお仕事を拝見したくなりました。

「幸福な戦士」になるのはすばらしいことですが，難問がとても多く，エネルギーが要ります。私たちが成功するためには，過大な時間や努力なしでもサービスを効率的に行えるツールが必要です。マイクロティーチングはそうしたツールの一つといえます。

マイクロティーチングの手順

この発表のために Google で検索すると，たくさんの参考リンクが見つかり驚きました。マイクロティーチングについて，私がこれまで知っていたよりずっと多くの情報があり，私たちのシンプルなやり方のほかにも多くのアプローチがあります。でも今日はワシントン大学(UW)で用いているアプローチについてお話しします。

まずマイクロティーチングの概要をご紹介し，参加者にどんな準備をしてもらうか，マイクロティーチングのセッションのためにどのような教材や手順，ガイドライン，器材が必要か，そしてどのようにグループを作り，建設的フィードバックを促すか，お話しします。さらに評価プロセスをご紹介し，時間があればセッションを指導するファシリテーター(進行役)の養成についてもお話しします。

(i) マイクロティーチングとは？

マイクロティーチングには，とても入念なやり方と，とてもシンプルなやり方があります。これに関する最初の本は 1969 年に Dwight W. Allen と Kevin Ryan によって書かれました。Allen は当時スタンフォード大学にいて，のちにマサチューセッツ大学に移りました。人が教えているとき，その一側面をスナップ写真のように写し撮り，それを分析してそこから学ぶというこの手法は，その後さまざまなやり方で利用されましたが，その手順は小学校，中学・高校，大学，平和部隊，工場，企業など，どんな環境でもまったく同じでした。マイクロティーチングを使うときはいつでも，誰かが教え

ているところをスナップ写真に撮り(ビデオ撮影が典型的です)，それをレビューし，最後にその教え方の強みと改善点がどこにあるかをまとめます。

みなさんのなかで，自分が教えているところをビデオに撮って見たことがある方はありますか？

経験者はごくわずかで，どうやら北米の方ばかりのようですね。初めて自分の教えている姿を見るのは誰でもショックです。私たちのセンターでは，列車の転覆事故のようだと言っています。風景のなかに点在する大嫌いな光景ばかり見えて，うまくいっていることに焦点を絞るのはとても難しいです。

マイクロティーチングは，自分のやり方の効果的なところを見ればそれに学べるという事実に立脚しています。研究によれば，何かを学ぶには，自分の弱みではなく，強さに注目するべきです。弱みを取り上げて，そのことばかり考えると，弱みはどんどん大きくなります。そこで，私たちはまず自分のよいところを把握し，ティーチングの強みとなる要素を強調し，そのあと改善できるところを確認し，改善の方略を開発する方がよいと思います。

マイクロティーチングのセッションに参加した教員は，ファシリテーターが適切に指導しないと，改善点を10件も持ち帰るのが典型的です。誰も10件も改善はできません。セッションではたくさんのフィードバックが得られますが，そのすべての改善に取り組もうと思うと，ダイエットや早寝をしようという新年の抱負と同じことになります。フィードバックのうちの数件だけを選んで，体系的・持続的に改善に取り組むべきです。一度に数件だけに取り組み，次第に積み上げていけば，時間をかけて永続的な改善ができます。

Allenはもともとマイクロティーチングを中学・高校の教員養成プログラム用に設計し，とても入念なやり方を提唱しました。教育実習生は実際の生徒に通常1時間の授業を行い，ビデオで授業を観察し，フィードバックを受けます。次に授業をもう一度行い，さらに批評を受けます。これならたいへん強力ですが，とても時間がかかります。そして大学教員は，私どもはいつも聞かされていますが，とても時間がないのです。私たちはこれを作り替え，それが私たちのセンターの最も人気のあるサービスになったのです。

(ii) マイクロティーチングの準備

　まず，マイクロティーチングの参加者に準備をしてもらいます。簡単な教材，手順表，ガイドラインを渡し，フィードバックの手順を説明します。

　付録A1(43ページ)は，授業開発研究センター(CIDR)が参加者に送るハンドアウトです。余談ですが，この発表のために調べていて，カーネギー財団の一部であるカーネギー教育学習アカデミー(Carnegie Academy for the Scholarship of Teaching and Learning: CASTL)が私たちとそっくりのハンドアウトを持っていることに気づきました。これらの文書の正確な出所は誰にも分からないでしょうが，一言お断りしておきます。

　このハンドアウトで最も重要な部分は参加者への指示です。そこではマイクロ授業について，あなたのやりやすい授業のテーマを選び，特定の授業方法あるいは要素に焦点を当ててください，あなたの授業の目標と，何についてフィードバックがほしいのかを聞き手に説明してくださいと勧めています。

　私たちはこの手順を作り替え，参加者が最もやりにくい授業内容を選ぶよう勧めています。うまく教えられない点を取り上げるほうが，効果が上がると思います。無茶苦茶で，どうしたら学生が効果的に学べるのかまったく分からない。前の学期も教えたが，学生は理解できなかった。その前の学期もダメだった。学生が教材をマスターできなかったことがテストやレポートで分かった。そういう難問をマイクロ授業のセッションに持ち込むのです。これはスナップ写真で，たった4分の授業の一断片です。大学教員は4分あれば何でもできます(これにはいつも驚きます。私たちは話が長すぎることで有名ですが，マイクロ授業の参加者は4分でできます)。繰り返します。私たちは学生に，理解の難しい考え方，概念，あるいは視点を選ぶよう勧めています。

　教員には，参加する前にワークシート(付録A2：45ページ)に記入してもらいます。マイクロ授業の教材や，授業概要の一部，教えるのに苦労しているキー概念などを書き込んでから，マイクロ授業の目標を確認し，自分の授業のどのような面についてフィードバックがほしいのか列挙してもらいます。発表者はこれらの事項を授業の前に配ります。

(iii) マイクロティーチングの経験

　ここで何が起こるか，注意深く見てみましょう。ファシリテーターが入ってきて「私がファシリテーターです。今日はマイクロティーチングを行います」と自己紹介し，参加者も互いに自己紹介します。最初の人が授業をして，みなが拍手します。2人目が授業をして，みなが拍手し，全員が終わるまで続けます。通常，授業をするのは5人までです。全員の授業が終わると，席を移して録画の再生を1人分ずつ見ます。録画の再生に対して意見を言うときは，発表順に行うことが重要です。最初の発表者は，自分の授業のどこがよいと思うか，何が学習の促進に役立ったかを述べます。それからほかの人たちが，この授業で何が効果的だったと思うかコメントします。

　一昨日私は北海道大学の日本人の先生方を指導しましたが，ご自分の授業のよいところを見つけていただくのはたいへんな難題でした。みなさん改善の必要な点ばかり話されるので，特にうまくいったと思うところを見つけてくださいと強調しました。それでもすぐに批判的な話になってしまい，何度も建設的フィードバックをお願いしました。私たちは教え方のよいところを見つけることにより教育力の構築を目ざしています。そして最後に，建設的フィードバックによって改善すべきところを確認します。

　次の段階では，別のやり方が可能な点を挙げます。まず発表者がコメントし，次にほかの参加者が提案します。驚くほどたくさんの反応があります。普通は2時間かけます。90分でもできますが，大学教員にはちょっと短すぎます。参加者は，たとえ分野が異なっても，お互いに教え方を学ぶのに役立ち，とても有意義なフィードバックが得られることに驚きます。

　最後に，ファシリテーターが授業の質の研究者として，まとめのコメントをします。たとえば「今日お互いにこういうことを学びました。すべての発表者に共通の明らかなアイディアがいくつかあります。もっと別のやり方をしたいという意見もいくつかあります」と言います。

　私たちはファシリテーターが評価者になることは絶対に避けます。教員がお互いの授業をペアで観察し，グループで授業の録画を見て，同僚がお互いに価値の高いコンサルタントになれることを理解してほしいのです。

ときには教員が授業観察でお互いに悪い助言をすることもあると思います。そういうリスクがあってもいいのです。教員が本当にお互いに悪い助言をすることはないでしょう。教員はときには研究成果を知らず，高等教育に関する神話を語りますが，多くの場合とても建設的なフィードバックをします。教育について重大な誤解や不正確な主張が述べられたら，博識なファシリテーターがていねいにコメントの根拠に反論すればいいのです。

　以上が私たちのマイクロティーチングの手順です。参加者からのフィードバックはいつもきわめて建設的です。UW の新任教員向けオリエンテーションプログラムのなかではいちばん好評です。部局の同僚や，特に上司の意見だけでなく，ティーチングアシスタントからのフィードバックも，いつもとても前向きです。TA は教員がマイクロティーチングに参加するのに好意的ですから。

　私たちは普通，最初は参加者にセッションは一回ではすまないとは言いません。それでは誰も来ませんから。一回でいいからと言って来てもらいますが，普通は彼らのほうが興味を持ってもう一度やりたいと言いだします。

　セッションの録画は必ず消去します。こうすれば教員は，自分の録画がどこかに流出して，誰かがこの 4 分を見て自分の授業を評価するのではないかと心配する必要がありません。マイクロティーチングは評価のためではなく，形成的なプロセスで，授業の断片を観察してうまくいくところや，別のやり方をしたほうがいいところを発見しようとしているだけです。

マイクロティーチングに必要な器材

　マイクロティーチングの一つの重要な側面は，必要な器材が最小限で，教室あるいは教室相当のスペースに，移動可能な椅子と，録画再生用のテレビかモニターがあれば実行できることです。部屋の半分は教室の配置にして，そこで参加者が 4 分間の授業を行うのが典型的なやり方です。部屋のもう半分にはモニターのまわりに椅子を並べ，あとでグループがそこに移ってビデオ録画を観察し，授業について討論します。

　私たちの秘密の新兵器についてお話しします。これは魔法のポーチです。

CIDRにはこれが六つあって，いつも使っています。ポーチには世界一小さなビデオカメラが入っています。高解像度でとてもきれいに写ります。教室では普通は大型の三脚を使いますが，このたった100ドルの小型カメラは専用の小型三脚もついています。ポケットにも入るほどです。セッションに必要なものは，あとは録画再生用のモニターだけです。このカメラで一人分ずつ録画できます。この素敵なツールでセッションがずっと楽になりました。以前は部屋を予約しビデオ器材を確保してもうまく写るかどうか分からなかったのですが，今はただカメラを持っていけばいいのです。このライムグリーンかピンクのポーチに全部入れてキャンパス中持ち歩けます。本当に素敵な器材ですから，マイクロティーチングをなさるのなら，これに投資されるといいでしょう。品質は最上で，高解像度で再生できるので驚きました。もちろん，このカメラの機能を活用できる高解像度のモニターも必要です。

グループの作り方

マイクロティーチングのグループの作り方は二通りあります。

同じ学術分野の人ばかりのグループのほうが，参加者がその分野の内容をよく知っているので，よりよい助言ができる，より豊かな経験ができると考える場合は，人文系，社会科学系，自然科学系に分けてグループを作ります。

逆の考え方もできます。自然科学系と人文系の人々が互いに自分の概念を説明しようとすると，相手は賢いがやや素朴な学習者です。学術分野の内容をすでによく知っている人は，学生役を演じたり，学生の立場から先生を見たりするのは困難です。学生時代から何年も経つと，自分があることをどのように学んだか，なぜそれが理解できたり，理解できなかったりしたのか，思い出すのは難しいですね。まさにここでティーチングアシスタントが役に立つのです。彼らは教材に初めて接した頃により近いのです。

以上の二つのやり方のどちらによっても構いません。

私はどちらかといえば多様な人々の集まったグループのほうが好きです。参加者はお互いに素朴な学習者，教室やゼミで出会う学生により近い学習者を相手にすることになりますから。

建設的フィードバック

マイクロティーチングのキーポイントは建設的フィードバックです。

付録 B（46 ページ）は，Berquist と Phillips の大昔に開発された有名な解説です。この解説は，建設的フィードバックとは何かをうまく定義しています。いつも参加者にこのリストを見せ，フィードバックがネガティブだと感じたら，建設的なコメントに言い換えるお手伝いをする必要があります。

フィードバックで最も難しいことの一つは，言われたことについて当人が何か具体的改善に取り組むことができるような一定のレベルにもっていくことです。たとえば「あなたは退屈そうに見える」と言われても，どうしたらいいか分からないかもしれません。でも「もっと私たちを見つめて，私たちの注意を引くようにしたほうがいい」，あるいは「声にもうちょっと情熱を込めたほうがいい」と言えば分かります。効果のある建設的フィードバックには，改善点を具体的に，詳細に述べる必要があります。

マイクロティーチングの評価

マイクロティーチングの有効性は，付録 C（47 ページ）のとおり，以下の 3 項目を使って評価しています。

- このセッションは私の教え方について有益なフィードバックを与えた
- 私の教え方について言われた情報やスキルを私は応用できる
- 全体としてこのセッションは有意義だった

2006 年以降に UW の教員が記入した評価フォームを何枚か持ってきました。北海道大学の先生たちに一昨日のセッションを評価していただいた結果も，これらの評価ととてもよく似ています。

3 項目の定量的評価の平均は，0～5 の 6 段階評価で平均 4.7～5.0 です。以下は，何が役に立ったと思うか，に関する教員の定性的コメントで，ファシリテーターにとってたいへん有益です。

- 「オリエンテーションのなかでこれがいちばん役に立つセッションでした」
- 「フィードバックは本当に役に立ちました」
- 「今のままでとてもいいと思います」
- 「5分よりもうちょっと長くして，10分あったらもっと役に立ったかもしれない」
- 「もっと明瞭なガイドラインが必要だと思います」

コメントは，まったくないこともありますが，全体にとても建設的です。コメントがあまり建設的でなかったら，ファシリテーターは次回どこを直したらいいか分かります。教授法について建設的フィードバックが継続的に得られるかどうかは，ファシリテーターがセッションの指導法について適切な訓練を受けているかどうかを反映し，それに依存します。

ファシリテーターの役割

　ファシリテーターの役割は軽視できません。セッションの進め方に責任を持ち，必要なら進む方向を変更します。教員が授業の改善が必要な要素ばかり挙げるのを放置しません。積極的に耳を傾け，セッションの間ずっと働いています。これはただ教員を集め，ビデオ録画をして，お互いの授業を見せればいい魔法ではありません。それではうまくいかず，破滅的です。

　ファシリテーターには訓練が必要です。実験も必要です。私がこちらにいたら，教員にボランティアでファシリテーターになってもらい，共に働きますね。みなさんは，それは無理です，教員には時間がありませんとおっしゃるでしょうね。私は35年間，教員には時間がないと聞かされてきました。でも本当に努力する価値があると思えば，彼らは時間を作ります。「時間がない」というのは，普通「大して重要とは思えない」という意味です。

　ファシリテーターの訓練を受けて，ほかの教員の発表のファシリテーターを務めると，自分もたくさんのことを学びます。これを確認する証拠は十分あります。セッションごとにたいへん博識な教員のグループと共に働くので

すから。それはほかの部局の方もあれば，自分の部局の方もあり，自分の学術分野の方もあれば，全然違う分野の方もあります。マイクロ授業を経験した教員は，とても多くのことを学んだので，同僚と共にセッションを行うことに時間を投資するのは惜しくないと，繰り返し報告しています。

　私たちは学生が学ぶのを見ると感激します。電球に灯がともる，あの魔法の一瞬を目撃する機会に恵まれるとうれしくなります。「分かった！　本当に面白い！　これで分かった！」同僚の教員も同じです。同僚がより効果的な教え方を学び，難しい概念をやすやすと操ることを学ぶのを見ると，同じようにうれしくなります。ファシリテーターになる勉強をしようと思う教員がいるのは確実です。たくさんのフィードバックもあります。

　付録 D (48 ページ) には，この手法を試みるときに必要と思われることをすべて含めました。「チョークの確認」に至るまですべてご覧になれます。これはとても小さなことですが，参加者に自分の名前を黒板に書いてもらうときに必要です。お互いに名前を知らない場合，これは特に有益です。一昨日は私のために，先生たちに名札をつけていただきました。インフォーマルな感じにしたいので，本当にお互いを知らない，あるいは名前が分かりにくい場合以外，普通は名札は使いません。

　付録 E (50 ページ) には，セッションでグループを指導するのに役に立ちそうな用語や表現をまとめてあります。私たちの経験で教員にファシリテーターを務めていただくときに役立った表現です。

結　び

　マイクロティーチングは，学生が教員の教え方をどう見ているかを教員に気づいてもらうのにきわめて優れたツールです。それは教育と学習の向上のために効果的で効率的なツールがほしいという，私たちの基準に最適の手法です。この発表では，できるだけ実用的，実務的にお話しするよう努めました。もっと知りたい方は Google で microteaching を検索していただければ，豊富な情報と，さまざまな調査研究の注釈つきの書誌情報が見つかります。

　さて，ご質問にお答えする時間はあると思います。一昨日のセッションで

は「質問はありますか？」と聞いてはダメですと申しました。私はいつも「どんな質問がありますか？」とたずねます。それから質問を待ちます。誰かが沈黙を破って質問するしかないと感じるまで，ずっと待つことができます。で，どんな質問がありますか？

質疑応答

(セッションの手順)

　質問1：たとえば教員4人のセッション全体で，時間はどれくらいかかりますか？

　ナイキスト：普通は90分ですが，一昨日は2時間でした。参加者には初めての経験ですから，やり方の説明に時間がかかりました。

　質問2：5分間の授業でパワーポイントやOHPを使ってもいいですか？私たち化学の教師は，図なしには1分もしゃべれないのです。

　ナイキスト：器材も使えます。器材が増えてセッションが複雑になるので，私たちは避けていますが，必要なら，その準備をしてください。私たちは，パワーポイントなしでもすむなら，使わないほうがいいと言っています。

　質問3：4分の授業で概念をまとめて，結論までいけますか？　それで役に立ちますか？

　ナイキスト：これは授業の一断片です。終わらなければ，終わらなくてもいいのです。終わらせるために4分間に詰め込みすぎるのはよくありません。

(ファシリテーターの資格・素養)

　質問4：私は国際交流本部の職員です。ファシリテーターと参加者の関係についてお伺いします。日本では，ファシリテーターはメッセージをうまく伝えるために尊敬される必要があります。ファシリテーターは参加者より経験が少なくても構わないのですか？

　私たちは今年文学研究科のためのFDプログラムを始め，6人の先生方が

自発的にパイロットプロジェクトに参加されました。ファシリテーターがいないもので私が買って出ました。私が北海道大学に来たのは昨年の10月で，私の専門は英語学校の教師のトレーニングでした。初めは経験が少なくて不安でした。私は教員ではないし，たぶん大部分の参加者よりも若いので，うまくいくか不安でした。でもナイキスト先生のマイクロティーチングワークショップで，ファシリテーターとしていちばん大事なのはリラックスすることで，そうすれば参加者もリラックスできることを学びました。私はこの新しい役割への挑戦に少し自信ができました。

　ナイキスト：私たちはティーチングアシスタントに，ほかのTAのためのファシリテーターの役割が務まるよう教育します。教員のグループのファシリテーターにTAは使いませんが，ファシリテーターは教員でなくても構いません。スキルがあれば教員は理解し，尊敬します。

　たしかに参加者がリラックスするように，ファシリテーターもリラックスする必要があります。ビデオ録画を行うとき，先生たちは常に不安なのです。日本でも，米国でも，世界中どこでも同じです。その不安や緊張をジョークにすればいいでしょう。

　一昨日は米国とは違った点が一つありました。セッションの最後に北海道大学のみなさんに「ここに来るとき緊張しましたか？　不安でしたか？」とたずねましたら，誰もそれを認めないのです。米国ならみなが「発表が終わるまで待つのがつらかった。終わってほっとしました」と言うでしょう。一昨日は先生たちに緊張したと白状していただくのに時間がかかりました。でも，認めたあとは気分が楽になったと思います。おそらくこれは文化の差の一つでしょう。

（建設的フィードバック）

　質問5：文学部の教員です。一昨日ナイキスト先生のワークショップに参加しました。とてもすばらしい経験でした。マイクロティーチングを恐れる必要はないと思います。先生は経験豊富なファシリテーターですので，ワークショップの間不安はありませんでした。先生が自分やほかの参加者の発表

を評価してはいけないと言われたことにも感動しました。これは重要なポイントだと思います。私たち教師はいつも自分の学生や研究の同僚を批判しています。しかしマイクロティーチングでは，まず同僚がうまくできたところに集中するべきなのです。これは前向きな方略だと思います。

ナイキスト：私の発言を裏づけていただいてありがとうございます。マイクロティーチングの手順はとてもシンプルですが，ただ単純なだけではありません。実はたいへん複雑なものです。先生たちが取り上げたテーマは，ニーチェ，環境倫理と環境の正義の違い，倫理，詩の分析などとても複雑でした。たいへん挑戦的なテーマで，私たちはこういうものを応援します。効果的なマイクロティーチングは，挑戦的な授業の様子を録画し，教員が自分のしていることをより明瞭に把握し，ある概念をより効果的に教えられるようになるのをお手伝いするものです。今日は授業のスキルを中心にお話ししましたが，討論を効果的に指導する方法を学ぶのにも使えます。ただ時間がなくて，応用については話せませんでした。

（マイクロティーチングではできないこと）

質問6：私は今やっている文学研究科向けのプログラムでマイクロティーチングを使ってみようと思います。本学の先生方にはとても効果的でしょう。

ところで，ナイキスト先生のご経験で，マイクロティーチングではできないことは何ですか？　先生たちは自分で多くを学び改善できると思いますが，どういう領域は不向きでしょうか？　4〜5分という短時間ではできないことは何でしょうか？

ナイキスト：たとえば授業全体の構成を分析すること，あるアイディアを全面展開すること，あるいは授業全体で必要となる多数の例を挙げることはできません。そのためのビデオ録画が必要です。私たちはたくさんのクラスのビデオ録画をしており，1時間の長さの授業もご覧になれます。教員はマイクロティーチングを経験したあとしばしば，授業全体を録画して，もっと長い時間自分の授業を見たいと考えます。

マイクロティーチングは1回だけでは成功しません。先生たちがそこで気

づいた問題の改善に取り組み，あとでもう一度セッションをやってみるといいでしょう。1年以上さまざまな取組を積み上げていけば，自分の授業を改善できます。1回だけの経験では本当の改善はできませんが，改善に向けて興味をかき立てることはできます。

なお，マイクロティーチングについて学ぶのにいちばん効果的な方法は，それをやってみることです。今日も講義よりも，実際にやって見せたほうがよかったと思っています。

また，これは仮説的な取組ではありません。私たちが教員と共に取り組む課題は，ときどきとても仮説的で，実際の応用が見えないこともありますが，マイクロティーチングは効果的な授業で使われていること，別のやり方でやったほうがいいことを実際にやってみることです。

すばらしい質問をたくさんいただきありがとうございます。

References

Allen, D. W. & Ryan, K. (1969). *Microteaching*. Reading, Mass.: Addison-Wesley Pub. Co.

Graduate School of Letters FD Programme for Teaching in English Report（文学研究科向け英語による授業に関するFD報告書）．(2010.3)北海道大学学術国際部国際企画課編．

http://www.hokudai.ac.jp/bureau/e/wabun/kokusaika/gakunai/report_vol3.pdf

(付録) マイクロティーチング関連資料
付録 A1　教員用準備ハンドアウト

マイクロティーチング：教育力向上のツール

　マイクロティーチングは，自分の学術分野以外の同僚から，自分の授業に適用できる教育・学習技法を学び，同僚の建設的批評を自分の教育・学習方略の改善に応用し，学生の役割を体験することにより，教育・学習に関する学生のニーズと期待に対する鋭い洞察力を得ることのできる貴重な機会です。

　マイクロティーチングは，1960年代初めから半ばにDwight Allenとその同僚たちによってスタンフォード大学教員養成プログラムにおいて開発されました。

　スタンフォードモデルは「授業⇒レビュー⇒考察⇒再度の授業」というアプローチを強調し，実際の中学・高校生を受講者に使いました。大学の授業にも適用され，主に大学院生TA向けによく使われ，教員向け，特に新任教員向けプログラムでも大きな成功を収めました。このモデルはしばしば，集中的で焦点を絞ったピアフィードバックと討論の機会となっています。

　授業スキルワークショップ(Instructional Skills Workshop: ISW)というよく似たモデルが1970年代初めにブリティッシュコロンビア州教育省によって州内のすべての大学の教員向けの研修支援プログラムとして開発され，今ではカナダ，米国や国際的に広まっています。二つのモデルにはかなり違いがありますが，一定の共通性もあり，いずれも授業の向上と，授業の出来ばえについてのオープンな同僚同士の討論を奨励しています。

　マイクロ授業は，あなたの教える内容あるいはやり方の「スナップ写真」ともいえるサンプルを示し，それがどのように受け取られたか同僚からフィードバックを受ける機会です。それはあなたの「ベスト」の授業でなくてもいいのです。普通は使わない授業方略を試してみるチャンス，あなたにとって新しいことを試してみる，あるいは試してみて有効性に確信が持てない技法に対するフィードバックを得るのに適した，安全な時間です。

　この経験の核は，参加者がそれぞれマイクロ授業を行うことです。参加者の一人が教師として授業を行い，ほかの参加者は受講生になります。時間は厳格に3〜4分に制限されます。途中で打ち切りになっても怒らないでください。全員が十分に参加できるよう，時間制限を守る必要があります。時間制限が厳しいの

で，事前に実際に授業を行ってみて，時間を測ってみるといいでしょう。知っていることを全部4分間に詰め込まないでください。これはあなたの授業方法のスナップ写真を見せるよう設計されています。目標は，授業の方法あるいはスタイルのサンプルを見せ，受講者からそれについて新鮮な見方を得ることです。あなたの4分の授業は1回の授業の始め，真ん中あるいは終わりの抜粋で結構です。

あなたの授業の設定について，授業の開始時に別紙のマイクロティーチングワークシート（付録A2）を使って説明できるようにして来てください。以下の項目についてワークシートに記し，授業の準備を十分にして参加してください（配布資料がある場合は，4～6部用意してください）。

あなたのマイクロ授業の準備に関して，以下のことを決めてください。
1) テーマ：あなたのやりやすい授業のテーマを選び，特定の授業方法あるいは要素に焦点を当ててください。
2) 授業の目標：あなたの授業から学生に何（たとえば，事実，概念，スキル，および/あるいは価値）を学んでほしいのか，この目標の達成のためにあなたの授業方法はうまくいくか，考えて，明確に述べられるようにしてください。
3) 何についてフィードバックがほしいのか，何に焦点を絞ってほしいのか，グループに説明してください。たとえば，全体的，一般的なフィードバックがほしいのか，あるいは特定の問題，たとえば学生に対して質問や賞罰をどのように使うかといった問題だけに注目してほしいのか，など。

あなたが学生の役割のときは，学生と観察者の役割を結びつけて，できるだけ自然な教室の設定を創り出すよう努めてください。特に学生らしく振る舞おうとは考えず，教室環境における学習者として自由に質問やコメントをしてください。

基本ルール
 1. お互いについて知り得たことに関する守秘義務の遵守。
 2. 合意した時間制限の遵守。難しいかもしれませんが，必要なことです。ご理解ください。
 3. 同僚意識の維持。私たちはみんな仲間です。
 4. 心理的，身体的に，この場，この仕事に集中。
 5. ほかの人の，リスクをとった，実験的な試みへの敬意。
 6. 全員がすべてのコメントを聞けるよう，順番に聞いて話すこと。

7. プロセスを楽しみ，プロセスから学んでください！

付録 A2　マイクロティーチングワークシート

マイクロティーチングの背景

マイクロティーチングは，視聴覚器材の使用，授業の構成，明瞭な話し方，授業のテーマに対する興味を引き出す能力，共感的な関係を作り上げる能力など，特定のプレゼンテーションスキルの開発において，新任およびベテラン教師を支援するために設計されたトレーニング手法で，次のようなステップがあります。

(1)各参加者が3～4分の発表を準備する。
(2)ほかの参加者や同僚の前で一人ひとりが発表し，ビデオ録画をとる。
(3)応援・励ましの雰囲気のなかでそれぞれの発表について順番に討論する。

マイクロティーチングワークショップの準備として，3～4分の発表を用意してください。発表では，(1)あなたが教える授業の導入部分の一コマや，学生向けの授業概要の一部分，あるいは(2)あなたが教えるのに苦労している，キー概念や話題を取り上げてください。必要ならホワイトボードやOHPが使えます。

以下の二つの質問に対する答えを記入し，マイクロティーチングセッションに持参してください。

マイクロティーチングの準備(セッションの前に記入して持参してください)

・あなたのマイクロ授業の目標は何ですか？(学生の学習目標は何ですか？)

・あなたのマイクロ授業のどんな面についてフィードバックがほしいのですか？

マイクロティーチングセッションの分析(発表のあと，セッション中に記入してください)

・この発表をもう一度行うとしても，同じようにやりたいこと：

・この発表をもう一度行うとしたら，別のやり方をしてもよいこと：

・そのほかの使えそうな方略：（必要なら裏面を使ってください）

出所）付録 A2 は，ジョディ・D・ナイキスト博士が，北海道大学の文学研究科向けマイクロティーチングワークショップ(2009 年 7 月 29 日 13：00〜15：00)のために用意したものである(Graduate School of Letters FD Programme for Teaching in English Report, 2010, p. 164)。

付録 B

建設的フィードバックの特徴

1. 評価的ではなく，記述的に
　自分の反応を記述すれば，相手はそれを適切とみて使うのも，使わないのも自由です。評価的な言葉づかいを避ければ，相手は防御的な反応をせずにすみます。たとえば「情報を黒板に書くのは有益だと思います。なぜなら…」と言うのはいいかもしれません。
2. 一般的ではなく，具体的に
　「威圧的だ」というコメントは，あまり役に立たないでしょう。むしろ「今の討論では，あなたは学生の言うことを聞いていないように見え，私は学生として，あなたの議論を受け入れるよう強制されているように感じました」と言うほうがいいでしょう。
3. 人物ではなく，行為に注目する
　人が何をするかに言及するのが重要です。あなたの考える，あるいは想像する相手の人柄に言及するのはよくありません。「発表の間に 2〜3 回しか学生を見なかった」と言うのはいいですが，「配慮に欠けた教師」と言うのはよくありません。前者は変えられますが，後者は固定した性格の特徴のように聞こえます。
4. 聞き手がそれについて何か対応できるような，行為を対象にする
　自分ではどうしようもない欠点を指摘されると，フラストレーションが高まるばかりです。
5. 助言でなく，情報の共有を含む
　情報の共有なら，相手に，自分の目標とニーズに沿って，自分で決定する自由を残せます。助言すると，相手に何をするべきか言って，相手が自分で決定する自由をいくらか奪うことになります。

6. あなたが与えたいと思う情報量ではなく，聞き手が利用できる情報量に限る

　フィードバックが多すぎると，相手は受け取ったものを効果的に使えません。

7. 明確なコミュニケーションが保証されているか確認する

　そのための一つの方法は，聞き手に自分が受けたフィードバックを言い換えてもらい，それが話し手の考えと一致しているか確かめることです。たとえ善意でも，フィードバックはときには脅迫的に聞こえ，大きな誤解，曲解を生むことがあります。

Bergquist, William and Steven R. Phillips (Gary H. Quehl General Ed.) (1975). *A Handbook for Faculty Development.* Published by the Council for the Advancement of Small Colleges, WA. D.C., Dansville Press, Inc., New York より改作

付録C　評価フォーム

マイクロティーチングセッション評価フォーム

部局 ＿＿＿＿＿＿＿＿＿＿＿＿＿＿＿＿＿＿　　　＿＿＿年＿＿月＿＿日

ファシリテーター ＿＿＿＿＿＿＿＿＿＿＿＿＿＿

	強く反対					強く賛成
	0	1	2	3	4	5
1. このセッションは私の教え方について有益なフィードバックを与えた						
2. 私の教え方について言われた情報やスキルを私は応用できる						
3. 全体としてこのセッションは有意義だった						

4. セッションのどの部分がいちばん有益でしたか？

5. セッションをもっと有益なものにするには何が必要ですか？

付録D　ファシリテーターの手引き

マイクロティーチングのファシリテーターのための覚書き

セッションを始める前に
1. セッション会場に早めに着き，参加者とおしゃべりして，できるだけ「リラックス」させる。
2. 必要に合わせて部屋を設定する(チョーク，OHPなど)。
3. 参加者のメモ用紙，ワークシートなどを確認する。

マイクロティーチングセッションの概要
1. 自己紹介とセッションの紹介(参加者は緊張しているので手短に)
   1) マイクロティーチングの目標と効用の説明(マイクロティーチングとは何か？)
      ・特定の授業スキルの改善のために設計されている。
      ・発表者は自分の教え方が学生にはどのように見えるか，聞こえるかを実体験できる。
      ・お互いの授業を観察することにより，新しい方略が生まれるかもしれない。
   2) ファシリテーターの役割の説明(ファシリテーターは参加者を評価しない。セッションを円滑に進めるためにいる。)
   3) セッションでビデオ録画されるときの気分の説明(グループのメンバーで以前に授業のビデオ録画をしたことのある人はいるか？　その経験はどんな気分だったか？)
   4) 次の2(録画)と3(討論)のステップの手順の説明
   5) いくつかの決まりを設ける。
      ・制限時間の厳守
      ・ここで起こったことについての守秘義務
      ・録画はセッションが終わったら消去
      ・発表者に対するフィードバックはできるだけ応援・励ましの精神で
      ・グループは発表者が説明したような受講生(学士課程学生)の役割を演じる。
   6) この手順について質問あるいは意見を聞く。

2. 発表のビデオ録画
1) 発表の順番を決め、全員に見えるように黒板に書く。
2) 各発表者に、この授業で a)何を達成したいのか、どんな目標を持っているのか、b)どんな受講生を想定しているのか、説明してもらう。
3) 各発表者は、グループに向かって 3〜5 分の授業を行う。発表は次々と連続して行う。拍手と次の発表者の準備の時間だけが休憩になる。
4) 4 分経過したら発表者に合図を送る。5 分(あるいは所定の制限時間)経ったら打ち切る。発表を最後まで行うことは、このプロセスには重要ではない。
5) 各発表の間にメモをとる。討論の時間に取り上げたい話題について考えてみる。

上記の 2)と 3)の間の休憩時間に椅子をビデオモニターのまわりに半円形に並べ直し、フィードバックのときお互いの顔がよく見えるようにする。

3. マイクロティーチングの発表についての討論(各発表について繰り返す)
1) 最初の発表者の録画を見る。
2) 発表者に、どこがうまくいったと思うか聞く。フィードバックは発表者の目標、および実際に発表したことに焦点を絞る。
3) 発表者に回答する時間を与えてから、もう一度グループのほかのメンバーに観察と考察を補足してもらう。
4) 発表者に、何が、なぜ、どういう風に難しかったと思うか、たずねる(これはマイクロティーチングワークシートの最後の二つの質問の組み合わせ)。
5) 発表者に回答する時間を与えてから、もう一度グループのほかのメンバーに討論に加わってもらう。
6) 発表者が自分の授業ですでに用いた、あるいはこれから授業に組み入れたいと思っている、特定の授業方法あるいは行為を要約し、討論する。翻って、これを個々の発表者が述べた目標に結びつけてみる。
7) 次の発表者に移り、全員がコメントを聞くまで繰り返す。

4. 結 び
・参加者に謝辞を言う。当初立てた目標をさらに掘り下げる。

セッションの間，銘記しておくべき一般的事項
- できるだけ応援・励ましの雰囲気を創り出す。
- 授業における具体的な行為に集中する。
- ある発表者向けのコメントが参加者全員にも適用できようにする。
- 討論を学生の学びに方向づける。よって，焦点は「技法」に限定されない。
- 発表者には，たとえ難しくても，あるいは別の方向から始めたとしても，まず自分の授業のよいところを挙げてもらう。
- セッションは予定どおりの時間で進める。そうしないと，最後の発表者は十分に注意を払ってもらえず，セッションはダラけた印象になる。
- 参加者が自分の授業の出来ばえを批評するとき，快適と感じるようにする。
- 参加者の人数に応じて，録画のレビューとフィードバックの時間を一人あたり 15〜20 分に制限しなければならないこともある。

The Center for Instructional Development and Research (CIDR)
http://depts.washington.edu/cidrweb/

付録 E　ファシリテーターの言葉

マイクロティーチングセッションのファシリテーターがよく使う表現

　以下はマイクロティーチングセッションでファシリテーターが使える表現のリストです。評価的な性格のない文章を作るよう努めました。これらの表現は学生との討論の指導，チュートリアル，ライティングの講演など，ほかのコンサルテーションでも使えるかもしれません。

1. 参加者の強みを探る
　「あなたの発表で，何がうまくいったと思いますか？」
　「あなたの何がうまくいったといえるでしょうか？」
　「あなたが自分の強みだと書いたことを，私たちにも紹介していただけますか？」(発表者に口火を切らせる)
　「考えを共有していただけますか？」

「そのほかに気づかれた強みはありますか？」(フォローアップ)
「もっと詳しく話していただけますか？」(フォローアップ)
「それについて，もう少し話していただけますか？」(フォローアップ)

2. ほかの人を引き込む
「みなさんは，そのほかの強みに気づきましたか？」(グループで討論を始める)
「グループのどなたか，今までに気づいた発表の強みに何か付け加えることはありますか？」
「グループのどなたか，今の発表で特にうまくいったと思えることに，ほかに何か気づきましたか？」

3. ファシリテーターの助言
「私たちが研究で知っていることの一つは…」
「私の(わずかな)経験によれば…」
「私がうまくいったと思うのは…」
「そのほかに考えたらいいかもしれない方略/ことは…」

4. 発表で，変えたほうがよい点を探る
「いくつかの強みについて話してきましたが，あなたがもう一度発表する機会があったら，難しそうに思えるのはどんなことですか？」
「もう一度発表するとしたら，変えたい，あるいは違ったやり方をしたいと思うのはどんなことですか？」
「ほかのみなさんの助言で，○○さんが次の機会には違ったやり方ができるかもしれないと思うのは，どんなところですか？」
「あなたの発表で，実際に変えられるかもしれない点について，フィードバックを考えてください」

5. 発表者への宿題
「いま議論したなかで，さらに工夫したいと思う点は何ですか？　二つ挙げてください」
「今いただいた助言には満足ですか？」
「今後何を工夫したいですか？」

6. 時間の管理
　「いいですか。一つひとつの発表に 20 分ずつかけることにしましょう」(時間制限を予告)
　「すみませんが，すべてのみなさんがフィードバックを受けられるよう，次の方に行かなければなりません」(一人の発表者に時間を使いすぎたとき)
　「このセッションの目標としては，…に焦点を絞りましょう」(発表者あるいはほかのグループメンバーが脱線したとき)

3. 組織的プロフェッショナル・ディベロップメント戦略
——清華大学——

シ・ジンファン（史静寰，Shi Jinghua）

　今日は清華大学を例として，中国における教員の能力開発（Faculty Professional Development: FPD）についてお話しします。中国の高等教育の状況について「拡大」と「移行」という二つのキーワードによって説明します。さらに，高等教育改革の方略についてもお話しします。

　以前は，中国政府は建設，つまり学生数を増やし十分な施設を持つことを重視していましたが，最近は政策転換して教育の質を強調しています。建設は基本的なニーズですが，質の高い教授や支援職員，そのほかしかるべき多くの資源も必要です。拡大と改革がマクロな背景で，特にアカデミックな能力開発に焦点を絞ります。アカデミックな能力開発というとき，あとでご説明する，より広い意味で理解していただきたいと思います。清華大学を例として，教員の能力開発（FPD）がどのように計画され実施されているかご説明します。

グローバルな背景

　高等教育のグローバルな文脈における，現代のトレンドがいくつかあります。大衆化，高等教育制度の急拡大，そして市場化が，中国における新しい，たいへん強力な要因です。グローバル化，特にトップ研究大学の地位をめぐる大学間競争は，将来のもう一つのトレンドです。そのため，清華大学は世界一流大学になろうと努力しています。

　さらに，大学革命という，もう一つのトレンドを指摘したいと思います。Altbachは2009年ユネスコ高等教育世界大会のためのレポートで，過去半

清華大学の概観

　本学は1911年に中国人学生のための海外留学予備学校として創立され，2011年に創立100年を祝います。1920年に大学になり，1928年には正式に清華大学と呼ばれるようになり，1920年代末に付属研究所が置かれました。1940年代末までに中国のトップ総合大学になり，1950年代初め以降，政府の高等教育制度の再編によって工科大学になりました。清華大学は工学と技術教育を重視しています。

　1980年代に工学以外の部門の再構築を始め，次第に再び研究中心の総合大学になり，1980年代末に世界一流大学に向上する方略を開発しました。現在は13学部，45学科を有し，教員2800人，学士課程学生1万4000人，大学院生1万8000人がいます。
(Tsinghua University, http://www.tsinghua.edu.cn)

清華大学

　世紀に起こった大学革命は「世界中で大学の性格を根本的に作り替えた」「大学の専門職はかつてないストレスにさらされている」と述べています (Altbach *et al.* 2009)。これがグローバルな一般的背景です。

中国の高等教育における全国的拡大

次に中国に注目しましょう。

図Ⅰ-1は，1998〜2008年の中国の毎年の高等教育への入学者数です。学士課程の入学者は100万人から500万人に，大学院の入学者は7万2000人から44万人に増えました。このような学士課程と大学院両方における学生数の急拡大は，高等教育制度を大きく変えました。

表Ⅰ-2に示すとおり，高等教育機関の平均的規模はこの10年間に顕著に増大し，全国平均で2倍以上になりました。学士課程高等教育機関の学生数の平均は4000人から1万3000人に増え，職業教育プログラムの学生数も増えました。これが私たちの直面する状況です。教職員総数も，1998年の100万人から2008年の200万人に倍増しました。同じ時期に常勤教員の数も2倍に増えましたが，学生数の増加と比べると，大きなギャップがあります。

このような拡大により，中国の高等教育機関における学生数と教員数の比率は変化しました（表Ⅰ-3）。急拡大の前の1990年代初頭には教員：学生の比率はおよそ1：7でしたが，2000年には1：16，ピークの2002年には1：20近くになり，現在は全国平均で1：17あまりです。学生数と教員数の比

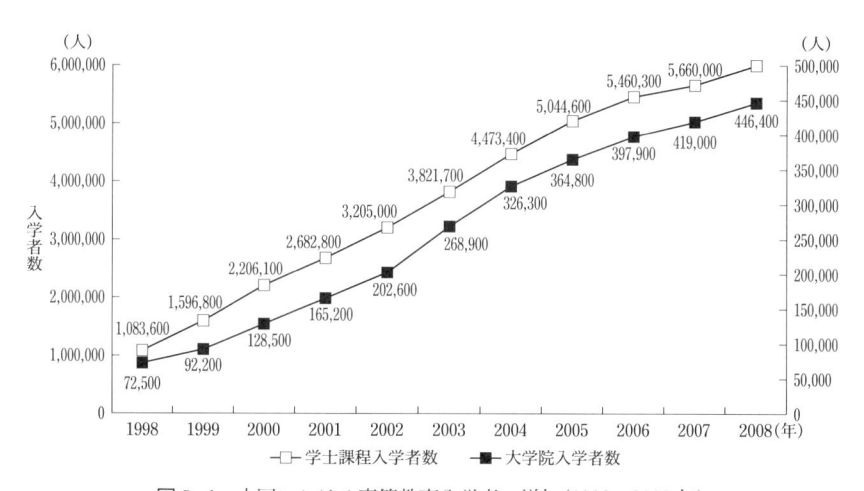

図Ⅰ-1 中国における高等教育入学者の増加（1998〜2008年）

出所）中国教育統計年鑑1995-2008

表Ⅰ-2　中国の高等教育機関の規模の推移(1998〜2006年)　(単位：人)

年	1998	2001	2003	2004	2005	2006	増加率
全国平均	3,335	5,870	7,143	7,704	7,666	8,148	+1.44倍
学士課程高等教育機関	4,418	8,730	11,662	13,561	13,514	13,937	+2.15倍
職業高等教育機関	1,701	2,337	2,893	3,209	3,909	4,515	+1.65倍

表Ⅰ-3　中国における正規高等教育の学生/教員の比率(1992〜2006年)

年度	大学	大学以外の高等教育機関	合計
1992	6.63	7.30	6.83
1998	11.63	11.09	11.62
2000	16.04	17.65	16.30
2002	20.60	14.20	19.00
2004	17.44	13.15	16.22
2006	17.77	18.26	17.93

率の上昇は，教員の業務負担の増加，学生やそのほかの能力開発活動のために使える時間の減少を意味します。

　中国の大学の専門職の特徴も理解する必要があります。今中国では若い教員が増えています。1998年に45歳以下の教員は常勤教員全体の75％でしたが，2006年には80％に増えました。

　もう一つの要因は，博士号を持つ教員の増加です。1998年には，博士号を持つ者は常勤教員の4.6％でしたが，今は10％です。清華大学では70％以上の教員が博士号を持っています。大学間で大きな格差があるのです。

　職業への関心度と仕事への満足度に関する4000人の大学教員への最近の調査によれば，回答者の20％が転職を希望し，職業への関心度や仕事への満足度が低いことが分かります。彼らが挙げた理由の上位四つは，①低収入②研究や出版に関する要求の厳しさ③達成度についての高いプレッシャー④仕事量の多さなどです。

中国における教員の能力開発(FPD)

　中国の大学でプロフェッショナル・ディベロップメント(PD)が実際にどのような意味を持つかは，上記の背景のもとで理解する必要があります。教

員の能力開発は，偉大な教授，偉大な大学を作るための道程です。政府と大学の政策はすべて教員の教育の質向上を強調しています。Altbach は先のレポートで「どの大学も質の高い，職務への関心の高い教職員なしには成功できない。印象的なキャンパスも，革新的なカリキュラムも，偉大な教授なしにはよい結果を生むことはできない」「大学は内部から成長する環境である」と述べています(Altbach *et al.* 2009)。

そこで，教員の能力開発が重要です。偉大な大学は，研究の研究を行い，教員の教育を行うべきです。これは，大学の本当の意味や，そこで働く人々をもっとよく理解しようという試みです。私は以前の研究で発展させたこの枠組みをもっと概念化したいと思ってこのシンポジウムに来ました。

PD 活動には三つのタイプがあります(図Ⅰ-2)。一つは①自主的な学習，自分の責任で行う学習です。知識主導型の専門職として，私たちはみな仕事のなかで学び，改善を図るプレッシャーを受けています。私たちが授業の準備や新科目の設計，論文執筆の指導などをするとき，それは私たち自身のあ

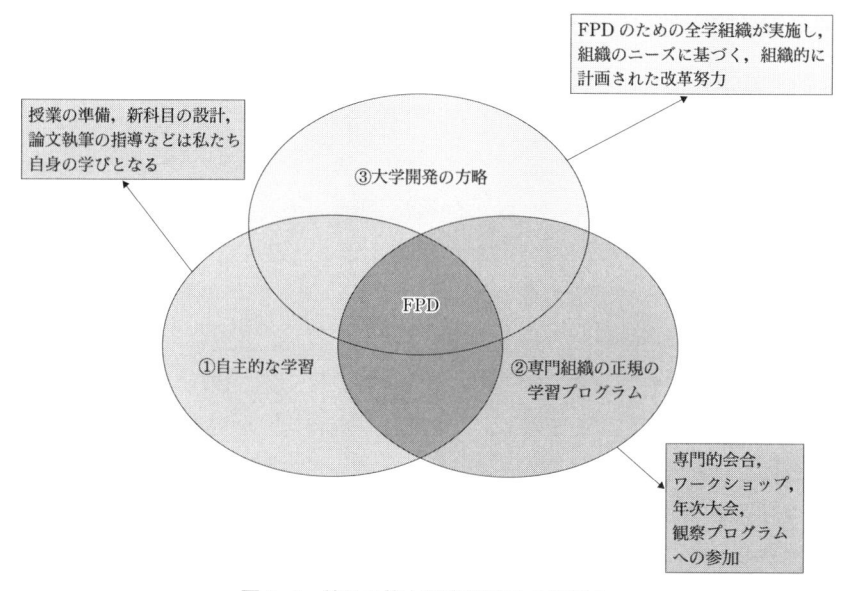

図Ⅰ-2 教員の能力開発(FPD)の枠組み

る種の学びです。自主的な学習はいつでも，どこでもできます。

　次に，②学術的専門組織（学会など）の行う正規の学習プログラムがあります。そこには学術分野の専門的会合，ワークショップ，年次大会，観察プログラムなどが含まれます。

　最後に，③大学開発（Institutional Development）の方略があります。これは組織的に計画された改革努力でなければなりません。それは教員の能力開発のための全学組織が実施し，組織のニーズに基づくべきですが，教員個人のニーズに基づくとは限りません。①自主的な学習②正規の学習プログラム③大学開発の方略の組み合わせが最良の結果を生むでしょう。

清華大学の発展戦略

　政府から特別の援助を受けているトップ大学として，本学の発展戦略は中国の国家目標と同一歩調をとっています。2002年に制定された国家目標は，国力の増強と革新的国家の建設を促しています。それは清華大学自身の将来像の一部ともなっています。30～40年で世界一流大学を建設することも本学のもう一つの目標です。そのためには，最良の学者，教授，研究者を呼び寄せ維持し，最良の学術プログラムを作る必要があります。また，最良の学生を訓練し，最良のサービスを提供しなければなりません。大学を本当に世界標準にするために必要なのはこういうことです。

　このプロセスを援助するため，本学は目標実現のための工程表を持っています。1994～2002年に，本学は総合研究大学の基礎を築くため，八つの新学部のために質の高い教授陣を採用しました。第二段階の2003～2011年には，確立した学術分野における名声を維持し，新しい分野において躍進したいと思っています。清華大学においては，これは工学，技術，自然科学など私たちの強い科目の質を改善し，人文学，社会科学，経営学そのほかの学術分野における成果を高めることを意味します。この期間によりよい教員チームを形成することを重視しています。研究資金と成果を増やし，大学の重点を工学から総合的研究に移し，より多様な大学文化を作りたいのです。

　2012年以降は，世界一流大学の地位に到達しようと試みます。このプロ

セスの本当の意味は，期間を定めた計画ではなく，行動を起こすことにあると思います。中国では多くの大学が質の向上について語っていますが，その本当の意味は何なのでしょうか？　清華大学にとっては上記のすべてであり，私たちはこの目標の達成のための詳細な計画を持っています。

清華大学におけるFD

　教員の能力開発に移りましょう。ここでは，以前の本学学長や教育大臣たちが採用した「両輪」理論についてお話しします。文化大革命以前の1960年代に，Jun氏は「よい大学は，質の高い学術研究者および質の高い管理者と支援職員を持たなければならない」と言いました。大学を支えるこの両輪を持つことにより，大学はよい機関となるでしょう。

　私たちはこの理論に基づき，本学の現職研修プログラムを設計しました。本学には，すべての教職員と管理者を含めた一般的な現職研修と報奨のシステムがあります。また，学術研究者および管理者向けに特化した研修プログラムもあります。

(i) 学術研究者向け研修

　私たちが採用している方略の一つは，若い新任教員向けの特別研修プログラムの実施です。新規採用の専門職は，教授であれ，常勤のTAであれ，研究員であれ，仕事を始める前に，大学と部局，両方の研修を受けなければなりません。この研修は，キャンパスライフについての全般的なオリエンテーション，大学の基本法規と文化遺産，教育・研究・管理に必要な特定の知識と技能などを含みます。新規採用者には通例メンター(相談役)がつき，若い教師の授業を観察し，最初の1年間改善を援助します。さらに，部局長は新任教員の授業を観察しフィードバックを行う責任があります。若い教師のコンペが学科・学部・大学の各段階で定期的に催されます。全学で10人の若い優秀な教師が学長表彰を受け，これはたいへんな名誉です。

　本学の方略は若手学者の支援プログラムも含みます。教員は多数の大学院生をかかえていますので，若年学者に焦点を絞った特別プログラムをいくつ

か開発しました。これは研究資金，研修機会の優先的提供などを含みます。たとえば基礎科学における若手学者の支援プログラムがあります。本学は工学と技術は強いですが，基礎科学は強くありません。支援プログラムに応募することにより，若手のトップの学者たちは競争力を獲得します。新しい学術のスターや優秀な若手教員に対する報奨も行います。学術業績も教育も共に表彰されます。中堅教員，すなわち若手あるいは中年の学術専門家向けの支援プログラムも提供しています。そのおかげで，清華大学では，優秀学者向けの国の研究資金を得た若手学者の数が，1998年の11人から，2008年には115人に増加し，全国1位になりました。

清華大学における教員の能力開発は，授業のスキルだけに関わるものではありません。以上のような本学の拡大のために，学術分野の能力を高めることはきわめて重要です。

図Ⅰ-3は教員，特に若手学者を海外に派遣し，グローバルな展望と国際的な経験をさせる本学の努力を示しています。2006年に，本学には2800人

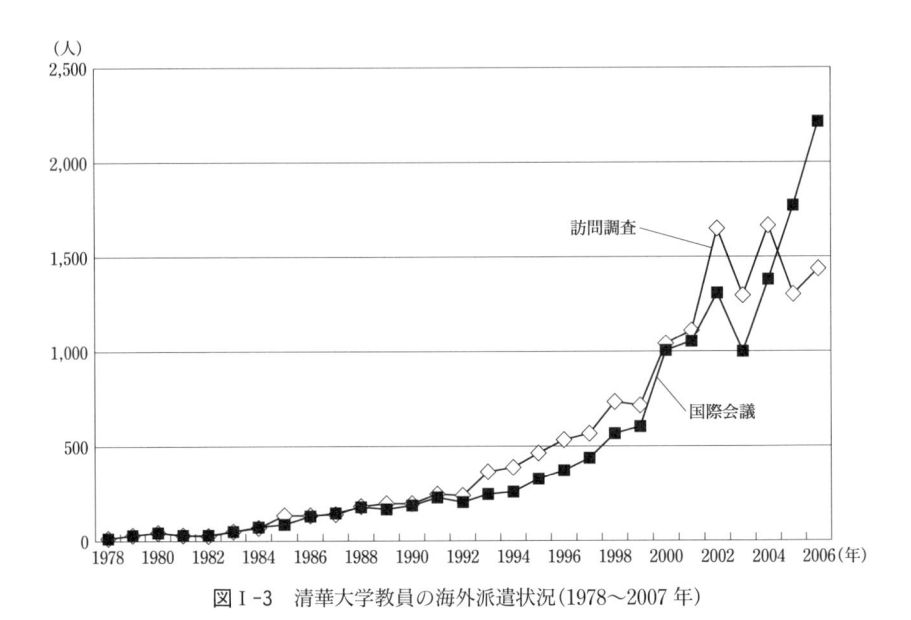

図Ⅰ-3　清華大学教員の海外派遣状況(1978～2007年)

の常勤教員がおり，そのほとんどが学会参加や訪問調査のため海外に行く機会を得ました。これは本学の FD プログラムの重要な部分だと信じます。

(ii) 管理者・職員向け研修

本学には，もう一つの車輪である管理者と職員向けの特別研修プログラムもあります。これはよく組織された単位制の研修で，人材管理部という強力な管理組織が運営しています。通常の管理者・職員向け現職研修プログラムは，彼らの職階と必要単位に基づいています。自分の職を維持するためには，一定の時までに現職研修の単位を十分な数とらなければなりません。

個人ベースでも，履習の必要な科目のカリキュラムがあります。毎学期，人材管理部が提供科目のリストを公表し，管理者と職員は自分に必要な科目を選択します。科目リストとその設計は，受講者のフィードバックに応じて変更され，研修は管理者あるいは研修参加者のコメントや助言によって評価されます。これらの科目は一般的な知識と技能の研修の組み合わせです。たとえば去年私は管理者と支援職員向けに IR(Institutional Research：大学調査) の授業科目を教え，IR の実際の意味を解説しました。それから参加者をその仕事に基づくグループに分け，グループで問題解決スキルを使って研究のテーマを選び，最後に研究計画の草稿を書きました。

(iii) 全学討論

全学討論を通じた合意形成は，清華大学独特の FD の不可欠な一部分です。私たちは，1980 年代から 4～5 年に一度，清華教育シンポジウムという催しを開催してきました。このシンポジウムは，ごく少数の人だけが参加するものではなく，すべての専門家と学生がさまざまな形で参加し，大学の発展にとって緊急の一，二の問題の討論に焦点を絞ります。これは討論を通じて大学の展望を形成するプロセスです。

たとえば，世界一流大学の建設は本学の学長の目標でした。全学シンポジウムを通じて，この問題が各学科，学部，学生支援部，カリキュラム開発部など大学全体で，個々の組織のニーズと専門性に基づいて討論され，この目

標の達成のための方略や工程表が作られました。清華大学を世界一流大学にするにはどうしたらいいかが，1995 年と 2000 年の討論のテーマでした。

現在，私たちは第 23 回全学シンポジウムを行っています。普通は 1 年間，多彩な活動が続きます。テーマは，新世紀の清華大学において才能ある人々，先導的な人々を育成するためのミッションと方略です。創立 100 年記念に向けて，本学の学生にもっとよく準備させる方法に焦点を絞ります。

(iv) 教員による教育研究

最後に私たちは教員に，教育研究を行うことにより，自分の教育哲学や経験を考察するよう促しています。1986 年に学長を議長として清華大学教育研究協会が設立されました。この協会は自発的参加，テーマ中心の問題解決および，学習や大学調査 (IR)，学際的チームワークの重視を奨励しています。協会の事務局は私たちの研究院にあり，以上の基準に基づき，毎年教育学の専門研究者以外の学者たちの書いた最良の論文を選定し学長表彰を行っています。

これはさまざまな専門家が教育経験や教育理論に関する論文を出版する動機づけとなります。たとえば「世界一流大学」というキーワードを中国雑誌定期刊行物データベースで検索すると，89 件の既刊の論文が過去 20 年間に清華大学に関係した学者によって書かれていることが分かります。これは中国の全高等教育機関のなかで第 1 位です。これらの論文の大部分は，教育学専攻の研究者ではなく，さまざまな部局の教授や管理者が書いたものです。

結　び

私たちの経験から，最近世界銀行のために *The Challenge of Establishing World-Class Universities* (2009)（世界一流大学建設の挑戦）を刊行した Jamil Salmi 教授の意見に大賛成です。彼は，世界一流大学の三つの特徴の一つは偉大な教師や学生，職員，研究者を含む才能ある人々の集中だと指摘しています。ほかの二つは豊富な資源と，よいマネジメントあるいはガバナンスです。偉大な教師は生まれつきのものではなく，専門的な研修を受けて成長す

るのです。教員の能力開発はこのような研修への一つの道程です。

　三つのタイプの FPD のうち，③大学開発の方略は，少なくとも清華大学の移行の状況には，最も必要なものです。よく計画され，実施された FPD は，本学全体の質の向上に役立ちます。本学の場合，組織的・文化的信念に基づき，組織的な活動と大学の戦略を通じた合意形成は特に重要です。

　PD は，個人にとっては生涯学習のプロセスであり，大学にとっては未来に向かう終わりなき旅です。このテーマで学ぶべきことは多いので，このシンポジウムがさまざまな国の大学からの学者たちにこの問題に焦点を当てる機会を提供してくださったことに感謝します。

質疑応答

（平均的な教師の動機づけ）

　質問1：教員に報奨を与えて動機づけの向上を図るという方法には感心しました。私たちの大学でも数年前から同じように，優秀な教員を表彰し，賞金を与えていますが，5〜6年経つと，表彰される教員はいつも同じで，ほかの教員は表彰されたり，スポットライトを浴びたりするチャンスがほとんどありません。そこで，清華大学では，最優秀でない，平均的な教師の動機づけはどのようにしておられますか？

　シ：清華大学は大きな大学ですので，さまざまなレベルの賞があります。たとえば，学部学科レベルの賞はより多くの人々をカバーします。学部学科で賞を得て初めて，全学の競争に参加できます。また，大学は若手学者だけのための賞も設けています。教員はさまざまな支援あるいは報奨制度に応募できます。

　賞を与えることは PD 促進の一つの方略にすぎません。たとえば，大学は優秀な若手教師を表彰しますが，学生組織も同様のことを，独自の尺度と選考基準で行っています。これは事実上大学の表彰と同じ意味を持ち，より興味深いものです。学生は若手教師に対する尊敬と温かな気持ちを示すために多彩な活動を企画します。つまり，多様な方略と手法が必要だと思います。

References

Altbach, Philip G., Reisberg, Liz, & Rumbley, Laura E. (2009). *Trends in Global Higher Education: Tracking an Academic Revolution: A Report Prepared for the UNESCO 2009 World Conference on Higher Education.*

Salmi, Jamil (2009). *The Challenge of Establishing World-Class Universities*. The World Bank, Washington DC.

4. ファカルティ・ディベロップメントと教育の質保証
──ソウル国立大学──

イ・ヘジュン（Lee Hye-Jung）

　一昨日は筑波大学で，高等教育におけるeラーニングのためのチュータリングシステム構築への挑戦についてお話ししました。今日はソウル国立大学におけるFDプログラムと，それがどのように教育の質の改善に役立つかをご紹介します。

教育学習サポートの諸組織
　ソウル国立大学における教員研修(FD)の組織は以下のとおりです。
　教育学習センター(CTL)には4部があります。
　　①教育サポート部は，基本的にFDプログラムとオフラインの支援を行います。
　　②学習サポート部は，学生に「学び方を学ぶ」支援を行います。
　　③e-Learningサポート部は，ICTを使ったFDプログラムによる支援を行います。
　　④アカデミックラボは，学生の作文を支援するライティングセンターです。
　私が部長を務める③e-Learningサポート部には，コンテンツ開発，システムマネジメント，メディア制作の3チームがあり，各チームにマネジャーと数人の技術者がいます。
　①教育サポート部には，部長，マネジャー，研究員各1名と，数名の助手がおり，主にFDプログラムを担当しています。

ソウル国立大学の概観

　ソウル国立大学は 1946 年に創立された韓国第一の国立大学で，ソウル市内に最大規模のキャンパスがあります。16 の学部と 1 大学院，9 専門職部局があります。1 大学院というのは誤解を招くかもしれません。16 の学部はそれぞれ大学院を持っていますが，各学部および法科大学，医科大学といった専門職部局の大学院を統括する部局がもう一つあるのです。

　現在，約 2000 人の常勤教員と 2000 人の非常勤講師，学士課程と大学院を合わせて 2 万 5000 人の学生がいます。1 学期に 7000 科目以上が開講されています。世界一流大学の地位を得るために，多くの出版と研究を行っています。大学ランキングは上昇を続け，2009 年にはタイムズ世界大学ランキング[注1]で 47 位でした。ハーバードが 1 位で，東京大学は 22 位です。

(Seoul National University, http://www.useoul.edu/)

ソウル国立大学
(奎章閣：キュジャンガク)

FD プログラム

(i) ワークショップとフォーラム

ソウル国立大学の FD 活動をご紹介します。

CTL は多様な聴衆を対象に，さまざまな種類のワークショップを行っています。新任教員向けのプログラムは，ナイキスト先生のお話(22 ページ)と同じですが，ワシントン大学の 6 日間のプログラムよりはずっと短いものです。本学の新任教員はとても忙しくて，このタイプの FD プログラムにまる 6 日間参加することはできません。最初に 1〜2 日のプログラムを行い，そのあと 1 学期かけて個別の研修を行います。ワークショップを 1 学期に数回行い，新任教員は参加を求められます。また要望に応じて，マイクロティーチングワークショップや，講義のビデオ録画と診断そのほかの研修を行います。現在および将来の大学教員向けのワークショップを定期的に開きます。将来の大学教員とは，初めて教育を行う TA やチューターのことです。本学の卒業生はほかの韓国の大学の教員や教授になるので，私たちはよい教師を作ることにいっそう大きな責任を感じています。

CTL はときどき，教育と学習について学生の公開フォーラムを行います。これは学生にとって「ホットな」討論で，学生がパネラーになり，この大学でしてほしい，あるいはしてほしくない教育について，たいへん率直に語ります。こうした公開フォーラムはよく新聞に報道されます。これは，教員にはある種の間接的な圧力になります。そのほか，教員と学生双方が参加する，別のフォーラムもあります。これが大学の環境における革新的な教育方法の開発と応用を可能にします。

CTL は専攻分野に固有の教育方法の開発のための研究を行っています。各専攻分野における最良の取組あるいは教育方法の開発のために，教員に少額の資金を提供します。

本学の将来の大学教員向け(PFF)ワークショップは，ダルハウジー大学やワシントン大学のプログラムと同じです。これは教養教育の一部である共通コアカリキュラムの授業を教える TA にとっては義務ですが，それ以外の将来の大学教員(TA)には義務ではありません。

(ii) 授業診断

　CTL は教員の授業についてコンサルテーション(相談)を行っています。これはマイクロティーチングと呼んでもいいのですが，私たちは授業診断と呼んでいます。数年前，工学部長が授業診断を，テニュア(終身教授職)を得るために必須とすることを決定しました。抵抗はありましたが，工学部全体に広がりました。彼は工学部長を終えたあと，韓国政府の教育大臣になり，こうした教育改善政策を国内のすべての大学で必須にしようとしていますが，まだ実現していません。

　したがって，ソウル国立大学工学部では，テニュアに応募するためには，この手順を踏まなければなりません。まず教員の講義を録画します。これはマイクロ授業ではなく，教員が実際の学生に教える講義のライブ録画です。次に教員はアナリストと共に自分の録画を見て考察します。大部分の教員は自分がこんな教え方をしているとは知らなかったので，ショックを受け，「これが私？　あり得ない」と言います。それから参加者が集まって，このプロセスについて討論と考察を行います。

　CTL は学生による匿名の授業評価も行い，調査結果を教員と共にレビューします。もう一度授業を録画して，どの程度改善されたかを見ます。教員はさらにコンサルテーションとグループ評価を受けます。このプロセスは 1 回限りのイベントではなく，1 学期かけて，少なくとも 1 科目全体についてコンサルテーションを受けなければなりません。教員は通常いくつもの科目を担当していますから，録画して評価を受ける科目を選び出す必要があります。コンサルテーションは学生のフィードバックにも基礎を置いています。

　このプロセスは，自己反省だけではなく，授業診断の専門家による優れたフィードバックも含みますので，アナリストの能力がきわめて重要です。国立大学として，本学はこの職種の専門家を養成する研修プログラムを提供し，コンサルタントを育てて，国内の他大学に供給しています。

(iii)最良の取組(GP)の開発

CTLは優れた講義を数シリーズ開発しました。優秀教育賞を受賞した教員の講義を1～2学期にわたって録画し，どこがそんなに効果的なのか理解しようとしました。問題は内容でも，主題でもありません。優れた教授法が問題なのです。

CTLは教育の条件や教育改善の領域について研究を行いました。一昨日筑波大学で，よい授業と悪い授業は誰が決めるのかと質問がありましたが，これについても研究しました。

優れた授業のためのeラーニング

(i)eTL

CTLはテクノロジーを使って教育をサポートします。これはeTL(e-teaching and learning)という，本学のeラーニングプラットフォームです。eTLはBlackboardそのほかの多くのアプリケーションを含んでいます。Blackboardは基本的に，Moodleに似たLMS(Learning Management System)プログラムです。そのほかLMSテンプレート，DRM Board，Voice Authoring Toolなど，多くのアプリケーションを開発しました。

eTLはBlackboardを運用し，本学のコンピュータセンターの学生情報システムSIS(Student Information System)と統合されており，相互運用が可能です。それは日本語，英語を含む11の異なった言語をサポートし，さまざまな形の評価が可能です。宿題や成績評価レポートの管理を行い，特定の科目の掲示板や，メッセージの追跡が可能です。

(ii)SMSサービス

教員はウェブサイト上で学生に通知をしたり，科目のサイトから学生の携帯電話に自動的にテキストメッセージを送ったりできます。学生の電話番号を知る必要はありません。学生はみなeTL上に自分の登録科目を見つけ，学生同士で簡単に連絡がとれます。

はじめは，教員はeTL内のSMSサービスシステムをあまり使いません

でした。理由を聞くと，「費用は誰が払うのか？」と言います。私たちは赤の太字で「このメッセージの経費はソウル国立大学が支払います」と書き加えました。それからサービスの利用が広がりました。

(iii) メニューテンプレート

　テクノロジーの使いはじめをもっと容易にするため，四つの異なるメニューテンプレートを開発し(図Ⅰ-4)，教員のコンピュータリテラシーを4レベルに区分しました。レベル1はタイプができるだけです。レベル2はパワーポイントのプレゼンを作成できます。レベル3はHTMLについて少しだけ知っています。レベル4は何でも知っています。レベル1の教員には，LMSテンプレートのいちばんやさしい部分を提供します。

　レベルの割り当ては，システムを試行的に実行した結果に基づいています。

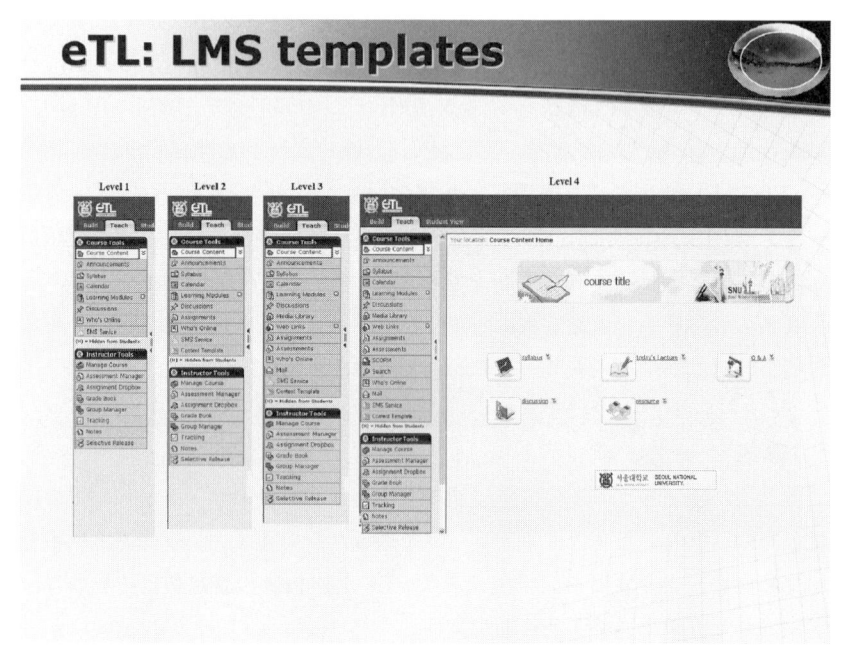

図Ⅰ-4　コンピュータリテラシーの4レベル用メニューテンプレート

17人の教員の協力を得て，それぞれのレベルに適したものを見つけました。教員がどのレベルを利用できるかの選定をサポートし，そのレベルですべての授業をカバーします。

(iv) DRM Board

教員が教材の著作権について心配するので，Digital Rights to Management (DRM) Board を追加しました。学生には教材の閲覧とプリントだけを許可することもできます。保存も許可する場合は，1 学期が終わるとファイルは削除されます。

(v) Voice Authoring Tool

ある教員はキーボード入力が遅くて下手で，タイプしたフィードバックは難しいので，宿題やコメントを録音したいと言います。Voice Authoring Tool を使えば，学生の宿題を聞き，そのうえに音声のフィードバックを録音できます。学生はそれを自分の MP3 デバイスにダウンロードし，通学や散歩などの間に聞くことができます。教員は学生の宿題にメモをつけたり，強調したりすることもできます。さらに，教員がこうした作業に困難を感じたときは，リモートサポートを提供できます。

(vi) 利用率

eTL の利用は増大しています。CTL がこのシステムのサポートを始める前，利用率は 10% 以下でした。そこであらゆる種類のトレーニングの方略を提供しました。今では利用率は，1 学期 7000 科目のほとんど 70% に達しています。しかし，教員の使用は 25〜30% だけで，残りは教授の介入なしに学生が使用したものです。学生は学生同士のコミュニケーションのために，自発的に利用しています。このシステムができるまでは，学生は商業サイトを通じて情報交換をしていました。学生は自動的にこのシステムに加入する仕組みのため，ほかのソフトウェアを使う必要はありません。ほかのサイトに登録する必要がないため，これに決めるのは簡単です。

(vii)コンテンツの開発

　CTLは教員向けに数種類の異なったコンテンツも提供しています。ウェブサイトでは，ログインなしに誰でも無料で使えるさまざまな教材を提供しています。これはSNUOCW(ソウル国立大学オープンコースウェア)と呼ばれる，もう一つのよく知られたFDの方略です。

　ソウル国立大学の社会科学，人文学，自然科学，医学と芸術に関する特別講義シリーズは，興味深いFDの方略の一つです。このすべての領域において，有名な，人気のあるオフラインの授業から，いくつかのオンライン授業を開発しました。さらにこれらを大学外の市民にも開放する計画です。

　先週の月曜から2週間の登録期間が始まり，開始から4時間でこのパイロットプロジェクトの定員500人は完売となりました。登録者500人のうち，学生は350人，職員は100人，教員は50人でした。教員も，本学のほかの領域でどんな授業が行われているかに関心があるのです。私が化学の教員なら，人文学や社会科学については知らないかもしれません。今のところこの授業は単位なしですが，反応は大きいです。

　たとえば，図Ⅰ-5は「ライフデザインのための心理学」の講義です。共通コアカリキュラムの科目で，課題中心のアプローチをとっています。課題1は事例研究の形で紹介され，学生はそれについて議論できます。この授業は，各課題についてほかの学生がどう考えているかを記録し，双方向的な応

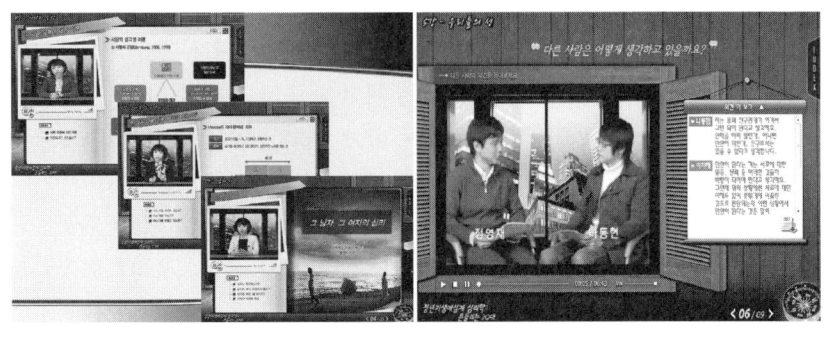

図Ⅰ-5　「ライフデザインのための心理学」のオンライン講義

答を要求します。

「法律の話」では，教授が判事，あるいは検事だったときの自分の経験を語り，法律制度がどのように動くのかを人々に知らせます。「体温のある経済学」は，有名な韓国経済学者が教えているので，みなが興味を持っています。「生命技術の革新〜生物工学」は幹細胞DNAの話です。癌専門医の癌についての講義や西洋，東洋の美術の授業もあります。

(viii) ビデオ会議とパワーポイントサポート

CTLは，東京，北京，ハノイなど，ほかの大学とたくさんのビデオ会議も行っています。

図I-6は，教員が自分のスライドのデザインに使えるパワーポイントテンプレートです。

(ix) テキスト技術支援

テキストは，オンライン環境で最も頻繁に使用されるコンテンツです。特にeラーニング用のテキストの書き方を知ることは重要です。教科書に劇的な要素，楽しい要素，興味深い要素を組み込むことは可能です。教員は自分の主題はよく知っていても，うまく書く方法は知らないことがあります。

そこで私たちはプロのライターや劇作家の助けを借りて，オンラインのヴィジュアルコンテンツだけでなく，テキストや音声のコンテンツも開発します。教員がライティングの基本原理を理解すれば，もっと効果的，効率的，魅力的に書くことができます。これが私たちの授業設計の根本原理です。

(x) そのほかのサービス

開発のほかに，CTLは訪問サービスや一対一のサービスも行っています。eラーニングの操作方法について，オンラインプログラムや，ガイドブック（図I-7）も開発し発行しました。操作方法の解説のために，学生や教員の苦情を集めて，解決を試みました。それは「学生にオンラインで双方向的に応答する時間がない」「教材をすべてウェブサイトにアップロードしたら，教

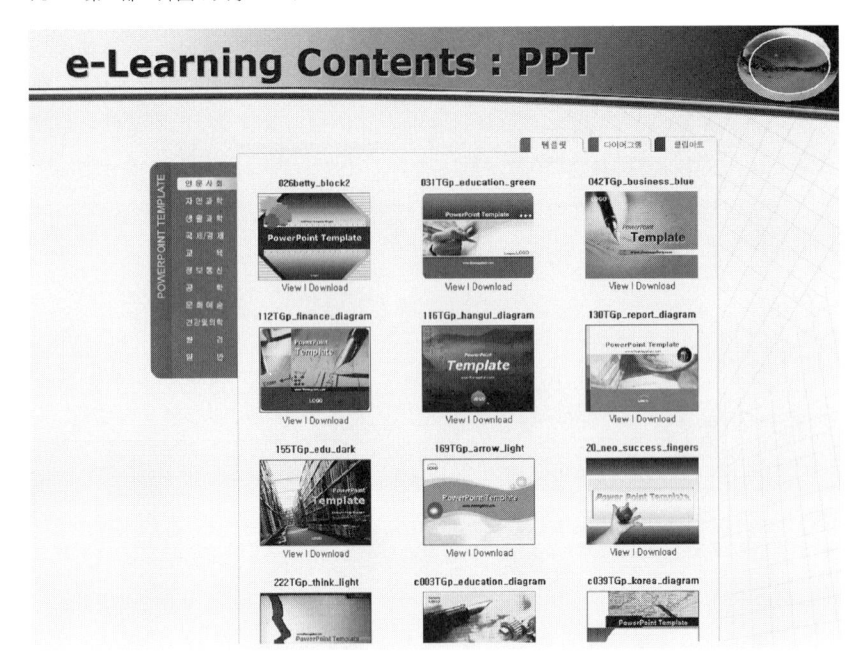

74　第Ⅰ部　外国の大学におけるプロフェッショナル・ディベロップメント

図Ⅰ-6　教員用パワーポイントテンプレート

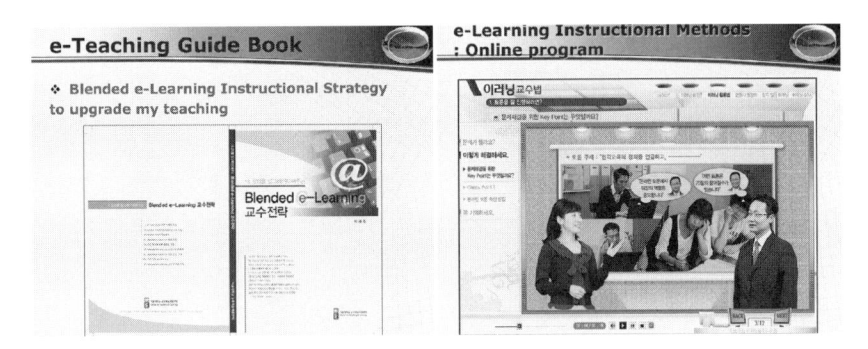

図Ⅰ-7　eラーニング授業ガイドブック

室では何をしたらいいのか？」「教材について，学生に議論してもらおうと試みたが，学生は議論しようとしない。どうしたらいいのか？」といった声を含みます。こうした苦情の解決策をオンラインで提供しています。

　以上は，ソウル国立大学においてCTLが，テクノロジーを使った教育の質の改善のために提供している多くのサポートサービスのほんの一部です。

　結　び

　PDを担当する組織を持つことは，きわめて重要だと思います。欧米のほとんどの大学ではそのような組織がすでに設けられていますが，アジアの大学ではまだないこともあります。韓国でも，CTL（教育学習センター），eラーニングセンターなどの名で呼ばれるこの種のセンターが設けられるようになり，ソウル国立大学では2001年にCTLが設立されました。このようなセンターがあるかどうかが政府の大学評価基準の一つに入ったためです。現在では，私たちはPDの量だけでなく，質も問題にしています。

　教員は変化に抵抗しますので，学術分野に適したプログラムを開発することはたいへん重要です。さまざまなワークショップや，運営委員会の委員たち，メディアに公開されたフォーラムを活用することも効果があります。

　質の高い教育を確保する方略の一つは，教員の業績を透明化し，世界中の誰でも評価結果にアクセスできるようにすることです。これは教員にとってある種の脅威です。韓国では，学生による授業評価の結果を公表すべきだと議論してきましたが，教員は抵抗しています。ソウル国立大学では，学務部と学部長たちは学生による授業評価の結果を公表しようとしましたが，抵抗が強すぎました。しかし，学生組合がオンラインで結果を公表し，学務部と学部長たちはこれを黙認しています。これも一つの方略です。

　最後に，教員評価の基準は重要ですが，教員は自分の貢献が大学によって認識され評価されない限り，教育にエネルギーを注ぐことはないでしょう。すべての政策と方略は専門家の研究に基づくべきですが，同時に人間的要素も必要です。

質疑応答

(授業コンサルテーション担当の専門家)

　質問1：ソウル大学では，テニュアを得るには授業コンサルテーションを受けなければならないというお話に興味を感じました。誰がコンサルテーションを担当するのですか？　誰がそのプロセスを組織し，授業を評価するのですか？　専門家が加わるのですか？

　イ：専門家が加わります。CTL では PD 担当の教授4人が授業診断を行っています。しかし受診者に対して規範的な訓練を行うわけではありません。コンサルテーションでは，教室における授業の，教員が気づいていないさまざまな面を整理し，自分の教育活動について考察してもらいます。いずれにしても，アナリストは CTL の教授です。

　他大学にはそうした専門家はいませんので，私たちは数学期にわたるワークショップを開催し，専門家のトレーニングを行い，国立大学としての説明責任の向上に努めています。

注1)　英国の教育専門誌 *Times Higher Education* が公表する World University Rankings. (http://www.timeshighereducation.co.uk/world-university-rankings/)

第II部　大学院生向け研修プログラム

1. 研究大学における大学院生 TA 研修
——ダルハウジー大学——

K・リン・テイラー（K. Lynn Taylor）

　この発表では，ダルハウジー大学学習教育センターにおいて，大学院生が教師として成長するのをどのように援助しているかを中心にお話しします。

　本学では，学士課程教育において大学院生が重要な役割を果たしています。ある大学院生は実験室での学習と安全管理に責任を持ち，他の者は小グループの学生の，教材に基づく討論の進行役を務めます。ある者は数学などの科目で練習問題の解法の個別指導を行います。また学生のレポートや宿題を評価し，より効果的な学びと作文に役立つコメントを記す仕事を専門に行う者もいます。これらの仕事は学士課程教育のきわめて重要な側面です。

ダルハウジー大学の大学院生 TA

　大学院生 TA（Graduate Teaching Assistant: GTA）は，本学の正規の教育スタッフの一員です。彼らの存在，その教育上の役割は，さまざまな場面でなくてはならないものです。まず彼らのおかげで学生を小グループで指導し，より革新的な学習経験を提供することができます。また大人数授業では，教員の負担軽減のためにきわめて重要な存在です。さらに GTA は理解のレベルが教員と学生の中間にあるため，かけがえのない教育資源となります。GTA は教授たちと高度な議論もできますが，非常に複雑な概念を，学士課程の学生も理解できるように説明することもできるのです。

　GTA はこうした見習い修業から大きな利益を得ますが，彼らが教職を体験する前，あるいはその最中にプロフェッショナル・ディベロップメント（PD）の支援を受けるなら，さらに大きな利益を得ます。彼らは試行錯誤からも学びますが，これはあまり効率的ではありません。本学では大学院生に多くの

> **ダルハウジー大学の概観**
>
> 　ダルハウジー大学は1818年に創立されたカナダで2番目に古い大学で，多くの伝統が力強く発展しています。学生数は1万6000人，カナダでは中規模の大学で，専任教員は1100人，180の教育プログラムで3600科目が開講されています。医学，歯学，健康科学，工学，経営学，法学など，あらゆる分野の専門部局が置かれ，たくさんの教育活動を行っています。
>
> 　しかし研究活動もたくさん行っています。私どもの規模としてはかなりハイレベルの研究資金(1億2800万ドル以上)を得ており，国際的にもきわめて質の高い研究機関と認められ，長年にわたって「サイエンティスト」誌で，生命科学の研究においてカナダで最良の非営利研究機関の一つと認められています。本学についてもっと知りたい方は，ホームページをご覧ください。そこでは，教育開発の専門家としての私の役割は，研究主導の大学において教育と学習の重要性を主張することにあることがお分かりいただけるでしょう。そして本学では研究と教育のバランスがうまくとれていると思います。
>
> （Dalhousie University, http://www.dal.ca/）

支援を提供し，それが以下の点で彼らの役に立つことを期待しています。

- 在学中のTAの仕事がよりよくできるようになること
- 大学教員の職に就いたとき，教師としてよりよい成果を上げるのに必要な教育を行うこと
- 教員以外の職を選んでも役に立つ技能と自信を培うこと

発表の目的

　この発表の目的は，ダルハウジー大学で大学院生TAの教育をどのよう

ダルハウジー大学

に援助しているか，説明することです。特に三つの点について説明します。

　第一に，私たちは何をしているのか？　私たちのプログラムの構成要素や組織はどのようなものか？

　第二に，この学習経験は教師として働く大学院生の成長にどのような効果をもたらすか？

　第三に，私たちの経験したいくつかの課題についてお話しします。私たちの経験を知っていただければ，みなさんの大学ではそのような課題を回避できる，あるいは少なくともより効果的に対処できると思います。

背 景 説 明

(i) 大学の背景

　教育開発の仕事ではローカルな背景の理解が重要ですから，まず本学の概観をお話しします(80ページ「概観」参照)。

(ii) 国の背景

　国の背景に関しても，日本とカナダにはいくつかの共通点があります。第一に，共に大学進学への需要の増大を経験しています。カナダでは，新規雇

用の3分の2は高等教育の学歴を求めています。人材確保の観点からも，社会正義の観点からも，より多様な学生層に大学の扉を開放することが不可欠です。日本と同じように，カナダでも大学進学率はきわめて高くなっています（Canadian Council on Learning, 2009）。

　大学の扉を開放し，より多くの人々が入ってくると，多様性が増大します。20年前に比べて，私どもの学生はずっと多様化しています。年齢に関しても，かつては見られなかった，より年齢の高い学生が増えています。民族や教育のバックグラウンドに関しても，学生はより多様になっています。以前と違って，仕事や家族に対する責任を負った学生もいます。一方，本学の教員は学生の学びの動機がしばしば学習志向ではなく，きわめてキャリア志向になっていることに懸念を抱いています。

　進学機会が拡大してもすぐに成功の機会が増大するわけではありません。私たちは伝統的な教育の方法を変えて，きわめて多様なバックグラウンドを持った学生が学習において成功するよう援助しなければなりません。

　教育に関するもう一つの背景は，基礎的な技能の養成がますます強く求められていることです。教員は，自分の専門の学術分野の知識のほかに，学術的あるいは非学術的ライティング，口頭コミュニケーション，チームワーク，問題解決型のクリティカルシンキング，独力で情報を発見・評価・応用する能力など，いわゆる「基礎的スキル」の養成を求められています（Conference Board of Canada, 2000）。

　このように私たちの教育の仕事は今までよりはるかに複雑になり，より多くの専門知識が必要になっています。同時に説明責任に対する社会の要求がますます増大し，大学は教育の卓越性を示すだけでなく，私たちが約束したことを学生がきちんと学んでいることを示すよう，いっそう強く求められています。より多くの学生を確保し，より多くの学生が成功するよう援助することが期待され，学生の多くはたくさんの援助を必要としています。州政府も連邦政府もこうした期待を表明しています。

　カナダの大学運営における大きな変化は，政府の影響力の増大です。大学は公的資金を受けていても，以前は，政府は大学が何をどのように教えるか

に口出しはしませんでした。今では政府の資金提供には，大学がある特定領域の教育プログラムを提供し，より多くの学生を受け入れ，学生の成功を援助し，学生の成功の証拠を提出するという期待がともないます。

教育が複雑化し，説明責任の要求レベルが高くなる一方，学生数に対する教員数の比率は着実に減少している。これがカナダの現状です（Association of Universities and Colleges of Canada, 2007）。我が国の課題は，この状況のなかで，より多くのことをしなければならないことです。そのため私たちの大学院生が教育の役割を十分に果たせるようきちんと準備することは，かつてなく重要です。大学院生は新しい教育スタッフの一員として，最初の年からすぐにたいへん多くのことを達成するよう期待されているのですから。

(iii) 学習教育センターの背景

もう一つの背景は，私どもの学習教育センターの活動です。大学院生の訓練（トレーニング）と研修（ディベロップメント）だけが私たちの仕事ではなく，教育学習活動に参加するすべての人々を支援するには，多種多様な仕事が必要です。私たちの仕事は教員研修のほかにも，カリキュラム開発，テクノロジーを活用した授業開発もあります。本学が学生への学習サポートをより強力に推進できるよう，組織開発の仕事もします。私たちはこれらたくさんの仕事を通して大学の教職員や大学院生と連携し，さまざまなグループ，さまざまな仕事の間で仕事のバランスをとらなければなりません。

なぜ GTA 研修に投資するのか？

こんなに仕事が多いのに，私たちはなぜ GTA の訓練と研修に力を注ぐのでしょうか？

Lee Shulman は「Ph.D. を取得した者は自分の学術分野あるいは専門職に仕える執事（steward）として，その知識の生成，批評，変形，伝達，利用においてこの仕事に誠実に献身することが期待されている」（Shulman, 2002, Golde & Walker, 2006, p. 3 より引用）と述べています。この意味で，GTA 研修は学問における誠実さ（アカデミックインテグリティ）の核心に触れるの

です。よき執事となるために，教員は自分の学術分野の内容を知っているだけでは不十分です。Pruitt-Loganらは「(教員は)効果的な教育と助言の方法や，学習者としての学生にどのように接するかも理解しなければならない」(Pruitt-Logan, Gaff, & Jentoft, 2002, p. 65)と言っています。効果的な教育には学術分野の知識が不可欠ですが，それだけでは不十分で，学生がどのように学習するか，私たちの知識を教室でどのように実践に移すかも理解しなければなりません。

　私どもがGTA研修に力を注ぐのには，ほかにも実際的な理由がいくつかあります。まず第一に，大学院生は本学の学習環境のなかで教えるので，できるだけ最上の仕事をしてほしいのです。彼らの学習を援助しないと，彼らは，自分はあんな教え方はしないと言いながら，自分が教えられたのと同じ教え方をするでしょう。それでは困る場合もあるのです。

　研修によってGTAは複数の役割の使い分けを学びます。私たちは学生に，ほかの学生の教師になることを求めます。彼らは学生と教師という二つの役割を使い分けなければなりません。この点で学生には援助が必要です。私たちはまた，彼らに学生であると同時に給料をもらう従業員として，別個の一連の責任を果たすことを求めます。さらに彼らは補助者および仕事のパートナーとして，教授との間にたいへん多様な関係を持ちます。

　ソウル大学のイ・ヘジュン先生は筑波大学のシンポジウムでたいへん興味深い研究成果を発表されました。それによれば，チューターの役割は，教員がTAの指導教官か，そうでないかによってたいへん違うそうです。

　GTAは共に働く教員との間に，指導教官かどうかによって，違った関係を築く必要があります。指導教官のもとでチューターを務めることは，学生にとって必ずしも容易ではないのです。ですから，私たちが行う訓練は，学生が，教員に指導される大学院生であることと，共に働くGTAであることの間にある，責任の違いを理解する助けになります。

　私の観点からいちばん重要なのは，大学院生の訓練と，教員が実際に体験することの間に巨大なギャップがあることで，それには膨大な証拠があります(Austin, 2002; Austin & McDaniels, 2006)。大学院では，教員の役割に関

して私たちが学生に教えていないけれど，学生が学ぶ必要のあることはとてもたくさんあり，それが私たちのプログラムの内容です。私たちは学生から教員へのキャリアの移行を準備し，できるだけ円滑に移行させたいと思っています。教育の仕事に十分準備のできた者は新しい仕事への満足度が高く，ストレスも少なく，大学教員の職に長く留まり，辞職することが少ないのです (Menges & Associates, 1999)。

GTA 研修が必要な根拠

私たちのプログラムを作るとき，多くの方々からたくさんの援助をいただきました。まず大学院生自身から情報を得ました。彼らに「あなたたちは何を知っている必要があるか？」と聞いてみると，学生は自分が知っている必要のあることをある程度は知っていますが，一方では知っている必要のある多くのことに気づいておらず，それゆえ私たちも多くを学びました。学生が知っている必要のあることについて，研究文献にあたってみると，三つの重要な論点が浮かび上がりました。

第一は，私たちが大学院生向けプログラムで教えていることと，新任教員が知っている必要のあることの間に，ある種の大きなギャップがあることです (Austin, 2002; Gaff, 2002; Nerad, Aanerud, & Cerny, 2004; Nyquist & Woodford, 2000; Wulff & Austin, 2004)。私たちは新任教員の経験に目を向け (Menges & Associates, 1999)，そこからふり返って，新任教員の経験に役立つように大学院生の準備をしなければなりません。

次に私たちは，新任教員はベテラン教員とは違ったことを学ばなければならないことに気づきました (McKeachie, 1997)。そのことは私たちのプログラムに反映されています。

第三は，有能な教師になることは，さまざまなことを学び，実践し，それらを統合して自分の知識基盤にまとめあげるという双方向的な知識獲得のプロセスなのだという発見です (Simon & Ruijters, 2004; Timperley, 2008)。私たちは学生にいろいろ話すだけでなく，学生に教育を経験させ，彼らがその経験から学び，自分の形式的な知識を教師としての生きた経験と統合する

よう努力しています。

　GTA 研修に関して，学生に何を教えなければならないか，またさまざまな教育方略の効果について，研究業績はたくさんあります(Marincovich, Prostko, & Stout, 1998; Park, 2004)。このシンポジウムに参加されているジョディ・ナイキスト先生は，この分野の研究のリーダーです(Nyquist, Abbott, & Wulff, 1989; Nyquist, Austin, Sprague, & Wulff, 2001 など)。また私たちは自分たちのプログラムを評価し，どのような学習経験が本学で，あるいは大学の枠を越えて最も効果的か判定しました(Schonwetter & Taylor, 2003; Taylor, Schonwetter, Ellis, & Roberts, 2008)。さらに，ウェブ上では GTA 研修についてたいへん価値のある広範な資料が入手できます。

　教育開発に関して，私たちはほかのカナダのプログラムと協働して自由に情報を共有し，相互に学んでいます。年に 2 回全国大会を行い，実践と研究を共有しています。これは私たちの仕事をより効果的にするうえできわめて重要でした。全国ネットワークを作ることは，日本にはまだないのでしたら，みなさんに強くお勧めしたいことの一つです。

　米国の POD(Professional and Organizational Development Network in Higher Education)のなかに「TA グループ」と呼ばれる有力なグループがあります。このシンポジウムに参加されているリンダ・フォンヘーネ先生は，このグループのたいへん有能なリーダーです。今日私はよき指導者たちに囲まれているわけで，みなさんと討論できるのを楽しみにしています。

ダルハウジー大学の GTA 研修

　私たちのプログラムは四つの部分から成っています。①TA オリエンテーション(TA の日)，月に 1 回以上行う②PD シリーズ，③大学教育に関する大学院授業 CNLT 5000 と，それらを総合した④「大学教育学習資格認定証明書」(Certificate in University Teaching and Learning: CUTL)です。

　この認定証は①〜③の学習をまとめ，そのあとの教育経験を加えたプログラムです。コースを無事修了した者には大学教育学習資格認定証明書を授与し，成績証明書にそのことを記載します。この一連のプログラムは大成功で

した。プログラムの各構成要素はそれぞれ独立していて，学生はそのいずれかに単独で参加することもできますが，希望者は四つ全部に参加し，四つが入れ子細工のように合体して，とても効果が上がります。

　私の話は「訓練」から「研修」にシフトしてきています。これはとても重要なシフトです。ここで「訓練」というのは，よいスタートを切るのを支援する特定の技能や方略の教育のことです。学生にはこれが必要で，私たちのプログラムの四つの部分にはすべてある程度「訓練」の要素が入っています。しかし，四つの部分にはすべて「研修」の要素もあり，方略や技能のほかに理念的な理解も育てようとしています。学生の個人的な成長の一部として，学生が教育に関する自分の信念とこれらの理念とを統合し，そうした考察から学ぶのを援助します。この試みは成果を上げるのに力強い効果があります。

　しかしまず四つの試みのそれぞれについてもう少しお話ししましょう。

(i) TA の日

　「TA の日」の行事は初体験の GTA 向けのオリエンテーションで，具体的な方略と技能に焦点を絞り，彼らが力強いスタートを切れるよう援助します。彼らは新米で自信がなく，よい方略を求めています。私たちは初めて会ったとき彼らにそれを提供します。クラスの最初の日に何をしたらいいか，学習の動機づけや講義の方法，双方向的な学習方略，学生の作文力を育てるため宿題にどのようなコメントを記すか，などを話します。学習評価や討論指導の方法も助言します。成長のこの段階では，学生は教師としての自分自身に集中しており，うまくスタートを切れるよう援助を求めています。

　「TA の日」に教師役を務めるのは，教員のほかに，上級 TA として働く仲間の大学院生，学生支援部の専門職員，図書館職員や教育開発専門職員などです。私たちはいつも，本学でたいへん名声の高い研究職の教授一人か二人に参加していただきます。私たちは二つのメッセージを伝えたいのです。一つは，PD とは専門家が相互に行うこと，お互いの知識の共有なのだということ，もう一つは，本学では知名度の高い研究者も教育に献身しているのだということです。これは大学院生が学ぶべき重要な教訓です。

(ii) PD シリーズ

　学生はオリエンテーションを終えると，第二段階の方略，さまざまなPDの集いに進みます。以前は教員向けと，GTA向けを区別していましたが，今はPDの集いは教育に関心がある人なら誰でも参加できます。ある集いが特にTAに役立つ，あるいは特に教員に役立つ場合はそれを明示しますが，誰でも参加できます。ベテラン教員が今でも教育の向上に努めているのを見ることは，学生に前向きの影響を与え，学生は教員の経験と専門知識の恩恵を受けます。逆に教員は大学院生のフレッシュな洞察の恩恵を受けます。こうした相互学習は，私たちのプログラムの効果的な相乗効果を生み出しています。

　PDシリーズには2種類の活動があります。一つは昼食時間の討論会で，参加登録をした人には事前に短い論文を配っておき，人々はそのテーマについて自由な議論をするためにやって来ます。たとえば学習を促進する教室環境を創り出すためにはどうしたらいいか，討論しました。

　もう一つは90分間のワークショップで，参加者は事前準備の必要はありません。学生はいろいろなアイディアを自分の授業に応用する方法を学び，授業のさまざまな局面についてより深く学ぶことができます。自分の実践でより統合された成果が得られるので，討論されたアイディアはもうただの孤立した技能や方略ではありません。

　最も重要なのは，PDシリーズのおかげでコミュニティができることです。PDシリーズには特別の構造があり，人々が集まって教育について共に語るよう仕向け，教育に関心があり，こうした催しの外でも教育について語り合う人々のコミュニティを形成するのです。

(iii) 大学院授業 CNLT 5000

　三つ目は，CNLT 5000という大学院授業で，私はこれを4年間教えています。これは教育と学習の理念や，学術分野の知識，授業設計の原理，実践的な助言，学術的な教育などを統合した科目で，教育に関する学生の個人的信念の批判的な評価を促し，彼らの信念が効果的な教育方法に沿ったものか

点検します。学生が教える科目の授業計画に沿って設計された，とても実践的な授業です。1学期で週3時間・13週，単位なしの科目で，合格／不合格の判定が成績証明書に記載されます。この授業は，ダルハウジー大学の大学院生は無料で，そのほかの人々は通常の大学院授業と同じ受講料で受講できます。

　この授業の学習成果は複雑なので，図II-1を使って学生に共通の目標の理解を促します。

　第一の学習成果は，彼らが教える授業の背景を理解することです。最も重要な背景の一つは，自分の学術分野が自分の教育方針にどのような影響を与えるかを正しく認識することです。学術分野の専門知識は，授業の内容だけでなく，その構成や教育学習活動，学生の学習を評価する方法にも影響を与えます。私たちはまずこうした学術分野の知識の基盤に立って教えます。同時にカナダの大学は今や社会との接触が以前よりもずっと大きくなっており，学生は社会人，大学人としての自分の責務も理解する必要があります。

　私どもは学習や，学習者と教師などについて，理念の育成にも努めます。

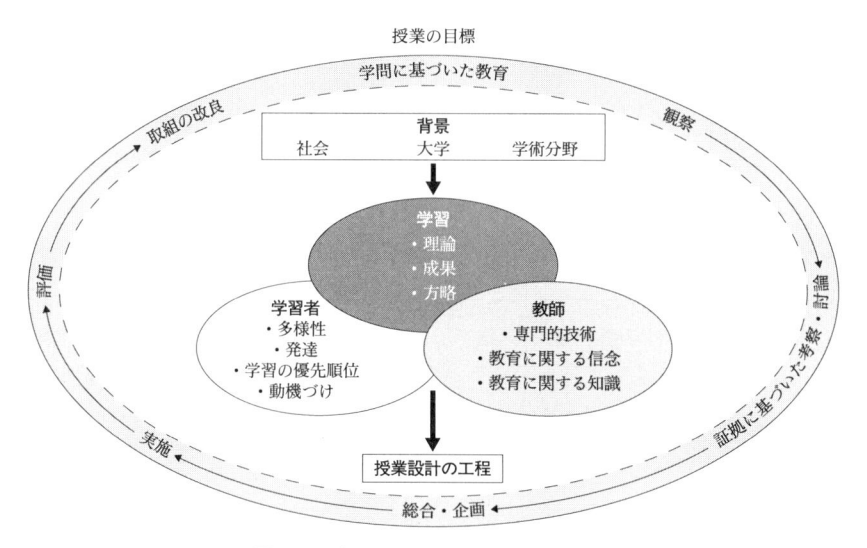

図II-1　大学院授業 CNLT 5000 の目標

理念的な項目は，学生が自分の教室における教育と学習を理解するために，根拠のある枠組みを作り上げるよう，注意深く選んであります。学生は授業設計の手順，授業計画を最初から最後まで作る方法も学びます。

　こうした活動すべてにおいて，学生の課題は学術的な視点を持った教育者になることです。学生は，研究と同じように，教育にも探究の精神を持ち込むことを求められます。自分の授業で何が起こっているのか観察し，本当にここでは何が行われているのか，自分の教室で起こっていることを改善するためにこの情報は利用できるか，と問うことが求められます。それから計画を立て，うまくいくか評価し，うまくいくようならそれに沿って計画を変えます。もちろんこれは継続的なプロセスです。研究において探究のサイクルが止まることがないように，教育に関する学習においても，探求のサイクルが止まることはありません。

　この授業にはたいへん前向きな効果があります。ある学生は「この授業は私にはこのうえなく有益です。特に今の私のキャリアの段階（ポスドク）では」と言いました。別の学生は，この授業が提供するさまざまな学習を高く評価し，それは自分の大学教師としての成長に貴重な貢献になると感じています。「この経験は私のキャリアのなかで私が教師として成長してゆくのに大きな役割を果たすでしょう。」この授業は学生に教育と学習について有益な情報を提供するだけでなく，彼らのこれからも続く教師としての自立した成長のための基本的な枠組みを提供するからです。

　この授業が終わって18カ月後に面接調査したある学生の意見は，最も力強いコメントの一つです。大学教員になって最初の年に，彼女は修士課程の新しい授業科目を開発するように言われました。それは大きな挑戦でしたが，大学教育について授業で習ったモデルを使ってみて，うまく動くことを実感したのです。「私はこの授業をまとめ上げるのに必要な手順の一歩一歩をすべて知っていました。」この結果に私たちはたいへん喜んでいます。

(ⅳ) 大学教育学習資格認定証明書(CUTL)

　四つ目は，大学教育学習資格認定証明書です。この認定証では，ほかの三

つの部分をまとめて，より総合な学習経験を提供します。学生は大学院授業でも，学術的な視点を持った教育の精神に則った，自主的な研究でも，どちらを選んでもいいのですが，受講生の大部分は大学院授業を選びます。理論の部に実習の部を付け加えて，1回に1授業ずつ3回，異なった授業をしてもらいます。学生はそれぞれの授業計画を立て，教授あるいはベテランの同僚TAに授業を見てもらい，フィードバックを聞いて，最後に自分が何を学んだか，考察を書きます。

　PDシリーズから全部で20時間のワークショップを自由に選択するという要件もあります。プログラムの必須要件の一つとして学生に自分は何を学ばなければならないと思うかまとめてもらいます。学生は「TAの日」やPDシリーズのプログラムそのほかの学習機会を利用することができます。学生には，なぜこのワークショップを選んだのか，将来の教育に役立つどんなことを学んだか，その学習をどう応用するつもりか，などについて短いレポートを書いてもらいます。これは私たちがいつも目標にしている，統合的なレポートです。これによって，学生に，自分の学習ニーズを測定し，何を学ぶ必要があるかを認識し，より大きな成功を収めるために必要な資源をコミュニティのなかに見いだすという，PDの習慣を身につけてもらいたいのです。

　最後に，こうした制作物すべてをティーチングポートフォリオ(Teaching Portfolio：教育業績資料)[注1]にまとめてもらいます。この文書は学生が大学の職を見つけるのに役立つ，とても実践的な作業です。たとえ大学がポートフォリオを要求しなくても，認定証を受けようとする学生がポートフォリオを作るために行う作業は彼らに，教育について知っていることをきちんと表現する能力を与えてくれます。多くの学生が「私は教育と学習について語る実習の経験があるので，面接は大成功でした」と繰り返しています。

効果のあった証拠

　資格認定プログラム(CUTL)の効果を判定するために，私たちは研究プロジェクトを進めています。この長期にわたる研究を始めたのはたった3年前

ですが，もう一定の傾向に気づいています。

(i) 入口調査と出口調査の違い

　入口調査と出口調査への回答を比較すると，一定の傾向が見られます。学生がこのプログラムを始めるとき，認定証をもらうこと，就職の役に立つ，履歴書に書ける何かを手に入れることに主な関心があります。プログラムの終わりまでに，彼らはプログラムの価値を，そこで何を学んだかという観点から見るようになります。CUTLの始めには，彼らは自信と経験が足りませんが，終わりには，彼らの自信や，教育についての語り口は明らかに変化しています。入口では，職探しに役立つ技能を身につけようと考えていますが，出口では教育についての考え方が変わり，自分の経験に基づいて考察することを学んでいます。初めてプログラムに参加するとき，学生は教育を知識の伝達と考えていますが，終えるときには，教育と学習の結びつきをずっと深く，もっと複合的に理解して表現できます。

　調査から，CUTL受講生の学習者に対する考え方の変化が分かります。GTAが初めてプログラムに参加するとき，教材を理解し学ぶのは学生の責任だと感じています。ある受講生は「学生にやる気がなければ，私にはどうしようもない。学生が勉強しないのは，学生の落ち度だ」と言っていました。ところがプログラムの終わりには，教えることが本当に楽しくなり，学生に動機を与え励ますことが自分の重要な役割なのだと考えて，学習者としての学生に対して，まったく違った態度をとるようになります。

(ii) 面接調査のデータ

　大学院生たちがCUTLをすべて修了してから18カ月後に行った面接調査への回答は注目すべきものです。CUTLの学生には深い学習が見られます。ある学生は「研究では私たちは批判的であることを求められます。教育でも私たちは批判的であり反省的であるべきです」と言っています。これこそまさにこのプログラムで私たちが達成しようとしていること，深い学習，教師としての自覚の養成です。

調査結果から，学生がさまざまな成果を得たことが分かります。ある学生は修了後，大学の職には就きませんでしたが，彼の仕事には大学の研究の商業化が含まれ，科学的なアイディアをビジネスに売り込んでいます。ふり返ると，彼にとってCUTLプログラムの価値は「大学の教育と学習についてより深い理解を得たことが役に立ちました……私はさまざまな人々に技術の細部を伝えなければなりません……その意味で私はCUTLプログラムと，大学院生としての教育の責務を通して学んださまざまのことを応用して，自分の聞き手がどういう人々か評価して……つまり自分が話しかける相手に合わせて話す内容を調整しているのです……」もちろん，彼の契約高の多寡は彼の話し方，説明の仕方にかかっているので，彼にとってCULTの経験はとても重要なことです。
　学生の学習経験のより「ソフト」な面についての証拠もあります。ある年配の学生は研究のやり方を学ぶために大学に来たので，教えるつもりはなかったのですが，このプログラムは「私に教室に入る自信を与えてくれました。これがなければそんな自信は持てなかったでしょう」と言っています。
　しかしいちばん驚いた結果は，これらの大学院生にとってコミュニティ作りがきわめて重要なことです。彼らは自分の属するプログラムでは孤独を感じていて，ほかの学術分野の学生と共に共通の話題，教育における自分の関心について話せることが大切だと思っています。面接調査に答えた一人はこう説明しています。「（大学院生は）孤独な存在で……何らかの形で同じようなことをしているほかの人と共にいられるのは，すばらしいことです……」
　学生はより深く教育に参加すれば，それだけ多く学び，このプログラムを終えたあとも，さらに独力で学び続ける能力を身につけられるようです。

いくつかの課題
　すべての大学院生がこのプログラムを深く学ぼうと選択するわけではありません。なぜでしょう？　その原因となるいくつかの課題があります。
　第一に，本学の採用事務の問題があります。多くの部局ではGTAの採用は授業が始まってからのため，学生は（授業開始前の）オリエンテーションに

は出られません。また大学院生は学生組合に加入しているので，オリエンテーションに出席するかどうかは彼らの自由です。したがって，学生に接触し，出席を促すことが第一の課題です。

研究室の文化もときどき逆風になります。カナダでは「完成までの年限」という考え方が強く，博士号は3〜4年で取得するものと考えられています。そのため，私たちが学生に研究プロジェクト以外の何かに時間を使うことを求めると，指導教官は心配になるのです。これは特に実験系の研究室に顕著で，理工系の分野で働く人々は，一日中実験室にいることを期待されており，教育に関するワークショップや授業に出るために時間をとるのはいっそう困難です。こうした問題は大部分，大学院のプログラムと，大学院生を採用する大学の間の期待のギャップに原因があります(Adams, 2002)。大学院生の指導教官の一部は，新任教員の直面する現実が理解できず，大学院生がキャリアを形成するために教育研修がどれほど重要か，よく分からないのです。

大学院授業については「単位化」をめぐる議論があります。私どもの大学院はこの授業に単位を認めていません。そして多くの学生はハードな仕事をしたしるしに単位がほしいと思っています。一方では，自分の専門ではない分野で単位つきの授業に出ることに懸念を持つ学生もいます。この議論はある種の緊張をはらんでいます。

学生文化も課題になります。レポートや考察に抵抗感や困難を感じる学生が多数います。また学生は自分の指導教官がこの授業をどのように評価するか気にしています。博士課程の学生の多くが，CUTLプログラムに参加していることを指導教官に知られたくないと思っています。指導教官のなかには，あんなものには参加するなと助言する人もいます。指導教官の意見があいまいで両義的なだけでなく，きわめて敵対的で，学生にやめるよう要求する場合もあります。その結果，学生は混乱したメッセージを受け取ります。私たちは教育研修が重要だと言いますが，指導教官は重要ではないと言うのです。

さらに大学院生たちはしばしば仕事に圧倒されそうに感じており，自分は大学のほかの誰よりもハードな仕事をしていて，ほかには何もする時間がな

いと感じています。このように，ときには学生自身の文化が課題です。

　最後に，これは認知の難しい課題だという認識が重要です。教師になるための学びはたいへん複雑な認知的作業で，よい教師になるためにはたくさんの難しいことを学ぶ必要があり，レシピはありません。学術分野の影響力はきわめて強く，私たちは教育と学習を学術分野の文化や組織と結びつけて総合しなければなりません。これは知的にたいへんな仕事で，知識獲得というダイナミックで双方向的なプロセスです。試行錯誤を重ね，考察を繰り返し，教師のあり方について信じるところと適合させる方法を見いだし，それらすべてのバランスをとり，教育のガイドとなる自覚と知識を形成するのです。

結　び

　こうした成果と課題から，なぜ私たちの活動範囲が個々の学生だけでなく，大学全体をカバーし，大学が教育と学習と教育研修に価値を認める大学コミュニティとなる手助けをすることにあるのか，お分かりいただけると思います。私たちは大学の教職員と大学院生の生活において，こうした学習が行われる空間を確保する必要があります。

　では，私たちはハードな仕事を山ほどかかえているのに，なぜ大学院生の研修をこんなに重視するのでしょうか？　簡単に言えば，それだけの価値があるからです。いくつもの賞をとった特に優秀な化学専攻の学生の言葉をご紹介しましょう。

　「CUTL プログラムのおかげで……私は自分の教育について考えるようになりました。ただ教えるのではなく，自分の教え方について，どうやったらそれを改善できるか考えるようになったのです。」

　彼は私たちみなが願っている，反省的な実践者になったのです。これこそが私たちの仕事の動機です。

質疑応答

(新任「TA の日」の講演)

質問1：TA の日に，名声の高い研究者はどんな話をするのですか？

テイラー：今年は Mary Ann White さんというたいへん名高い化学者をお迎えします。彼女の講演の表題は「講義について30年間の経験から学んだこと」です。私たちは大学院生の役に立ちそうなテーマを講演者に示しますが，たいてい自分で決められます。彼女はよい講義をするにはどうしたらいいか，学生に理解してほしいのです。

〈CUTL プログラムについて〉

(大学院生を採用する他大学の反応)

質問2：CUTL プログラムについて，大学院生を採用する他大学はどう考えていますか？　好評でしょうが，大学院生に何か新たな課題はありますか？

テイラー：課題はわずかしか聞いていません。大部分は励みになる反応です。CUTL の修了生は面接に行って，プログラムは楽しかった，多くのことを学んだので高く評価していると言います。面接から帰ってくると，「たしかに君は教育についてきちんと話すことができると言われました」と言います。新任の教員は特別の訓練を受けないと，なかなかそうはできません。学生は就職面接がうまくいって感激しています。学生から聞いた採用大学の意見では，履歴書に CUTL 修了とあると興味を持ってくれるようです。よい研究者でなければ面接には呼ばれないでしょうが，よい研究者の技能と，こうした正規の訓練の両方があれば，本当に応募の役に立つのです。

私たちがこのプログラムを始めたとき，カナダで認定証を出しているのは3大学だけでした。こちらに来る前に調べたところ，今では13大学に上ります。今でも，早くに導入した大学の学生にとって，これは強みです。

ときどき他大学から，このプログラムはたしかに役に立つ，違いが分かると伺います。しかしそれ以上に，私どもの学生から面接や仕事を始めてからの経験について聞いています。

（受講生の選抜）

質問3：カナダではすべての学生がこういうプログラムに参加することを期待されているのですか？　どうやって学生を選ぶのですか？

テイラー：私たちが選ぶのではなく，学生が自分で選びます。今のところ定員超過の心配はありません。博士課程の学生のおよそ10〜15％がCUTLプログラムの全コースをとり，ワークショップやCUTLの一部だけをとる学生はもっと多いです。このプログラムを提案したとき同じことを聞かれました。「希望者が多すぎたらどうしますか？」と。「そのときはご相談します」と答えました。希望者が多すぎることはあまり心配していません。学生はほかにもやらなければならないこと，重要なことが山ほどあります。CUTLプログラムの受講者は現在130人ほどで，最近2年間の修了者は約30人です。口コミで広がっているようで，ある部局では全員が受講したいと言います。別の部局では一人も希望者がいません。参加は義務ではありませんが，多くの学術分野でこれはたしかに有利だと見られているようです。

（外国人留学生の参加）

質問4：外国人留学生はこのプログラムに参加しますか？

テイラー：留学生にはたいへんな人気です。彼らはこれをほかの大学院生と出会って英語を練習する機会と見ているようです。授業の担当教員として私は英語の作文についてたくさんコメントします。彼らはこのプログラムのまわりにできたコミュニティを楽しんでいます。特に工学系から優秀な留学生の受講生が来ています。

（理工系の学生は実験室から外へ出られるか？）

質問5：カナダの大学院生，特に理工系の学生が実験室の外で働くのを嫌うという話がありましたが，日本の状況はもっと深刻です。博士課程の学生は教員と共に実験室の運営に加わっており，教員は学生が教育開発プログラムに参加するのを好みません。カナダではこの問題にどんな解決策が提案されていますか？

テイラー：それはどこでも共通の課題です。実験系の学生は実験室を空けるのは困難ですが，私たちの受講生の66％は実験系の学生ですから，それでも彼らを止めることはできないのです。私の授業は5時30分〜8時30分に行っています。この時間なら大部分の学生は通常の一日の仕事を終えています。またPDシリーズは普通昼食時間に行っています。

　私たちは「完成までの年限」にできるだけ配慮します。さらに学生にはCUTLを短期間で完了しようとせず，たいていのプログラムは4年間ですから，2〜3年以上かけるよう勧めています。学習では，情報の分析・統合に時間がかかり，このプログラムの要求は2〜3年以上かけたほうが無理がないからです。1年でやろうとすると，多くの時間をとられて仕事に差し支えます。

　私たちは学習経験を，大部分の人々が実験室を空けることのできる時間に提供します。教育活動は彼らの所属部局で行われますから，教授たちは学生が出席するのを喜んでいます。ちょっと緊張をはらんだ課題ですが，あまり時間をとらないようにすれば，うまくいきます。

（学生の作業負担）

　質問6：受講生は何か特定の成果を期待されているのですか？　このプログラムは期待・注文が多いのですか？　あるいは，学生はリラックスして，学んだことをよく考えてみる時間が十分あるのでしょうか？

　テイラー：もちろん期待はあります。最後のポートフォリオについては妥協しません。それは一定の水準の品質が必要です。しかしポートフォリオは小さな部分に分けて完成され，途中で私たちがコーチします。たしかに受講生に要求されることがあり，授業は特別の作りになっていますが，十分注意を払って，学期を通して仕事を配分し，最後には全部できるように作ってあります。問題解決の一部は，時間をかけて作業負担を管理可能なものにすること，ある一時期にあまりに多くのことを要求しないことだと思います。

　また私たちは教員や，事務当局，大学院生と一緒に仕事をしていますので，多くのネットワークができて，大学全体でも，新任教員オリエンテーション

でも，各部局でも，このプログラムのことが話題になっています。今では私たちの学生の多くが部局のセミナーで教育や学習のテーマや，このプログラムで自分が行っていることについて発表しています。しかしこうなるまでに3年かかりました。一夜にして成るものではありません。

　私たちは少人数からスタートし，今でも1000人のうちの130人と少数ですが，学生はだんだんこのプログラムに参加していることを教授たちにオープンに話すようになっています。毎年コース修了を祝って認定証授与式を行いますが，私たちはそこに学生の指導教官を招きはじめています。直接にではなく，学生に「みなさんの指導教官をお招きしたいなら，どうぞご一緒に」と言います。指導教官がみえると，なかには学生がこんなことをしているのに驚かれる方もあります。私たちは一人ひとりの学生のポートフォリオから特に価値のあるところを紹介します。すると指導教官は私たちの味方になってくださいます。彼らは，自分の学生も，私たちのプログラムもすばらしいと考えてくださいます。このように戦略的に進めた結果，かなり大きな進化をとげたと思います。

（認定証帝国主義？）

　質問7：今日のお話のポイントは，通常オンザジョブトレーニング（On-the-Job Training: OJT）で行うことを事前トレーニングにして，仕事に就く前に認定証（CUTL）を受けるべきだということに尽きると思います。これは将来の大学教員すべてに中央集権的な証明書を受けるプロセスを通ることを求める危険な道だと思います。私たちは認定証帝国主義を擁護する危険はありませんか？

　テイラー：おっしゃるとおりです。なぜこんなことをしているのか，動機をお話ししましょう。これは私の責務です。

　英国やオーストラリアでは，新しい職に就くときには免許状を得なければならないと法律で決まっています。これはとてもストレスの大きいことです。私は新任教員の経験について研究しました。何の訓練も受けずに新任教員になるのはとても難しい立場です。そこで私は新任教員の経験に役立つよう，

もっと効果的に大学院生に準備させることにしたのです。これは必修科目ではありません。私は必修科目にしたいとは思いません。これは学習ニーズを感じる人に学習の機会を与えるものです。

認定証をもらったことはなくても，たいへん有能な教師で，たいへん立派な仕事をしてきた方もいます。しかし私は研究文献や自分の研究経験から，同僚の新任教員にとって，特に今日の大学で求められるハイレベルの教育活動を行うのはとても難しい場合があることを知っています。私たちは各部局でも，全学センターでも多くの仕事をしています。これは全学センターだけのプログラムではありません。私たちはしばしば出かけて行って，さまざまなプログラムでTAや教員と共に働き，受講生にPDの一部として自分の学術分野のセミナーに参加するよう勧めています。

私がこの授業を行う動機は，新任の教員に起こっていることを見て，彼らにもっと前向きな経験をしてほしいと願うからです。

〈すべての学生に教育の基本を教えるには〉

質問8：北海道大学ではTA研修会で必ず教育の基本を学びますが，そうでない大学も多いのです。すべての学生に教育の基本を教えるにはどうしたらいいのでしょうか？

テイラー：私たちのシステムには，すべての学生に教育の基本を必ず身につけさせる仕組みはありません。私たちが作り上げ，学生組合が同意したやり方では，教育研修への参加はすべて学生の自由です。このプログラムは誰でも参加できて，同時に魅力あるものにしたいと思っています。認定証(CUTL)を取得したいという希望は，成績証明書に記載される正規の資格認定を得たい，自分の学習は報われたと感じたいという希望です。

私たちは日本とはほとんど正反対の方向を目ざしているのかもしれません。現在カナダでは大学院生が持つべき，もっと多様な大学で必要な技能をカバーする，より広いさまざまな素養に注目する運動が進行中で，これは米国のPreparing Future Facultyプログラムと似たものです。カナダ大学院教育研究協会(Canadian Association for Graduate Studies)がこうした試みを

進めていて，今秋全国大会を開きます。私と同僚がそこで発表する予定です。

（今後の発展）

質問 9：ダルハウジー大学のプログラム修了者 30 人のうち何人が，新しい大学へ行って，彼らの TA を援助するために自分の知識を使ったり，同様のプログラムを作ったりするでしょうか？　それとも，このプログラムはまだ新しすぎるのでしょうか？

テイラー：たしかに新しい試みですが，私たちは研究を進めています。入口調査と出口調査のほか，ちょうど今，修了 18 カ月後の追跡調査で最初の一連の面接調査を行っています。このプログラムでは大学院生に，ほかの大学院生向けの授業を行って教育開発の実績を積むことを勧めています。それはとてもいい影響を与えると思います。

この段階の研究はたった今立ち上げたばかりで，ご質問にもっと明確にお答えすることはできませんが，少なくとも一部の人にとってはより積極的になる励ましになったというしるしは十分あると思います。

注1）ティーチング・ポートフォリオとは，自らの教育活動について振り返って記述された本文とこれらの記述を裏づけた資料（エビデンス）から構成される教育業績についての厳選された記録です。教育改善あるいは教育業績の評価を主たる目的として作成します。（大学評価・学位授与機構ティーチング・ポートフォリオ・ネット HP より，http://www.teaching-portfolio-net.jp/main/about_portfolio.html）

References

Adams, K. A. (2002). *What Colleges and Universities Want in New Faculty*. Web. Retrieved February 3, 2003.
⟨http://www.aacuedu.org/pff/PFFpublications/what_colleges_want/index.cfm⟩.

Austin, A. E. (2002). "Preparing the Next Generation of Faculty." *Journal of Higher Education*, 73(1), 94–122. Print.

Austin, A. E. & McDaniels, M. (2006). "Preparing the Professoriate of the Future: Graduate Student Socialization for Faculty Roles." In J. C. Smart (Ed.), *Higher Education: Handbook of Theory and Research*, Vol. XXI, 397–456. Dordrecht, the

Netherlands: Springer. Print.
AUCC (2007). *Trends in Higher Education*, Vol. 2, Faculty. Ottawa, ON: Association of Universities and Colleges of Canada. Print.
Canadian Council on Learning (2009). *Post-Secondary Education in Canada: Meeting Our Needs?* Web. Retrieved July 19, 2009. 〈http://www.ccl-cca.ca/CCL/Reports/PostSecondaryEducation? Language=EN〉.
Conference Board of Canada (2000). *Employability Skills 2000+*. Web. Retrieved March 8, 2010.
〈http://www.conferenceboard.ca/Libraries/EDUC_PUBLIC/esp2000.sfib〉.
Gaff, J. G. (2002). "The Disconnect: Graduate Education and Faculty Realities: A Review of Recent Research." *Liberal Education*, 88(3), 6-13. Print.
Golde, C. M. & Walker, G. E., (Eds.) (2006). *Envisioning the Future of Doctoral Education: Preparing Stewards of the Discipline*. San Francisco: Jossey-Bass; Stanford, CA: Carnegie Foundation for the Advancement of Teaching. Print.
Marincovich, M., Prostko, J., & Stout, F. (Eds.) (1998). *The Professional Development of Graduate Teaching Assistants*. Bolton: Anker. Print.
McKeachie, W. J. (1997). "Critical Elements in Training University Teachers." *International Journal for Academic Development*, 2(1), 67-74. Print.
Menges, R. J. & Associates. (1999). *Faculty in New Jobs*. San Francisco, CA: Jossey-Bass. Print.
Menges, R. J. (1996). "Experiences of Newly Hired Faculty." In L. Richlin (Ed.), *To Improve the Academy*, Vol. 15, (pp. 169-182). Stillwater, OK: New Forums Press and the Professional and Organizational Development Network in Higher Education. Print.
Nerad, M., Aanerud, R., & Cerny, J. (2004). "So You Want to Become a Professor! Lessons from the PhDs—Ten Years Later." In D. H. Wulff, & A. E. Austin (Eds.), *Paths to the Professoriate* (pp. 137-158). San Francisco, CA: Jossey Bass. Print.
Nyquist, J. D., Austin, A. E., Sprague, J., & Wulff, D. H. (2001). *The Development of Graduate Students as Teaching Scholars: A Four-Year Longitudinal Study (Final Report, Grant # 199600142)*. Seattle: University of Washington, Center for Instructional Development and Research. Print.
Nyquist, J. D., Abbott, R. D., & Wulff, D. H. (Eds.) (1989). *Teaching Assistant Training in the 1990s*. San Francisco: Jossey-Bass. New Directions for Teaching and Learning, No. 39. Print.
Nyquist, J. D. & Woodford, B. J. (2000). *Re-Envisioning the PhD: What Concerns Do We Have?* Seattle: University of Washington, Center for Instructional Develop-

ment and Research. Print.
Park, C. (2004). "The Graduate Teaching Assistant (GTA): Lessons from North American Experience." *Teaching in Higher Education*, 9(3), 349–361. Print.
Pruitt-Logan, A. S., Gaff, J. G., & Jentoft, J. E. (2002). *Preparing Faculty in the Sciences and Mathematics*. Washington, DC: Council of Graduate Schools and the Association of American Colleges and Universities. Print.
Schönwetter, D. J. & Taylor, K. L. (2003). "Preparing Future Professors for Their Teaching Roles: Success Strategies from a Canadian Program." *The Journal of Graduate Teaching Assistant Development*, 9(3), 5–14. Print.
Simons, P. R. J. & Ruijters, M. C. P. (2004). "Learning Professionals: Towards an Integrated Model." In H. P. A. Boshuizen, R. Bromme, & H. Gruber (Eds.), *Professional Learning: Gaps and Transitions on the Way from Novice to Expert* (pp. 207–229). Dordrecht, The Netherlands: Kluwer. Print.
Taylor, K. L., Schönwetter, D. J., Ellis, D. E., & Roberts, M. (2008). "Profiling an Approach to Evaluating the Impact of Two Certification in University Teaching Programs for Graduate Students." *Journal of Graduate Student Professional Development*, 11, 77–107. Print.
Timperley, H. (2008). *Teacher Professional Learning and Development*. Geneva, Switzerland: International Bureau of Education, Publications Unit. Print.
Wulff, D. H. & Austin, A. E. (2004). "Future Directions: Strategies to Enhance Paths to the Professoriate." In D. H. Wulff & A. E. Austin (Eds.), *Paths to the Professoriate* (pp. 267–292). San Francisco, CA: Jossey Bass. Print.

2. 将来の大学教員養成研修(PFF)
──カリフォルニア大学バークリー校──

リンダ・フォンヘーネ(Linda von Hoene)

　私たちは月曜日に筑波大学で最初の発表として，将来の大学教員養成研修(Preparing Future Faculty: PFF)プログラムについてお話ししてから，体験ワークショップを行いました。私はTAを活用した成績評価基準(grading rubric)の作り方と使い方について，同僚のサブリナ・ソラッコさんは研究成果を発信するためのアカデミックライティング実践についてでした。火曜日には私たちの「GSIと共に教える教員セミナー」についてお話ししました。筑波には参加されなかった方のために，ここでも教員セミナーについての情報を手短に要約します。

　今日はバークリー校のGSI教育資源センター(Graduate Student Instructor Teaching and Resource Center)のさまざまなプログラムを少し広く見て，それらが時を経てどのように進化してきたかをお話しします。そこには，テイラー先生のお話にもありましたTA研修運動におけるシフト(87ページ)，さまざまな技能やTAの目前のニーズから，将来の大学教員養成に焦点が移ってきたことが反映しています。それからバークリー校で行っているPFFプログラムに照準を合わせ，私がサブリナと一緒に部長をしている「将来の大学教員養成サマーカレッジ」の概要をお話しします。

　まずバークリーにおけるTAの活用と養成について，背景となる情報をご説明します。TAの歴史と学長の声明文などを調査して，興味深い引用をいくつか発見しました。さらに米国のTA研修運動について要約します。

　ここでジョディ・ナイキスト先生のお名前をもう一度挙げたいと思います。先生はTA研修運動の母ともいえる方ですと，大きな愛情を持って申し上げます。ナイキスト先生なしには今のような形の米国のTA研修運動はな

> **カリフォルニア大学バークリー校の概観**
>
> 　バークリー校(UCB)は1868年に設置された州立大学で，カリフォルニア大学系列10校のなかで最も古い歴史を持っています。14のカレッジに分かれ，350の学位プログラムで7000科目が開講されています。1600人の常勤教員と3万6000人の学生がおり，学生数と教員数の比率はおよそ15:1です。2010〜2011年度の卒業・修了者は，学士課程7500人，修士課程・専門職大学院2500人，博士課程900人です。研究補助金は毎年6億ドル以上を得ています。ノーベル賞受賞者は2011年現在現職9人(故人13人，ほかに卒業生28人)，マッカーサーフェローズは32人います。タイムズ世界大学ランキングなどでは，各分野で常にベストテンに入ります。
>
> (University of California, Berkeley, http://berkeley.edu/)

カリフォルニア大学バークリー校(セイザー門とセイザータワー)

かったでしょうし，PFFプログラムも，Ph.D.教育の見直しもなかったでしょう。先生のご功績を確認し，感謝したいと思います。

それからバークリーで私たちが行っている PFF プログラムに移ります。私は教育の部を，サブリナはアカデミックライティングの部を担当しています。そのあとサブリナがバークリーの PFF の話を続け，午後の終わりには私たちの仕事がどんなものかお分かりいただけると思います。

ティーチングアシスタントの初期の歴史

1941 年にバークリーの経済学部長が次のように書いています。

> バークリー校の教育の仕組みにおいて TA の役割がどれほど重要か，大学上層部の認識不足をしばしば感じます。経済学部の大人数授業では，学生が討論する機会は自分のクラス以外まったくありません。1914 年以前は，クラスは各学部の教員が担当していました。TA の活用に移行してから，大学の財政面で大きな節約になっただけでなく，率直にいって各クラスの教育の質を大いに向上させることができたと思います。本学の TA の質は他大学の教員の質をはるかにしのぐと評価しています。

最後の部分などバークリー風のナルシシズムもありますが，この発言は，なぜ私たちは TA を使うのか，という重要な問いを提起するとともに，いくつか興味深い情報を伝えています。私たちが TA を使う理由は，大学の資金の節約だけではなく，この学部長や，TA 研修運動や PFF プログラムに関わる多くの者の考えでは，学士課程教育において大学院生はきわめて重要でユニークな役割を果たすことができるし，また果たすべきだからです。

なお，バークリーではティーチングアシスタント（TA）を大学院生講師（Graduate Student Instructor: GSI）と呼んでいます。両者は同じものですが，ティーチングアシスタントのほうがより一般的な呼び方です。

表 II-1 は，米国における TA 活用の増加が大学院および学士課程の教育の拡大と並行して進んだことを示しています。多くの人々が指摘していますが，学生数が劇的に増加したのは第二次世界大戦後，GI 法（復員兵援護法）が通過して，戦場から復員した兵士たちが高等教育に参加するよう促されて

表II-1 UCバークリー校の学生数(大学院および学士課程)の推移(1870〜2008年)

年度	大学院	学士課程
1870〜71	3	90
1894〜95	100	1,024
1915〜16	1,014	5,286
1941〜42	2,765	12,426
1946〜47	4,787	20,485
1964〜65	10,730	19,302
2007〜08	10,317	24,630

からです。さらに公民権運動の結果，高等教育への進学率が上昇したことが学生数の増加をもたらしました。それに対応してTAの数も増えました。

1965年の報告「カリフォルニア大学におけるTAの活用」は「適切な人数のTAが教員と実り豊かな連携をして働くことなしには，本学は，学生一人ひとりに注意を払い，その学業を個別に批評するという，知的刺激と成長に欠かせない教育の仕事を効果的に行うことはできない」と述べています。「教員と実り豊かな連携をして働く」「学生一人ひとりに注意を払い個別に批評する」という考えは，まさに私たちの活動の指針です。ここには米国の多くのTA研修センターの品質保証のすべてがあると思います。

1989年のカリフォルニア大学の学士課程教育に関する報告書はこう提案しています。

　　　カリフォルニア大学各校がTAに対して，基本的な教育内容および教授法に関する全学的および各部局による研修を提供することを推奨する。新任TAに研修を義務づけるべきである。
　　　総合的な研修プログラムには，学期開始前のオリエンテーションにおいてTAの教育的役割や，基本的な教育技法と理念，TAを励ます大学の方針，教員が利用できる資源などを紹介することや，授業参観や学生による授業評価，あるいはビデオ撮影などに基づき，教員，上級TA，授業改善専門職員などによるメンタリング(相談活動)と助言を行うこと，

その後も教育に関するセミナーやワークショップを行い，TA が自力で学べる教材を提供することなどが含まれる。

　バークリーや米国の多くの研究大学では長年 TA が使われてきましたが，つい最近まで TA に対する正規の研修は欠けていました。最も顕著な例外は外国語部局で，第二次世界大戦後かなり経ってから始まった，スピーチやコミュニケーション，作文の訓練を行う長い伝統があります。しかし TA に教育研修を行う統合的，本格的なアプローチはありませんでした。

　バークリーは米国で行われているトレンドのほんの一例といえます。TA の使い方はどこでも大差ありませんが，研修は大学ごとに違っています。学内でも大学院生の側から TA 研修を求める運動がありました。

　1980 年代には，社会の側から多くの懸念が出てきました。それは高等教育において進行していたことに対する保守的な反発といえるでしょう。「子どもが子どもを教えている」「学生が学生を教えている」といって TA 制度を批判した Martin Anderson の著書 *Impostors in the Temple: The Decline of the American University* (1992)(神殿のペテン師ども～アメリカの大学の凋落)を思い出します。ときどきこういった批判が州議会にも届き，「研究大学は TA を使うことに責任をとれるのか？」と問われました。

TA 研修の起源

　米国で TA 研修運動が真に始まったのは 1980 年代半ばです。1985 年の POD (Professional and Organizational Development Network in Higher Education) の大会で，TA の雇用と研修について専門家の大会を 2 年に 1 回でスタートさせることが決定されました。この大会はピュー財団(Pew)の寛大な資金提供を受けて隔年で 10 年間続き，ここで TA 研修運動が始まり成長しました。TA のプロフェッショナル・ディベロップメント(PD)に関する雑誌もありました。それが最近復刊されました。

　当初，多くの人々は TA の目前の仕事に役立つ研修に関心がありました。いくつか例外はあって，カリフォルニア大学デービス校やコロラド大学ボル

ダー校などでは早くから PFF に注目していました。ところが 1990 年代に米国でたくさんの Ph.D. 研究,特にナイキスト先生の「Ph.D. 教育の見直し」(Nyquist & Woodford, 2000)(本書 17, 102 ページ)が出ました。そこには多くの共通テーマの一つとして,私たちの大学院生研修は彼らを雇う大学の教員生活の現実に適合していないのではないか,という懸念がありました。

Don Wullf と Ann Austin 編の *Paths to the Professoriate: Strategies for Enriching the Preparation of Future Faculty* (2004)(大学教授職への道〜将来の大学教員養成を豊かにするための方略)は,PFF に関する主要な報告の要約が 1 冊に収められたすばらしい本です。PFF についてもっと知りたい方には,この本を強くお勧めします(本書 103 ページ)。

私たちに共通の考えの一つは,大学院生はその教育責任にふさわしい研修を受けていないのではないかということです。これについて,ここには専門家がほかにもおられますし,ウェブ上でも多くの情報が得られます。

かつてカリフォルニア大学ロサンゼルス校の大学院機構長が「教員はすべての大学院生が,自分が Ph.D. をとったのとまったく同じタイプの大学で教育をすると思っている」と言いました。米国で PFF 運動が始まったとき目ざしたのは,こうしたギャップを埋め,大学院生は研究大学とは違ったタイプの大学で,学士課程学生に上手に教え,教員として成功するのに必要なスキルを学ばなければならないということを,人々に気づかせることでした。

将来の大学教員養成(PFF)プログラム

1990 年代半ばに大学院協会(Council of Graduate Schools: CGS)と全米大学協会(Association of American Colleges and Universities: AAC&U)が共同で将来の大学教員養成(PFF)プログラムを立ち上げました。さまざまなところから資金提供を受けて類似の取組がたくさん行われました。はじめに資金提供を受けた正規のプログラムのほかに,研究大学では将来の大学教員養成のための多くのプログラムが始まり,バークリー校と同様に,元のプログラムの当初の形から離れて,その一部を修正しました。それが TA 研修の考え方に深い影響を与えたと思います。もちろん,初期の,目前の授業で

の責任を果たすための大学院生研修はきわめて重要ですが，私たちは大学院生に将来何が必要かも見通し，もっと広く，大学院生が現在持つことになる教育責任や一般的な教育責任だけでなく，彼らが自分のためによい選択をし，将来の大学教員として最善を尽くせるよう，知っておくべき教員生活のそのほかのさまざまな側面についても考える必要がありました。
(PFF Web, http://www.preparing-faculty.org/)

バークリー校の PFF プログラム

バークリー校には将来の大学教員養成(PFF)の全学拠点が三つあります。大学院機構に置かれた①GSI 教育資源センターと，サブリナが部長をしている②アカデミックサービス部，およびサブリナと私が共同部長を務める③PFF サマーカレッジです。私たちが大学院機構と結びついているおかげで，これらのプログラムや，知識基盤とスキルの開発が，大学院教育の一部となるべきだということを大学に分かってもらえたと思います。各部局でも大きな取組が行われています。私たちは各部局における取組を補完し，彼らと共に働き，彼らのプログラムの発展をサポートしています。

①全学組織は，GSI に教育研修を行います。

②各部局は，大学院生向けに，彼らが授業を担当する最初の学期に，1学期間の教育法の授業を提供するよう要請されています。

③個々の教員は，個々の授業科目でGSIのメンター(相談役)を務めます。

ここでは全学プログラムに焦点を絞ります。私たちは全学プログラムを通して各部局に影響を与え，取組が進むにつれて，両者の間に大きな相互作用が生まれました。

GSI 教育資源センター

GSI 教育資源センターで行っているプログラムには，TA から将来の大学教員へと焦点の移動が見られます。私たちはプログラムを何度も修正し，今やすべてのプログラムは，大学院生に将来の大学教員職に役立つ研修を行う必要があるという，より広い展望に立って行われています。

バークリーの大学院生の多くが大学教員の職にはつかないことを認識することも重要です。私たちは，ほかの重要と思われる専門組織に教育スキルを移転するためのワークショップをいくつか開発しました。

(i) 教育オリエンテーション

　学期初めに，新任GSI向け教育オリエンテーションを行います。これは秋学期には750人，春学期には300人の新任GSIを迎える大きな催しです。

　ワシントン大学やダルハウジー大学と同じく，私たちも学長などの大物をお招きします。基調講演は優秀教育賞を受賞した先生にお願いします。

　去年は元労働長官(UCB公共政策大学院教授)のRobert Reich氏に教育における批判的な見方のできる市民の育成について話していただきました。

　教員からは，化学の教授に学習スタイルについての講演と工業化学101の授業をお願いしました。私たちは教育と研究の両面できわめて評判の高い教員のリストを持っています。

　3時間の学術分野別ワークショップも行います。ワークショップはセンターで研修を受けた上級GSIが進行します。基本的には教えはじめの時期，すなわち最初の日から最初の数週間について，GSIにていねいに指導して，そのあと長期にわたって使えるスキルの育成を手助けします。それは学生との共同作業，グループ管理，時間管理などのテーマを含みます。

　バークリーでは大学院教育を監督する学内委員会はたいへん賢明で，GSIの雇用とメンタリングについて大学院委員会(Graduate Council)の指針が定められ，大学院生の教育活動を支援するための各部局，GSIおよび各教員の責務が明示されています。このすばらしい文書のおかげで，私たちはいわば「よき警官」の役割を演じ，「みなさんにはこれら要求を満たしていただきます」と言えます。これらの要求は部局の点検評価でも明記されており，私たちは各部局や教員に必要な援助を確実に提供したいのです。

(ii)授業改善補助金

　そのほか，これも初期からのプログラムで，授業改善補助金があります。これは，観劇やミュージアム訪問，講演者の招聘など，GSI が希望する改善事業あるいは特別プロジェクトのために与えられる少額の資金です。時が経つと，このプログラムはただの資金提供から，授業に関する研究活動に変化しました。今ではこのプログラムに参加した学生は，資金を得て行ったプロジェクトの効果について，それが学士課程教育にどんな変化をもたらしたか資料をまとめて考察する必要があります。

　なお，最近は大学間の情報交換がとても盛んで，ナイキスト先生はマイクロティーチング用資料の書式はどの大学でも似ていると言われましたが(32ページ)，あの頃は各大学のセンター長がみな相互に訪問していましたし，今も訪問しています。バークリー校で始まったプログラムのあるものは，たとえばワシントン大学で始まったプログラムをお借りしています。ティーチングポートフォリオプログラムはカナダの大学の試み，特にリン・テイラーさんご自身の研究に負うところがきわめて大きいのです。

(iii)授業参観

　私たちは授業参観も行っています。ビデオ撮りをする場合も，しない場合もあります。ビデオ撮りをする場合は，多くのセンターと同じように三段階方式を用います。まず，担当教員一人ひとりと彼らが何を教えようとしているのか話し合います。マイクロティーチング活動と同じように，彼らの授業の教育目標をたずねるのです。それから授業を見て，GSI 一人ひとりと事後評価を行います。

(iv)ワークショップ

　これもごく初期から，1学期間のワークショップを行っています。今は1学期に六つほどあります。そのテーマは，学習管理システム(LMS)の使い方，効果的なグループ運営法や質問の仕方，学生への批判的読書法の指導，非英語話者向けも含む，ライティング向上支援など多岐にわたります。

TA 研修の目標が大きく変化したあとは，将来の大学教員のニーズにも応えるワークショップをたくさん行っています。たとえば今は「大人数講義の授業法」というワークショップがあります。今度の新学期には，教育における市民参加に関するパネル討論を行います。将来の大学教員養成という考え方がすべてのプログラムに満ちているのです。

(v) 語学能力検定試験

　私たちは英語を母語としない留学生 GSI を援助するための語学能力検定試験と授業にも責任があり，そのためのすばらしい検定試験と授業を持っています。また，秋学期の初めに留学生 GSI 向けの 1 日のオリエンテーションを全体向けの前日に行っています。

(vi) 表彰制度

　GSI センターを通して与えられる賞がいくつかあります。優秀 GSI 賞は，各部局がその年に教えている大学院生の 10％を推薦できる大きな賞です。各部局は受賞者の選考基準，証拠，選考経過をセンターに報告する必要があります。私たちは厳格な選考経過を求めています。優秀 GSI 賞の受賞者はすべて，ほかの賞に応募する資格を得ます。

　この賞は，教育と学習に関する学術研究，授業研究の成果を反映しています。大学院生は自分の授業で生じた問題を特定し，問題解決のために考え出した方策と，プロジェクトの成果に関する考察を 1 ページのレポートにまとめて提出します。私たちのセンターと共に働く教員の GSI 問題諮問委員会が，全部で 150 本のレポートを読み，毎年そのなかから 15 本を選び出します。大学院生は，受賞するとこのレポートで 500 ドルが贈られます。受賞者は教育についての考察から多くを学ぶので，この授賞式はとても実り豊かな行事です。さらに重要なのは，ほかの GSI がこれらのレポートを利用できることで，私たちのウェブサイトでどなたでもご覧になれます。1 ページの短いレポートですが，すばらしく魅力的で，私たちの誇りです。

(vii) GSIと共に教える教員セミナー

　GSIと共に教える教員セミナーは，本センターの自慢の催しの一つです。これは3月の午後に3回行われ，私たちは教員が「実り豊かな連携をして」GSIと共に働くお手伝いをします。ここではまさに，教員がその職についたときには持っていなかったスキルの向上を目ざします。その一部はマネジメント力ですが，大部分はコミュニケーション力です。

　このセミナーには三つの基本的なテーマがあります。第一は，GSIと共に効果的に働くこと，すなわち生産的な関係を鍛え上げることで，事例研究をいくつか行います。優秀GSIメンター賞を受賞された教員をお招きして，どのようにGSIと共に効果的に働いているか，話していただきます。

　第二のテーマは，GSIの教育改善を援助することで，授業評価の技術や，学期途中の授業評価について講演を行い，教員がGSIと共に利用できる，学期途中の授業評価質問用紙を教員に作ってもらいます。さらに，授業参観の実施法について講演を行い，相互に授業参観前の討論のシミュレーションを実際に行ってもらいます。

　三回目の午後は，GSIに対する成績評価のやり方の指導です。GSIが行う仕事の多くは実際は成績評価ですので，これは重要です。成績評価基準の作り方についてミニワークショップを行い，教員に来てもらって，成績評価でどのようにGSIと協働するか，話していただきます。

　毎年15人ほどの教員がこのセミナーに参加します。小グループ討論を行うため，参加者数を制限しています。このセミナーについて研究を行った結果，教員がGSIの指導や教育に力を入れると，授業のために使う時間の総量は必ずしも増えない，つまり教員がGSIと共に働くとき，より集中して効果も上がることが分かりました。この観察はとても重要です。個々の授業におけるメンターの指導は，GSI向けの能力開発の核ですが，まったく見逃されていました。これはとてもやり甲斐のある取組だと思います。

　私たちのプログラムは，将来の大学教員，メンタリング，教育についての研究など，少しずつ別の方向に進んでいます。こうした変化は，TA研修から将来の大学教員養成研修(PFF)への移行を反映しています。

私たちは，授業と大学への就職活動に関して，たくさんの仕事をしています。また米国のほかの教育学習センター(CTL)と同じく，ティーチングポートフォリオに関するコンサルテーションをたくさん行っています。大学への就職活動で成功した大学院生のパネルを催し，彼らの経験，作成した資料，面接で質問されたこと，質問したことなどについて話してもらいます。

私たちは教員向けに優秀GSIメンター賞も設けており，これはたいへん大きな名誉です。そのほか大学としては，研究におけるメンター全般に関する教員向けの賞もあります。このプログラムは，優れた活動をしている教員に名誉を贈るためのものです。このグループの方々は，よくGSIと共に教える教員セミナーで講演をしてくださいます。北海道大学では優秀教育賞を受けられた方をお招きしてほかの教員と共に活動していただくという山岸みどり先生のお話(210ページ)を伺って，バークリーの同様の例を思い出しました。

(viii) 研究セミナー

2000年に私がGSIセンター長になったとき，研究セミナーを始めました。最も人気のあるテーマは，動機づけと授業設計です。たとえば教育学習研究についてのセミナーなどもあります。その後2003年に将来の大学教員養成(PFF)サマーカレッジを始めました。

(ix)「授業における専門職の規範と倫理」科目

私たちは「授業における専門職の規範と倫理」というユニークな科目を開発し，オンラインで提供しています。多くの研究機関は倫理と研究方法に関する科目は持っていますが，倫理と専門職の規範に関する科目はありません。これは五つのモジュールからなるオンライン科目で，各モジュールのテーマは，①多様性を通しての教育の強化②開かれた教室③障害を持つ学生の教育④学問における誠実さ(アカデミックインテグリティ)の強化⑤セクシャルハラスメントの防止です。私の担当するモジュールは，教室における政治的提言あるいはその回避，成績評価と試験をめぐる倫理，学生との共同作業など，

あらゆる倫理のグレーゾーンを扱います。カリフォルニア大学サンタバーバラ校が現在この科目を利用しており、柔軟なテンプレートの形でほかの大学でも使えるようにしたいと考えています。新任GSIは全員、オリエンテーションと、1学期間の教育に関する授業が義務づけられています。

　私たちは今、高等教育におけるメンタリングに関する科目を提供しています。また2010年には本学の高等教育における教育学習資格認定証明書を立ち上げる計画です。リン・テイラーさんのお話では、カナダでは13大学が認定証を出しているそうですが、米国では高等教育における教育学習資格認定証明書を出している大学は40〜50校に上ります。

将来の大学教員養成(PFF)サマーカレッジ
　次は、将来の大学教員養成サマーカレッジに照準を合わせます。これは5月末から7月初めまで6週間のプログラムで、GSIセンターと大学院機構のライティングプログラムであるアカデミックサービス部が共同で提供しています。毎年40人ほどの大学院生を受け入れます。希望者が多すぎるため、さまざまな方法で人数を制限しています。希望者全員を入れることはできませんので、学位論文執筆の能力検定試験に合格し大学の教職に本気で応募しようとしている大学院生を受け入れます。これはすべての学術分野に開放されているので、分野を越えたすばらしい協働が創り出されます。

　受講生は全員が「大学院生から大学教員へ」というコア科目を受講します。これは私とサブリナが二人で教えます。そのあと学生はサブリナの「編集、アカデミックライティングと学術出版」か、私の「ティーチングポートフォリオの開発」か、選択科目の一つを選びます。今年はコア科目は水曜の午後1時〜5時、二つの選択科目は月曜と木曜の2時〜4時に開講しました。水曜日のコア科目では、最初の2時間を使って指定図書を読み、さまざまな作業をします。それから毎年、カーネギー財団の大学分類(125ページ)のうえで違った類型に属するベイエリアのさまざまな大学から教員をお招きしてパネルを行います。大学院生にさまざまなタイプの大学の教員の生活を体験してもらいたいのです。

(i) コア科目

　私は多くの PFF プログラムが教授法と大学の教職への応募に狭く限定されすぎていることに気づきました。私たちは大学院生に高等教育のセンスを身につけてもらいたいのです。私たちがカバーするコア科目のテーマは，米国における高等教育の歴史，カーネギー財団の分類ごとの各大学のミッションとガバナンス，さまざまなタイプの大学における教員の役割と責任，テニュア(終身教授職)を獲得するには何が必要か，学際的研究や大学の法人化など高等教育における最近の動向，学生および教員にとっての高等教育における多様性，職業倫理と学問の自由などです。これらは高等教育においてたいへん重要な最近のテーマで，変化しつつある大学教授職の本質です。そのあとの 1 週は大学の教職への応募とポスドク職への採用について，最後の週は新任教員の生活についてで締めくくります。

(ii) 選択科目

　私の選択科目では，段階を踏んでティーチングポートフォリオを作成します。受講生がティーチングポートフォリオを完成してサマーカレッジを終えるとき，これは多くの点で教育と学習に関するミニ講義といえます。教育理念(ティーチングフィロソフィー)の表明を書くことにより，教育と学習についての自分の信念を点検できます。私たちは適切な教育方法の選択と学習目標の確立，効果的な授業の設計に注目し，たとえば授業のシラバスを設計します。教育と学習の評価にも注目し，学生に学期末の評価を持ってきてもらい，それを徹底的に研究して，彼らの今後の成長のための目標を設定します。つまり，学生は最初の学期の授業は自分の部局で履修するのに対して，私の選択科目はいわば学位プログラムの終わり近くで受講する上級科目，教育と学習についてのミニ講義で，ティーチングポートフォリオがその成果です。

　私は 1990 年代の Ph.D. 教育についての調査レポートの知見のすべてに通じているわけではありませんが，サマーカレッジとセンターの活動すべてを結びつけることによって，私たちの多くが感じており，多くの人々が研究してきた，Ph.D. プログラムを社会に対してだけでなく，特に将来の大学教員

のさまざまな生活に対しても，もっと敏感なものにするべきではないかという懸念に応える試みができると信じています。

最後に，サマーカレッジのレポートから私たちの当面の成功を際立たせる引用を二つしたいと思います。これらを読むのはとてもうれしいことです。

「全体に，この科目はそれが約束したすべてでした。私は大学院で長い年月を過ごしたあと初めて，ここがどういうフィールドなのか，包括的で体系的な図を獲得しました。」

「私はここに来たとき，世界をもっとよい場所にする方法として教育に身をささげるのだという漠然とした感覚を持っていました。しかし秘かに，自分は妥協して，ときにはそれを脇に置かなければならないだろうとも考えていました。今私はこの目標を忘れず，それが私の仕事の動機づけになると感じています。」

質疑応答

(PFF プログラムはすべての GSI の義務か？ 学位取得率の向上に役立つか？)

質問 1：バークリー校の PFF プログラムはすべての GSI にとって義務ですか？ また，米国では Ph.D. プログラムの中退率が高いことが問題になっていますが，PFF プログラムは学位取得率の向上に役立ちますか？

フォンヘーネ：バークリーで初めて GSI に採用される学生は，たとえほかの場所で教育経験があっても，①1 日の教育 PD オリエンテーションに参加し，②オンライン科目「授業における専門職の規範と倫理」を修了し，③各部局が提供する専門分野の教授法に関する科目を受講しなければなりません。

二つ目のご質問ですが，博士課程教育に関する研究のなかには，Ph.D. プログラムの中退率が高いことへの懸念があります。私たちのプログラムが中退率の改善に役立つかを測る統計データは持ち合わせませんが，私の感じでは，大学院生が脱落する原因となる多くの問題への取組に私たちのプログラムが役立つとしたら，それはメンタリングの不足の問題です。これを裏づける研究は行っていませんが，おそらく私たちのプログラムはその問題に前向

きの影響を与えると思います。

　個別の例では，PFFサマーカレッジを最後まで受講した大学院生は，大学教員になることについて目的意識が一新されます。ただし，なかにはサマーカレッジの結果，大学教員にはな・ら・な・い・と決める学生もいます。これも重要なことです。

　サマーカレッジの前後に書いてもらう，大学院生が理想とする大学教員職についての二つのレポートの内容も興味深いものです。ある者は考えが変わり，ある者は変わりません。リベラルアーツカレッジに行きたいと考えていた理系の学生の多くは，研究大学を目ざすのが怖くなくなります。私にとってこれはサマーカレッジの最も興味深い成果です。彼らは学生の立場で大学を知っていますが，自分の将来が明確になると怖くなくなります。学生の将来を明確にすることが，私たちの提供できる本当のサービスだと思います。

　ときどき学生は自分の将来を実際以上に恐ろしいものだと想像します。大部分の研究大学が，たとえば終身教授職，教授職などについて教員への期待をより明確にしているせいもあるでしょう。いろいろな意味でこれが教員研修の結果です。つまり教員のために，ものごとを明確にすることです。リサーチアシスタント（RA）向けにはこのようなプログラムはありませんが，バークリーの大学院生の大部分はどこかの時点でTAになります。

（カーネギー財団の大学分類）

　質問２：カーネギー財団の大学分類に沿ってさまざまなタイプの大学から講師を招くのはとても魅力的だと思います。大学院生は大学の類型の違いを知っていますか？

　フォンヘーネ：カーネギー財団の大学分類はセミナーのテーマの一つで，学生は基本的にこの分類システムやそれによって生じた変化は知っています。

　今年就職活動をした一人の学生が，パネルでとても魅力的な話をしてくれました。彼女は就職できなかったのですが，フェロー経験者に話してもらう週にパネルに出たいと自分から言ってきました。パネルでは大学への就職活動の経験について討論しました。彼女はみなに万一就職できない事態にも備

えておくよう言いたかったのです。この年は(経済不況のため)就職口の半数がキャンセルされたのですから。彼女の話では，ポートランド州立大学の面接ではカーネギー財団の大学分類が話題になったそうです。ポートランド州立はたいへん進んだ大学ですから。

　私たちは毎年，地元のコミュニティカレッジの学長や，リベラルアーツ系の大学である Mills College や St. Mary's College の方をお招きします。一週目に大学のミッションやガバナンスの話をするときには，管理職の教員を招きます。それから教員の日々の生活の話になると，管理職とは限らないテニュアの教員に来てもらいます。私たちは学生に，専門職の生活を送るときの文脈を知らせたいのです。バークリーはガバナンスがとても強力ですが，学生にガバナンスの共有という概念と学問の自由の問題を理解させることはとても重要です。

(留学生 GSI の語学能力向上プログラム)
　質問 3：留学生 GSI 向けの語学能力向上プログラムについては日本でも今後問題になると思います。バークリーではどのようにされていますか？
　フォンヘーネ：TESOL(Teaching English to Speakers of Other Languages：他言語話者への英語教育)という学会のなかに，留学生 TA の問題に関心の強いたいへん活動的なグループがあります。

　1980 年代半ばに州議会が，非英語話者を TA に採用する場合はすべて口頭英語能力の証明を必要とするという決議を採択しました。今は新しいインターネット利用の TOEFL 試験にスピーキングの部ができて，私たちの仕事は少し楽になりましたが，少し複雑になった面もあります。

　バークリーには基本的に 2 種類の語学試験があります。一つは Speak Test という Test of Spoken English(TSE：口語英語試験)の再利用版です。教育に十分と思われる一定のレベル以上のスコアをとれば，二番目の，TA としての適性をみる実地試験を課します。本学には，GSI に採用される大学院生に必要な能力レベルの基準を設定するための，教員による常設委員会があります。入学試験で要求される能力レベルはずっと低いですが，教育に

は高いレベルを確認したいのです。

　私たちはたいへんプロフェッショナルなプログラムを持っています。米国の研究大学の多くにはこの種のプログラムがあります。そうしたプログラムは大学院生に教育研修を行う組織と同じところに置かれているとは限りません。ただ，バークリーには独立したESL（English as a Second Language：第二言語としての英語）センターはありません。学生が必要なレベルの試験に受からないと，教室での授業に必要な言語能力を獲得するための英語授業を受けるように言われます。

　本学の留学生大学院生には驚嘆します。彼らは大きな成果を上げています。母国語以外で教えるのはとても勇気のいることです。

（理工系の学生は実験室から外へ出られるか？）

　質問4：研究大学ではTAの役割がますます重要になっていますが，TAをする大学院生が足りないという問題があります。一つの理由は，特に理工系の教員が，学生がほかの学生を教えること，実験室の外で時間を使うことを嫌うためです。バークリーあるいは米国の大学の状況はいかがですか？

　フォンヘーネ：筑波大学でも同様の質問がありました。問題は大学院生と指導教官の関係です。そのため，個々の科目におけるメンタリングがきわめて重要です。しばしば，教員が教育は重要ではないというメッセージを発すると，大学院生はそれを内面化して，PD活動に積極的に参加したいという希望を表すことができません。

　バークリーの大部分の理系部局では，大学院生は少なくとも1学期，教育をしなければなりません。化学では，これは実験と討論クラスのスタッフ確保の問題です。第1学期には化学の大学院生はまだ研究グループに配属されていないので，彼らへの財政支援はGSIの職の形で提供されます。第1学期の化学1aではおよそ80人の初めてのGSIが働いています。

　しかし大学院生が求められた学期を超えて教育に関心を持つと，指導教官との関係に負の影響が出るリスクも生じます。これはたいへん不幸なことです。サマーカレッジに参加する理系の大学院生のなかには，指導教官に自分

は研究大学に行くつもりはない，リベラルアーツカレッジに行きたいと伝えなければならない者もいます。

教員にとって教育は恥だという観念は今でもありますが，今や大学教員の職を探すには，教育における能力を示すことが必須だという事情が助けになります。たとえば PFF サマーカレッジで私の選択科目をとる学生はほとんど全員が理工系の学生です。

バークリーも似たような状況ですが，各部局は GSI に教えることを求めており，学生は基本的な経験はしています。しかしときどき否定的な態度が口に出ることがあります。指導教官の選択にあたって，教えたいという自分の希望を教員が受け入れてくれるかどうかが影響する場合もあります。大学院生が複数のメンターを持つことも少なくありません。ある問題ではある教員に，別の問題では別の教員に相談に行くのです。しかし，大学院生が教えなければならないという事情がなければ，こうした態度はなくならず，学生の困難は増大します。

〈採用する大学は教育経験の証拠を求めている〉
　質問5：私は数年前，北米の大学における1300件の求人広告の研究をしました。半数がカナダ，半数が米国の大学です。私たちはモラル上のジレンマに陥っていると思います。指導教官が大学院生にやってほしいことと，彼らを採用する大学が志願者に期待することの間にギャップがあるのです。1300件のうち半数ほどは助教か，駆け出しの職でした。ところが，職務説明書は単なる TA ではなく実際の教育経験の証拠を求めています。求人広告の多くは応募者のポートフォリオの一部として教育の証拠を求めています。つまり，授業を教えた経験が求められるのです。私たちが大学院生を研究補助の仕事に縛りつけておくと，彼らがこれから入っていく役割のための準備ができません。これはたいへん重大な問題です。

　フォンヘーネ：私たちのプログラムはそのためにあるのです。私たちは学生が証拠を提出できることを願っています。テイラーさんと Dieter Pelzer 氏の調査のすばらしい発表は聞きました。このデータによって，私たちは正

しい道を進んでいることを確認できると思います。

　バークリーの理系部局では，今やかつてない多数の大学院生がティーチングフィロソフィー（教育理念）や教育に関する意見表明を書きます。大学院生は彼らを雇う可能性のある大学に対して，自分は教育ができる，自分の関心は研究だけではないと証明しようとしています。私たちのプログラムはすべてその問題を扱っています。これは理想的な状況ではないにしても，たいへんな進歩だと思います。もちろん，高等教育の財政問題もあります。TA は教員の研究のサポートも期待されていますから。私たちはこの問題をもっと間近でみて，私たちが学生の役に立っているか，問うてみる必要があります。

（日本人に一つだけアドバイスを）
　質問6：フォンヘーネ先生は日本の多くの教職員と話されたと思います。日本の FD の発展を求めている人々に一つだけアドバイスをするとしたら，どんなことがありますか？
　フォンヘーネ：私たちは日本の状況に西洋的価値観を適用しようとしているのか，という問いがとても重要だと思います。私がバークリーのモデルについて話すと，そういう懸念が生じます。私は日本のシステムのうえにアメリカのモデルをコピー・ペーストするように提唱したことは一度もありません。状況が違うのですから，そんなことは失敗するに決まっています。
　Chickering と Gamson が学士課程教育におけるよい取組の七つの原則（Chickering & Gamson, 1987）（本書166ページ）を開発したとき，彼らは隠れ家を作り，そこに人々が集まり，その合意によってこれらの原則に到達したのだと思います。私の希望は，人々がもっとよく話し合える対話の機会を増やし，それぞれの大学に必要な指針を設定することです。おそらくすでになさっていると思いますが，お勧めしたいのは，十分討論して，みなが同じ船に乗っているのだと確認することです。
　どの言語を使うかも，議論になると思います。英語の文脈からとられた用語を使うと，その文脈に関連づけられた一定の実践がついて来ますが，それが日本のみなさんすべてにとって最良のものと一致するとは限りません。

たとえば，教育に携わる者は誰でも，認定証帝国主義についての懸念(99ページ)を理解できると思います。私は資格認定プログラムに関して，カナダや米国でそんなことが起こっているとは思いません。なぜならそれは各大学のニーズから出てきたことで，大学ごとにずいぶん違っているからです。しかし日本の文脈ではこれこそ十分吟味が必要です。ありがとうございます。

(参考2) カーネギー財団の大学分類
The Carnegie Classification of Institutions of Higher Education

　1973年に初めて刊行されて以来5〜10年ごとに更新され，高等教育研究において米国の大学の多様性を認識し記述するための主要な枠組みとして機能してきた。その評価は連邦政府教育省高等教育局の情報に基づき，全米教育統計センターの高等教育統合データシステム(IPEDS)に記載されているすべての高等教育機関を含んでいる。レベル(修業年限)，設置形態，学生数，学士課程教育プログラム，大学院教育プログラム，入学者の特徴，学士課程学生の特徴，大学規模と居住形態，大学の基本類型などの情報が記載されている。一例として，UC BerkeleyとMills Collegeの出力データ(2011.9)を示す。
(http://classifications.carnegiefoundation.org/)

University of California-Berkeley(カリフォルニア大学バークリー校)	
Berkeley, California(バークリー，カリフォルニア)	
レベル	4年以上
設置形態	公立
学生数	35,830
分類	分類項目
学生課程教育プログラム	A&S-F/HGC：文系・理系中心，半数以上の専攻分野が大学院プログラムを持つ
大学院教育プログラム	CompDoc/NMedVet：総合的博士課程(医学／獣医学なし)
入学者の特徴	MU：学士課程が多数(50%以上)
学士課程学生の特徴	FT4/MS/HTI：フルタイム4年，難関校(初年次学生の成績高)，編入学・転校学生多数(20%以上)
大学規模と居住形態	L4/R：大規模4年，25〜49%の学生が学内に居住
基本類型	RU/VH：研究大学(きわめて高い研究実績)

Mills College(ミルズ大学)	
Oakland, California(オークランド，カリフォルニア)	
レベル	4年以上
設置形態	私立(非営利)
学生数	1,501
分類	分類項目
学生課程教育プログラム	A&S-F/SGC：文系・理系中心，半数以上の専攻分野が大学院プログラムを持つ
大学院教育プログラム	S-Doc/Ed：単科博士課程(教育)
入学者の特徴	MU：学士課程が多数(50％以上)
学士課程学生の特徴	FT4/MS/HTI：フルタイム4年，難関校(初年次学生の成績高)，編入学・転校学生多数(20％以上)
大学規模と居住形態	S4/HR：小規模4年，50％以上の学生が学内に居住
基本類型	Master's M：修士中心大学(中規模)

　カーネギー財団の大学分類というと，上記のうち「基本類型」を指すことが多い。現在，基本類型は表II-2の6大類型，33下位分類に分けられている。

表II-2　カーネギー財団の大学分類における基本類型(2012.1.29アクセス)

基本類型	下位分類	該当大学
準学士中心大学	14下位分類	1920
博士中心大学	研究大学(きわめて高い研究実績)	108
	研究大学(高い研究実績)	99
	博士中心/研究大学	90
修士中心大学	大規模	414
	中規模	186
	小規模	127
学士中心大学	文系・理系	270
	多分野	391
	学士/準学士中心	147
専門大学	9下位分類	850
少数民族大学		32
	計	4634

3. 大学院生向けアカデミック　ライティング・プログラム
——カリフォルニア大学バークリー校——

サブリナ・ソラッコ（Sabrina Soracco）

　この素敵な1週間の討論も終わりに近づきました。筑波大学，北海道大学における，この1週間の刺激的な発表，会話，討論の数々に改めてお礼を申し上げます。

　月曜日に筑波大学で，私たちはバークリー校のPFFプログラムについて発表し，大学院機構のプログラムでリンダ・フォンヘーネ先生と私が行っているのと同じタイプの体験ワークショップを指導しました[注1]。火曜日にはアカデミックサービス・プログラムの基本理念，根本哲学についてお話ししました。

　今日はアカデミックサービス部がどのようにしてできたか，大学院機構のなかでどんな位置を占めているかをお話しし，アカデミックサービス部で私が行っているさまざまな活動をご紹介します。また大学院生がプロフェッショナル・ディベロップメント（PD），特にライティングに関して抱いているいくつかの悩みを説明し，バークリー校ではそれにどう対処しているかをお話しします。最後にリンダの話の締めくくりとして，サマーカレッジについて論じ，私が教えている選択科目「編集，アカデミックライティングと学術出版」についてお話しします。

アカデミックサービス

　アカデミックサービス部はさまざまな形態や規模で1986年からバークリーに存在し，1991年からは大学院機構のなかにあります。私とリンダは大学院生向けのサービスを行っており，私たちの部署が大学院機構のなかに

あるのは重要なことです。私は大学院生だけを対象とするライティングプログラムを運営しています。バークリーには学士課程学生向けのプログラムがほかにもたくさんありますが，それは権限や対象が別です。

　部局に属さず大学院機構のなかにあることによる利益は，大学院生に快適な環境を提供できることです。リンダも私も部局のプログラムの外にいるため，大学院生たちは，大学教員志望にしても，ほかの専門職志望にしても，ティーチング，ライティング，大学院における自分の成長などについての悩みをより率直に話してくれます。私たちは大学教員職への応募に関わる推薦状は書きませんので，学生は自分の悩み，所属部局では口にできない気持ちをより率直に話せるのです。私たちは学生が自分の部局，プログラムなどから与えられる情報や資料について補足説明を行うこともできます。

　アカデミックサービス部は基本的に四つの主要業務を行っています。たくさんの①ワークショップを催し，多数の②ライティンググループを運営し，ごく少数ですが個人やグループの③コンサルテーション（相談）も行っています。また④授業科目も提供しています。

(i) ワークショップ

　私たちのワークショップは多彩なテーマを扱います。私は研究助成金の申請に関するワークショップをたくさん開いています。フルブライト（Fulbright Programs）や全米科学財団（National Science Foundation）など，個別の研究助成金・奨励金への応募に関するワークショップもあります。これらの多くは大学院機構の行政組織の一つである大学院研究助成室（Graduate Fellowships Office）と共同の仕事です。また学位論文のため，つまり博士論文あるいは修士論文の計画書のためのワークショップや，学術出版，理工系のライティング，編集と校閲などのワークショップもあります。

　そのほか被験者を使う研究に関するワークショップもあります。これは私一人ではなく，被験者保護委員会（Committee for Protection of Human Subjects）委員長の Becky Armstrong さんに来ていただいて，ワークショップを二つ催しています。これは大学院生が自分の部局のプログラムの

なかで必要とする研究上の研修の一部で，被験者を使う研究をする学生は，将来の研究者の研修の一部として，被験者保護委員会に申請するときプロトコル(実験計画案)をどのように書くか知っておく必要があります。このようにライティングは特定の研究と深く結びつくことがあります。

さらに，私は同僚のリンダと共にメンタリング，大学院生としてメンターにつく場合と，学士課程学生のメンターになる場合の両方についてワークショップを行っています。ここでは大学院生の二重の役割を扱います。

(ii)ライティンググループ

ライティンググループもたくさん運営しています。

学位論文のためのライティンググループは，普通は4人程度で，たいてい，同じ部局や分野の学生ではなく，さまざまな学生の混成グループです。人文系，社会科学系，理工系など大まかな専門分野別の区分はしますが，違った分野の学生をまとめるほうが好きです。大学院生は普通自分の学術分野の細かなことについてはたくさん情報を得ているので，これはもっと広い対話のよい機会になります。ナイキスト先生のお話で，同じ学術分野の教員と，異なる分野の教員という，二通りのマイクロティーチングのグループの作り方の比較(35ページ)にちょっと通じます。私は異なる学術分野の学生と作業するほうが有益だと思います。

私は新人大学院生，つまり大学院1〜2年生のライティンググループを作りました。学位論文のグループと同じように，学生は週に2時間集まって作業し，お互いの作文を査読します。こうしたグループ内でのピアレビュー，対話，コミュニティ作りはとても重要です。グループが学生を孤独感，孤立感から救ってくれます。研究上のアイディアを論文で表現したり，自分の学術分野やアカデミックライティングの決まりやスタイルを学んだりするのに，誰もが苦労していることを知るのは，とても有益です。これはすばらしいコミュニティで，学生たちはたいへんよくサポートされていると感じ，それが力強い自信の増幅器にもなると思います。

留学生大学院生のライティンググループもあります。バークリーにはかな

りの数の留学生大学院生がいますので，ときどき彼らをまとめてグループを作ります。彼らはアメリカのアカデミックライティングのしきたりを学び，母語が英語でない者に特有のさまざまな問題に取り組むことができます。

こうしたグループのなかには1年間続くものもあれば，私が学生を集めて1カ月指導し，あとは学生が自分で続けていくものもあります。

(iii) コンサルテーション

一対一あるいはグループでのコンサルテーションも行っています。大学院志望の学士課程学生から，大学院生が運営する研究誌の編集委員まで，あるいはさまざまな部局の学生が，社会学，生物工学，人類学などにおけるライティングについて相談に来ます。私は彼らのためにこうしたテーマで一連のワークショップを行います。

(iv) アカデミックライティングの大学院授業

そのほか私たちは1学期間，単位つきのGSPDP 320（Graduate Student Professional Development Program：大学院生PDプログラム）という大学院授業を提供しています。これは学術分野や学年，米国人か外国人かを問わず，すべての学生に開かれた授業で，アカデミックライティングを論じます。

私は狭い特定のテーマや，特定の学年向けのワークショップはあまり行いません。誰でも来てほしいので，たいてい「万能サイズ」です。分野横断的な性質はたいへん重要で，大学院生にはそれがとても役に立つと思います。学生はふだん自分の分野の専門家である指導教官と話すことはできます。あまり明瞭でない言葉でも，自分の考えを表現することができ，教員は学生がどこへ行こうとしているか知っています。しかし，別の分野のほかの学生あるいは教員に話して，自分のやっていることを理解し興味を持ってもらうことはより困難です。自分のテーマについて，別のレベル，別の専門分野，別のタイプの人々に話せるようになると，自分の専門の仕事に戻ったとき，もっとよく書いたり理解したりできます。それは通常彼らの研究を前進させてくれます。非専門家に明瞭に話すことにより，どこで表現が不十分か，ど

こに議論や論理の飛躍があるか分かるからです。
　以上が，私の担当している四つの大きな領域です。

大学院生の悩み
　大学院生がよく口にする共通の悩みがあります。ワークショップやコンサルテーションではそうした悩みを取り上げます。なかには大学院機構や学内のほかのプログラムが対応するものもあります。それらについて少しお話しします。

(i) 仕事と生活のバランス
　大学院生にとって仕事と生活のバランスはしばしば最大の悩みです。多くの学生が「家族を持って研究を続けられるか？」と悩みます。これは女子だけではなく，最近は男子にとっても問題です。なぜなら大学教員のキャリアに対する要求はきわめて高く，個人の生活を持って，大学での教育，研究，学生支援の責任を果たすのは，特にテニュア(終身教授職)を得るまでは，とても難しいのです。多くの人々が大学院生のときからすでに，仕事と生活のバランスの問題を訴えています。教員になったらもっとたいへんだろうと予想しつつ，大学院生ですでに仕事と生活のバランスに苦労しています。

(ii) 多様なライティングの管理
　もう一つの悩みはさまざまなライティングの管理です。学生はしばしば，やらなければならないことが多すぎて，ライティングの迷路で途方に暮れています。学生は執筆を最後の一瞬まで先延ばしにしがちで，私たちはよく，もっと早く手をつけるべきだったと言います。論文について考えるのがいやで，頭のなかではハードな仕事をしても，次の金曜日までにアイディアをまとめられず，あとでまた執筆に取り組むことになるのです。

(iii) 研究資金の獲得
　大学院に留まるために，大学院生は研究資金の獲得でも悩みをかかえてい

ます。生産的な研究者になることと，生産的な書き手になることはしばしば結びついています。教員も，大学院生も，研究の生産性は書いたもので測られます。出版への圧力が増大し，ますます早期化しています。40年前は，教員はあまり出版しませんでした。最初の出版は若手教員の頃，学位論文の1〜2章からとった論文で，本を1冊書くのは終身教授職に就く前でした。今や学生は大学院のごく初期，しばしば博士号を取得する前に論文を出版します。

(iv) 書いたものに対するフィードバック

　学生は自分の書いたものに対するフィードバックについても悩んでいます。私が一緒にワークショップをやった学生の大部分は，教授のフィードバックに不満で，もっとたくさん意見がほしいとこぼしています。通例「いいんじゃないか。続けなさい」だけです。ときどき彼らは否定的なフィードバックが多すぎると感じます。私たちはどのように自分の業績を発表するか，教員や仲間からフィードバックや応答を得るかについて，広く話し合います。

　熱望したフィードバックが得られたら，それにどう応えるかも議論します。ときどき，フィードバックを望んで，得られたけれど，期待とは違うことがあります。そういうフィードバックにどう応え，批判にどう対応するかを知っておくことは重要です。大学院生から同僚へ，つまり学生から若手教員へ移行するには，フィードバックを受けて，それについて考え，自分の仕事に適用する方法を知っている必要があります。フィードバックを反映するために，自分のテーマを変える必要はありません。選択して，ある点は受け入れ，ある点は受け入れなければいいのです。そのような対話の方法を知っていることはきわめて重要ですが，難しいです。学士課程の学生はしばしば教授の意見を文字どおりに受け取ることを期待されますが，大学院生はそれを使って自分の仕事を修正することが期待されています。

　これは悩みの一部で，ほかにもたくさんありますが，きわめて頻繁に出てくる悩みです。学生の悩みに対しては，各部局が対応します。バークリーは巨大で，各部局にはさまざまな教育法やライティングの科目があり，学術分

野にはさまざまな専門組織，ワークショップ，ミーティングそのほかがあるでしょう。部局で学生と共に働いている教員次第で，個々の指導教官が多くのフィードバックをすることもあります。学生が情報を得られる資源もたくさんあります。学内のキャリアセンターは大学教員の労働市場で大学院生に支援を提供し，応募書類のまとめ方についてすばらしいワークショップを行っています。

　大学院機構では，リンダと私がよくこういう悩みに応えています。私たちは別々に仕事をして，リンダはティーチングセンターを，私はライティングプログラムを運営しています。私たちはさまざまなワークショップやプログラムを行っています。公式の共同の仕事は，PFFサマーカレッジという6週間のプログラムで，学生は全員がコア科目をとり，半数はリンダの選択科目「ティーチングポートフォリオの開発」，別の半数は私が教えている「編集，アカデミックライティングと学術出版」をとります。

将来の大学教員養成(PFF)サマーカレッジ

　2003年にサマーカレッジを立ち上げたとき，①教育②作文③研究を同じ重みでプログラムの基盤としました。二つの選択科目を統合された一つのものととらえ，教材を共有しています。私はPFFは①教育②研究③サービスに関わるものだと思います。それが大学教員の仕事だからです。もちろん大学のタイプによって，教育に重きを置く場合と，研究に重きを置く場合があり，サービス部門の形態と規模はさまざまです。しかしこの三つは，本質的に分割された各部分や構成要素ではなく，きわめて統合的なものだと思います。教育が研究に影響を与え，それがライティングにも影響を与えます。

(i)編集スキル

　私が「編集，アカデミックライティングと学術出版」という科目を立ち上げたのは，大学院生がプロの編集者のスキルを学ぶこと，あるいはメディアで働く編集者が原稿やテキストをどのようにみるかを学ぶことが重要だと考えたからです。多くの大学院生は大学のキャリアに進むつもりですから，将

来出版を行い，雑誌，書籍そのほかの編集者と関わりを持つでしょう。では編集者は原稿をどういう風にみるのでしょうか？　能力開発の視点から，つまりいちばん重要な構成や論証の視点から，編集者は原稿をどう評価するのでしょうか？　文章の構成に関して彼らは原稿をどうみるのでしょうか？

　この科目では，一部に私の編集者としての個人的経験に基づく情報を使っています。私は原稿の受け手の側に立って，うまくいくもの，いかないものをたくさん見たおかげで，よい書き手になれたと感じました。それによりテキストの外の立場に立てるのです。こうしたスキルを身につけると，アウトサイダーの視点を持って自分のテキストに戻ることが容易になりました。

　大学院生のライティングでも同じだと思います。アカデミックな書き手はさまざまな議論，さまざまな解釈，研究上の問いに対するさまざまな見方を予想しなければなりませんので，これは特に重要です。ワークショップで私はよく，大学教員は職業柄，また本性として，ほかの誰も気づかないことに気づく人だと話します。学者に何か書いたものを見せると，彼らはあらゆる面で批評的であるよう訓練を受けているため，すぐに議論や文脈の飛躍に気づきます。ほかの教師あるいは同僚と共に働くためにも，自分のライティングを磨き上げるためにも，できるだけこのスキルを学ぶことが重要です。

　学生は編集者の視点からテキストの校閲の仕方を学びます。週に2回2時間ずつ，あらゆる学術分野の大学院生20〜25人のクラスが集まります。サマーカレッジは博士課程の最後の1〜2年の学生向けですから，すでに一定のレベルに達していて，次の秋には労働市場に参入する準備をしています。彼らにはいくつか作業をしてもらいます。まずサマーカレッジの6週間に取り組むライティングの計画を立てます。具体的な目標は指定しません。500ページの論文でも，3ページを何度も改訂するのでも，1週に1本ずつ別の作文を5本でも構いません。アカデミックライティングなら何でもいいので，6週間分のライティング計画を立ててもらいます。

(ii)専門分野別の相互校閲

　サマーカレッジの月曜日の選択科目の授業では，学生を3〜4人ずつの大まかな専門分野別のグループに分けます。同一の主専攻ではなく，類似の学術分野に分け，人類学者ばかりではなく，人類学者と社会学者，疫学者そのほかのいるグループにします。毎月曜に持ち寄った原稿をお互いに回して見せ合います。学生は毎週，校閲グループに何を提出するか目標を立てます。それは改訂が必要な1ページでも，もっと磨き上げようと思う全米科学財団の研究助成金申請書でも構いません。毎週違ったバージョンをグループに回します。全部違ったものでも構いません。それから毎週，何をするつもりだったか，何をしたか，次の週は何をする予定か，自分の作業を評価させます。学生はたえず自分の執筆計画を再評価し，最終的には研究計画を再評価します。学生も，私も研究の生産性とライティングのスキルや習慣性はとても強く結びついていることに気づきました。研究を文章に仕上げると，アイディアが明確になり，もっと高いレベル，もっと複雑なレベルに進めます。

　私は学生に，研究でも，執筆でも，自分に何ができるか評価する習慣を身につけてほしいのです。学生には毎週，編集者あてに「私がしたのは，これこれです。あなたにお願いしたいのは，これこれです。どうかフィードバックをください」という，どんなフィードバックを望んでいるのかを要約した説明文を，持ってきた作文例につけてもらいます。これには二つ理由があります。まず，誰かに何かを渡して「さあ，読んでください」というのは，あまりいい考えとは思えません。何時間もかけて読んで，コメントを書いても，相手はコメントされた点を変えたくないことがあります。これは査読してくれる人に失礼なだけでなく，どういう援助がほしいかをきちんと書くと，しばしば自分で答えが見つかるか，あるいは自分が実際どんな答えを求めているのか分かるので，有益です。ここでも書くことと考えることは分かちがたく結びついています。

(iii)クラスでの校閲

　大まかな専門分野別グループによる査読に加えて，クラスの全員があらゆ

る学術分野から集まってきたグループの校閲を受けます。生物工学の学生が人文学や，数学，疫学，人類学の学生の校閲を受けます。1学期の間に順番に回ります。初めの数週間，学生はいやがって「こんなことは知る必要はない。私は自分の学術分野での書き方しか知らない」と言います。私はいつも「もしあなたが数学者なら，数学者の書いたものについて一定の読み方があります。英語が主専攻なら，別の読み方があります。では，共通点は何でしょう？」と言います。授業が進むと，彼らは自分がたくさんコメントできることに驚きます。

(ⅳ) アカデミックライティングの討論

　次に私がしたいのはアカデミックライティングの本質についての討論です。

　学者はなぜいつもあらゆることを書くのでしょう？　私たちはなぜ出版や研究発表をしなければならないのでしょう？　なぜ今のやり方をするのでしょう？　たとえば，すべての雑誌に共通の点は何でしょう？　また，まったく専門分野に特有のものは何でしょう？　物理学者がある書き方をするのにも，日本中世史の学者が別の書き方をするのにも，理由があります。普通は自分の学術分野の意識や，自分の学術分野の書き手として必要なことの意識が強すぎ，自分の領域で求められることが強調されすぎているのです。

　学期の半ばには，クラスの校閲ではもうあまり緊張しなくなります。クラス全体の校閲で，最初の数人はとても緊張しますが，半ば以降になると緊張しません。学生はクラスの意見を聞きたがります。彼らはこう言うかもしれません。「お手上げだ。どうしたらいいか分からない。方法論をどう書いたらいいのか，見当もつかない。」別の学生が答えます。「君の方法論はとてもしっかりしていると思うけれど，導入部はわけが分からない。」自意識は去り，研究内容だけが話題になります。私にとってこれは授業のハイライトの一つです。学生はしばしばほかの学術分野の作文は読みたくない，グループで校閲を受けても何の益もないと考えます。しかし結局それは教育的にも，学問的にも，とても生産的な努力だと分かるのです。

　これが6週間の授業で私がやろうとしていることの概略です。とても集中

した授業です。リンダの選択科目ではティーチングポートフォリオを作ります。これはたいへん完成度の高い作品で，これをとっておいて就職への応募や，自分の部局などで使うことができます。私の学生はライティングポートフォリオをまとめます。二つのポートフォリオはサマーカレッジの修了式で展示されます。学生が行った作業の内容によっては，ライティングポートフォリオは必ずしも完成作品でなくても構いません。ポートフォリオに必要な要件は，6週間の校閲と執筆の軌跡を残すことです。彼らは6週間の執筆と校閲の作業をまとめ，それについて考察レポートを書く機会を持ちます。

(v) ポートフォリオ

　学生がポートフォリオをまとめる様子は，とても興味深いです。ある学生は授業の間ずっと一つの作文を改訂していたので，それを第1稿，それを読んだ最初の編集者，2番目，3番目の編集者，第3稿，第4稿，第5稿，そして最終作品と，時系列順にまとめました。違った原稿を4～5本書いた学生のポートフォリオは，出来上がった作品をすべて並べたものです。ある学生はほかの学生のための自分の校閲作業のコピーをすべて保存し，ポートフォリオのもう半分は，編集者としての自分の成長についてコメントを記しました。彼女は自分が校閲したすべての学生を思い返し，自分が編集者としてどのように成長したかをふり返り，そこから自分が書き手としてどのように改善し成長したかに結びつけました。

　大学院機構長が認定証を手渡す修了式に，学生の指導教官もお招きします。家族を呼ぶ学生もたくさんいます。誰もがポートフォリオに引きつけられます。普通ライティングの学生はみなティーチングポートフォリオを，ティーチングの学生はみなライティングポートフォリオを見にいき，パラパラめくってみます。指導教官の多くは「自分が大学院生の頃にこういうものがあったらよかった。これがあれば，教えはじめがずっと楽だったのに」と言います。これは私たちの仕事が役に立っているという，すばらしい証拠です。

　私たちの努力を将来の大学教員養成というもっと広い視野に結びつけるなら，バークリーにおける，具体的にはリンダと私の部署におけるPFFプロ

グラムは，常に統合的なアプローチをとってきました。米国のPFFプログラムの多くはアメリカの多様な高等教育機関におけるティーチングに焦点を当ててきました。私たちは常に自分のプログラムをティーチングとライティングに均等に分けています。両者は互いに支え合い，さまざまな学生がさまざまなときに，さまざまな側面を学ぼうとしています。

シンポジウムでは，トップダウン，ボトムアップ，並行作業などのアプローチについて何度も議論してきました。私たちの場合，ティーチングとライティングは別の組織で，サマーカレッジで一緒になりますが，そのあとはまた自分の部署に戻ります。二つの組織が往復運動をしているわけです。これは私たちがこのプログラムをより大きな視点から見ていること，またこのプログラムが大学内でうまく機能していることを反映していると思います。

大学院生が私たちのサービスから何を得るか，部局や指導教官が何を提供するかに関しても同じような動きがあります。大学院生は一人ひとり違いますので，このような動き，成長と発展はとても重要です。生まれながらの教え手もいれば，生まれながらの書き手もいます。どちらでもない者もいます。学生は自分で考察することによって，自分のコミュニティを作ります。リンダがティーチングセンターで，私がライティングで行っている仕事の大部分は基本的に，学生は何をしているのか，なぜそうするのか，このプロセスを通じてどのように成長し発展しているかを見守ることです。

ある種の往復運動が見られるもう一つのレベルは，私が月曜日に筑波大学で行った「どのように自分の仕事を口頭と作文で発表するか？」というワークショップです。自分の学術分野の専門家に向かって話すことから，一般の聴衆に向かって話すことへの移行は，書かれた言葉から口頭発表への移行と同じで，大学院生の仕事の成長と発展にとってたいへん重要です。学生がライティングで行き詰まったときにはよく，自分の主な論点をパワーポイントに列挙させます。すると彼らは自分の論文について考察し，どこに向かいたいのかを見つけられます。これはとても流動的なプロセスだと思います。

質疑応答

(さまざまなライティンググループ)

質問1：学位論文のライティンググループは，新人大学院生あるいは留学生大学院生のためのアカデミックライティングの授業とは別のものですか？ それらの違いは何ですか？ 留学生のためには何をなさっていますか？

ソラッコ：別のものです。まず，大学院1～2年生向けの学位論文のライティンググループと，留学生大学院生向けのグループがあります。第二に，GSPDP 320という大学院生向けのアカデミックライティングの授業があります。留学生だけのためのグループ以外は，誰でも参加できます。私はいつも米国人学生と留学生を混ぜたクラスを作ります。

留学生だけのためのグループを指導するとき，やや複雑な心境です。留学生を特別のワークショップに集めてゲットー化したくありませんが，英語の学力レベルによっては，上級向けでかなり速いスピードで運営されているワークショップではついていけない場合があることも分かります。

しかし，私が指導しているワークショップや授業の大部分には，英語が母語でない学生も，母語の学生も，両方います。グループ校閲をするとき，留学生はいつも「無理です」と言い，私は「やってみなさい」と励まします。専門分野外のことは何も校閲できないという学生と同じで，しばしば留学生は自分で考える以上に校閲ができるのです。留学生はしばしば英語の母語話者よりも文法をよく知っていて，ずっと正確に，明確に書くことができます。

誰もが自分の強みを活用し，弱みはみなで助け合えば，とても有益だと思います。将来の大学教員は，社会・経済的背景，教育的背景，英語の能力などの異なるありとあらゆる種類の学生を扱いますから，多様な学生と共に働き，教え，答えることができなければなりません。

留学生だけのためのライティンググループでは，ほかのグループと同じように書いたものを発表してもらいます。文章レベルの作業を少し多めに行い，個々の文章をよりパワフルにすることに集中します。文法的には正しくても，母語話者が書くような文章にはなりません。私たちがするのは，そういった言葉の微調整です。グループにおける私の役割はファシリテーターだと思い

ます。うまく軌道に乗らない場合は，討論を導き，前進を促しますが，普通は学生がお互いに助言するのに任せ，学生が積極的に自分の役割を果たし，協力して働くことを願っています。ありがとうございました。

注1) 筑波大学での体験ワークショップの成功を受けて(105ページ)，北海道大学でもフォンヘーネ先生，ソラッコ先生を講師として「大学院生のための大学教員養成(PFF)講座：ティーチングとライティングの基礎」を2010年3月，7月，2011年7〜8月に試行した。
- カリフォルニア大学バークリー校の講師による「大学院生のための大学教員養成(PFF)講座：ティーチングとライティングの基礎」(2009, 2010, 2011年度)評価報告書(2012.3.1). 北海道大学高等教育推進機構.
  (http://socyo.high.hokudai.ac.jp/UCBPFFreport.pdf)

4.（討論）日本と米国における
アカデミックライティング

筑波大学における
PFF 英語アカデミックライティング・ワークショップ

宮本　陽一郎（筑波大学）

　私は月曜日のサブリナ・ソラッコ先生の一日体験ワークショップの司会を務めました。幸いワークショップは大成功でした。ここではその成功の理由を考えます。
　私は筑波大学でアメリカ文学を教えておりまして，毎日のように学生のアカデミックライティングをみています。日常業務のなかで，つい最近も2人の大学院生の研究補助金申請書に目を通しました。「何もできないほど大忙しの教授」として，私たちの大学にもサブリナさんのような専門家がいてくれたらと思います。
　私がサブリナさんのアプローチに興味を持つのは，私自身，米国留学から帰って23年間，日本語の論文指導に携わってきたからです。米国の初年次生向けライティングセミナーを，日本にも取り入れたいと思って試みてきました。多少の成功はありましたが，毎年次々と課題が生まれました。私の試みが長続きした秘訣は，私が教育においてはスロークッキングを信奉しているからでしょう。

統合的・分野横断的・多文化的アプローチと「エレベーターピッチ」
　ソラッコ先生のワークショップが私にとって貴重だった理由は，三つあります。
　第一に，私の学生たちがたいへんよくやったので驚きました。私は自分の

大学院生の潜在力を過小評価していたようです。彼らの成功の理由は，ソラッコ先生の学術分野を越えたアプローチにあると思います。受講生の所属はきわめて多様で，半数の 14 人が理系，残り半数が文系だったと思います。きわめて学術分野の多彩なグループで，受講生も講師も，すべての分野に通じている人は一人もいませんでした。おかげで学生たちは作文の内容を気にせず，ライティングスキルに集中することができました。そのため，日本人大学院生にとって大きな問題である自意識の問題を克服できたのです。

　さらに，アカデミックライティングを将来の大学教員養成研修（PFF）の一部に位置づけ，受講生を将来の専門職と認めるという，バークリーの統合的アプローチがうまく機能したようです。ワークショップ全体が，受講生はほかの学術分野のアカデミックライティングの査読や校閲ができるという前提に立っています。いったいどうやったのか，彼女は受講生にそれを納得させました。これはセッションの大きな第一歩でした。

　第二に，ソラッコ先生はパラグラフ，トピックセンテンス，論文の主張といった通常の学術英語の基本事項を使いませんでした。私はそれらを日本の学生に伝えようとして苦労しました。そのかわりに彼女は受講生に「エレベーターピッチ」で，つまりエレベーターが 1 階から目的階に着くまでの 1 分ほどの時間で，自分の研究内容を要約したスピーチをするよう求めました。このロールプレイは受講生にはとてもリアルで，みながこの状況に身を置くことができました。自分の研究内容を自分の学術分野外の人に説明することは，大学生活の必要不可欠な一部です。これは論文の主張，論点，パラグラフといった考えよりも分かりやすいのです。こういうアプローチでスタートして，あとで必要ならパラグラフや論文の主張などに触れるほうが効果的でしょう。

　第三は，私にとってはやや偶然の発見でした。ワークショップは学術分野が多彩なうえに，国際的でした。これは北海道大学の留学生の参加のおかげです。蔵田伸雄先生と Wai Ling Lai 博士が北海道大学でライティング科目を指導しておられて，たしか 14 人がそのクラスの学生で，驚いたことに月曜日のライティングワークショップの受講生のうち 11 人が留学生でした。

日本人学生と留学生が共に学んだことは，ワークショップの分野横断的な性格に劣らず重要なことです。多様な学術分野の学生を一つにまとめることが彼らのライティングスキルの共通性を際立たせ，文化や言語的背景の多様な学生を一つにまとめることが国際的なコミュニケーションに必要な態度を際立たせたのです。このように態度から入って，必要なら文法そのほかの側面に移るのはいい考えです。

　日本政府は近い将来留学生を30万人に増やす計画を進めていますので，月曜日のワークショップは日本の教室の将来を示していたのかもしれません。これは日本人学生にも，留学生にも共に有益なことだと思います。ありがとうございます。

東京大学教養学部における
理系英語アカデミックライティング・プログラム

トム・ガリー（Tom Gally）

　東京大学で私が運営しているプログラムの紹介をさせていただきます。このシンポジウムで議論されているプログラムとはやや違ったものですが，共通点も少なくありません。

科学ライティングとプレゼンテーションの科目
　2008年4月から，東京大学教養学部のすべての理系の初年次生は「理系学生のための能動的英語学習」（Active Learning of English for Science Students: ALESS）という1学期間の科目が必修になりました。これは科学英語のライティングと英語による口頭発表を学ぶ90分13回の授業で，英語母語あるいはそれに近い能力を持つ10人の常勤講師が教えています。この科目のユニークなところは，論文と口頭発表のテーマを学生たちが学期の初めに個人あるいはグループで考え出すという，オリジナルな実験にあります。
　この科目のいくつかの特徴はこのシンポジウムのテーマと重なります。アカデミックライティングの授業で初年次生に4〜5ページの科学論文を英語で書く方法を教えます。この授業をする理由は，東京大学の理系の学生の80％は大学院に進むからです。大学に残るにしても，ほかの科学のキャリアへ進むにしても，彼らの多くは英語で学位論文や出版用論文を書きます。しかし学生の98％は，英語は外国語の日本人です。大学は早くから技術英語の基礎を紹介すれば，大学院に進む頃には準備ができると考えたのです。
　このシンポジウムのテーマと重なるもう一つの特徴は，スタッフの資格向上です。この科目を教えるためにスキルと資格の高い教員を10人見つけました。しかし理系のバックグラウンドを持つ者は1人か2人です。全員教育経験がありますが，なかには2〜3年だけの者もおり，このようなプログラムを教えたことがある者は一人もいません。科目のカリキュラム開発と並行

して，私の主要な関心は，講師たちのスキルの開発，科目内容の理解と同時に，自分のカリキュラム開発の方法を学んでもらうことでした。これが必要な一つの理由は，講師のおよそ半数は Ph.D. を修了し，ほかの者も間もなく修了するのですが，契約期間は最高 5 年です。就職市場において，このプログラムで教えたことが新しい職を得るのに役立てばいいと思います。つい最近，一人がより安定した職を得て京都大学に移りました。彼女の話では，その職を得られた一つの理由は，彼女が ALESS プログラムのなかでカリキュラム開発に加わっていたからだそうです。

いくつかのライティング教育法

言語教育，特にライティングの教育には，いくつかの方法があります。一つはプロセスアプローチと呼ばれるもので，何度も書き直すプロセスを強調し，成果物のことはあまり気にしません。もう一つのアプローチは，より成果物中心で，文法や単語のスペルは正しいか，完成した成果物は目的に合っているかなどを重視し，文書が作られた過程には関心がありません。もう一つのアプローチはジャンルあるいは学術分野を強調し，たとえば哲学あるいは社会学などの専門家に特有の文体や文章構造を強調します。

私たちの学生は学位論文や出版のための論文を書くわけではなく，まだ専攻分野も決めていません。大学院生を教えるのなら，論文が採用されるよう，論文の文法的な誤りの訂正などにそれなりの時間を使うでしょうが，初年次生は出版のための論文を書くわけではないので，私たちのカリキュラムは当然ライティングのプロセスに重点を置くことになりました。

東大でも，ソラッコ先生のクラスと同じようにピアレビューを行います。第二言語として英語を使う学士課程の初年次生がクラスでお互いにピアレビューをします。実は，ピアレビューを試みた最初の学期はあまりうまくいきませんでした。学期末の学生による授業評価でも，ピアレビューの部分は最低の評価でした。そこで，ピアレビューのやり方をもっと体系的に教えることにしました。ガイドラインと教材をいくつか開発し，今は英語が第一言語でない場合のピアレビューのやり方について，ビデオを作成しています。

私たちは，キャリアが上がっていくと一人で仕事をすることはないという事実を背景に，ピアレビューをとらえています。大学，企業，政府など，どんな環境でも，いつも相互にレビューをします。私たちは，学生たちに初めて共同作業によるライティングという考えを紹介しているのです。

プロセスアプローチとも関連して，私たちのプログラムと連携した小さなライティングセンターを作りました。瀬名波栄潤先生が私をこの討論に招いてくださったのは，北海道大学でもライティングセンターの開発に関心があり，私たちが ALESS プログラムと連携したライティングセンターを持っているためです。ここで私たちが TA 研修と関わるわけです。

プロフェッショナル・ディベロップメントにおけるライティングセンターの役割

日本では，東京大学でも，おそらくほかの多くの大学でも，ティーチングアシスタント（TA）は教室で教えることができません。大学院生は授業で教えることができず，実際の教育は教員の仕事です。一般に，あるいは少なくとも外国語部局では，TA の仕事はコピーをとり，授業の初めに DVD プレーヤーを回し，プリントを配るという面白くない仕事で，大学院生の専門的能力の開発にはほとんど役立ちません。大学院生にライティングセンターで働いてもらえば，現状をある程度改善できるでしょう。センターでは，ライティングで援助を必要とする学生が予約して来て，大学院生のチューターと一対一で 30〜40 分話せます。通常このチュートリアルは日本語で行います。今学期は ALESS の学生のライティング支援のために TA を 7 人雇い，彼らは私がライティングの教育法を教える 1 学期間の大学院授業をとりました。この経験が大学院生の将来のキャリアに役立つことを願っています。

昨日このシンポジウムに来まして，みなさん私よりもずっと長くこの分野で働いておられるし，ずっと高い専門性を持っておられるので，少し気後れを感じました。しかし，ふり返ってみれば，私たちはもう，初めてスタートラインに立った 2〜3 年前とは違って，少しずつ進化しています。前進を続ければ，北海道大学，筑波大学そのほかの大学のみなさんから学び，私たちの行っていることを共有できると思います。

討論

(センテンスレベルの間違いは気にしなくていいです)

ソラッコ：宮本先生のお話から始めましょう。月曜日のワークショップには初めて顔を合わせる学生が 28 人ほど来ました。私は英語で「5 分差し上げます。エレベーターピッチで自分の研究内容を説明する原稿を作ってください。10 分間ペアで練習し，そのあと立ってグループ全体に向かってそれぞれ 1 分以下のエレベーターピッチのスピーチをしてください」と言いました。ランダムにあてましたが，とても感動しました。心配は無用，全員が，アメリカ人とは違って 1 分ぴったりで発表しました。しかもすべて英語です。学生がとても速く上手にやったのには驚きました。

作文の基本事項を取り上げないというところは，とても重要だと思います。小グループ作業では，ときどき基本事項が問題になります。さらに，大きな構図を描いているときには，学生が書いたものの，個別の問題によっては，文章の基本要素が問題になることがあります。人によって，時によって，さまざまな問題にぶつかります。これはプロセス対プロダクツ(成果物)の議論にもつながると思います。

学士課程の学生と大学院生の違いは，多くの大学院生には，自分の書いている文書が全体のどの部分か，どのように自分の論点を概念化するかという感覚があり，自分の論文について広い展望があることだと思います。

より大きな問題は，それを自分の読者にどうやって伝えるかということです。しばしば，自分の論理と自分が考えていることの間のギャップが困難を創り出します。論文が完成する頃になって，何もかも思ったほど考え尽くされていない，論点が十分明確になっていないと気づくことがあります。頭のなかでは分かっていても，紙のうえにはうまく伝えられず，いくつか手順が抜けているのです。読者は「A から C に跳んでいる。B はどこだ？」と考えるかもしれません。こういう風に，大学院生については，少し違った領域に焦点を当てることが多いです。

プロセスに焦点を当てることもできます。ときどき私はこう言います。「センテンスレベルの間違いは気にしなくていいです。アイディアをはき出

してください。完全なものでなくていいです。たくさん書いて，おそらくあとで大部分は捨てることになりますから。」プロセスとはそういうことです。直して，直して，また直すのです。完成した成果物や，各部分がどのように機能するかに焦点を当てるよりも，心のなかの編集者のスイッチを切って，アイディアをどんどん出すことに注意を集中するべきです。

(外国語を学ぶ学生の間違いを正すことは役に立つか？)

　ガリー：第二言語によるライティング教育の分野では，教育方法に関して，いまだに解決されない興味深い矛盾があります。センテンスレベルや文法の誤りを正すことは学生の役に立つのでしょうか？　外国語としての英語あるいは日本語のライティングの授業で論文を書くとき，先生が赤ペンで間違いをすべて直したら，学生はそこから何か学ぶでしょうか？

　私が長年抱いてきた一般的な想定では，教師の仕事は学生の間違いを正すことです。しかし，台湾の大学で英語を教えている John　Truscott は，*Journal of Second Language Writing* そのほかに鋭い論文を書き，外国語を学ぶ学生の間違いを正すことは役に立たないと強く主張し，最近の論文では，有害でさえあると断じています。これは部分的には説得力があり，賛否両論があると思います。この問題について，彼の議論にはまったく目からウロコの思いでした。そう思った人はほかにもいると思います。センテンスレベルの問題をどの段階で取り上げるべきか？　あるいはそれは望ましいのか？　私自身まだ未解決の問題です。

References

Truscott, J. (2007). "The Effect of Error Correction on Learners' Ability to Write Accurately." *Journal of Second Language Writing*, 16(4), 255-272.

Truscott, J. & Hsu, A. Y.-p. (2008). "Error Correction, Revision, and Learning." *Journal of Second Language Writing*, 17(4), 292-305.

質疑応答

(将来の大学教員養成から将来の専門職養成へ)

質問1：とてもエキサイティングなプログラムですね。サブリナさんは，学生は大学院生としても，将来の大学教員としてもアカデミックライティングを学ぶ必要があると言われましたが，私の研究によれば，薬学や化学そのほかどんな専門職に就くにしても，アカデミックライティングが必要です。私たちは，かつての将来の大学教員養成(Preparing Future Faculty)を，将来の専門職養成(Preparing Future Professionals)に転換しようと試みてきました。これは日本の理系の学生にとってもキーポイントになると思います。理系の教員が学生を高等教育以外の職種のために準備するのを支援すれば，教員たちはもっと喜んで学生を送って来るでしょう。もちろん，育成するのは口頭あるいは作文によるコミュニケーションの基本的なスキルだけではなく，ものごとを体系的に考え抜く力，市民向けのような素朴な聴衆だけでなく，知的に洗練された聴衆向けのプレゼンテーションスキルも含みます。

ソラッコ：バークリーの私のプログラムの解説には，将来の大学教員と専門職の準備のためと記してあります。実際は両方やっているのですが，バークリーでは学者の世界に進もうと思う人々を中心に考える傾向があります。

私は学術分野に関しても，将来のキャリアに関しても，多様なほうが好きです。自分の考えを，多様な学術分野の人々だけでなく，多様なカテゴリーの聴衆に向けても明確に説明できる必要があります。自分のラボのためのプレスリリースや，製薬会社のための仕事や，大学の論文を子どものために書き直す場合に，異なったレベル，異なった言語の間を移動できる技量は，自分の研究者，あるいは専門家としての仕事を改善するために，きわめて重要です。こうしたさまざまなレベルの間でスイッチを切り替えられれば，研究者あるいは専門家としてもっと上手にライティングができるでしょう。

(書くことは考えること)

質問2：私は筑波大学のセッションにも出ましたので，ソラッコ先生のお話はよく分かります。宮本先生にも，私たちの授業を紹介していただき，あ

りがとうございます。私は同僚と共に北海道大学で大学院生向けのアカデミックライティングの授業を指導しています。学生の多くは留学生で，彼らは英語を学ぶために日本に来たわけではありません。留学生に教えるときにはさまざまな方法を用いる必要があります。

　アカデミックライティングの教育経験に限っても，留学生は多くの問題をかかえています。それはセンテンスレベルの問題や，英語あるいは言語の問題だけではありません。たとえば彼らはこう聞きたいのです。「私の論文の論点についてどう思いますか？　明快ですか？　首尾一貫していますか？」

　これはアカデミックライティング教育について重要な問題を提起します。月曜日にサブリナさんは，書くことは考えることだと言われました。私も同感です。これを論理的に突き詰めれば，ライティングの訓練は考え方の訓練だとなります。問題は文法だけではありません。もちろん文法は助けになりますが，大学院生が雑誌や学会発表に応募するとき，査読者が注目するのは，彼らが伝えようとする成果が十分伝わるだけ説得的かという点です。査読者を説得すること，明快で首尾一貫したことを言うことが重要です。

　文法的に正しい文章で論文を発表できることも重要ですが，まず読者を納得させ，自分の成果を受け入れさせることが重要です。結論に至る一歩一歩を示す能力がとても重要です。さらに私たちの経験では，論文の間違いの多くは一般化と論理的な誤りです。私たちは言語の訓練を援助するだけではなく，学生に適切に考えることを訓練することに集中します。上手に議論する方法，首尾一貫した体系的な思考方法を教えるのです。センテンスレベルを越えることが，ここで語られたさまざまな危惧の解決策になると思います。

　ソラッコ：二つお答えします。まず，私はよく学生に「私の研究の中心的焦点は……です」という文章を完成させるように言います。普通学生は膨大なテーマがあって，それを絞り込むのがとても難しいのです。

　また，一つの論点を提起するその方法が問題の場合は，自分の学術分野における議論の仕方を述べた本を参照するように言います。

第Ⅲ部　学生・教員調査を活用した教員研修

1. 教員研修による学習成果向上
——全米学生調査(NSSE)から授業調査(CLASSE)へ
(インディアナ大学)——

ジュディス・アン・ウィメー(Judith Ann Ouimet)

今週はすばらしい1週間でした。筑波大学でも多くのことを学びました。

今日はまず全米学生調査 NSSE(National Survey of Student Engagement)と教員調査 FSSE(Faculty Survey of Student Engagement)について,そのあと授業調査 CLASSE(Classroom Survey of Student Engagement)について説明します。調査項目や分析手法,さらにこれらの調査によって学生の学習と教員研修がどのように改善されるかにも触れます。

全米学生調査(NSSE)(ネッシー)

全米学生調査(NSSE)は主に米国とカナダで行われており,オーストラリアと中国でも少し形を変えて行われています。多くの方はNSSEとは何かご存じないでしょうから,少し概観します。

NSSEは登録大学の初年次生および最上級生を対象とする全米調査です(2011年7月現在の登録校は761大学)。NSSEがこの2学年に注目する理由はいくつかあります。初年次教育はなかなか手ごわいもので,私たちは学生がクラスの内外で何をしているのか本当に知りたいのです。実際に教員が行っていて,学生が経験しているよい教育的取組とはどんなことでしょう? NSSEが使うのは初年次生および最上級生の一部のサンプルで,その結果はあくまでも推計ですが,よい授業取組について示唆を与えます。

1980年代にChickeringとGamsonが教育改善のよい取組(Good Practice)の七つの原則についてレポートを出しました(Chickering & Gamson, 1987)(本書166ページ)。その取組は学生と教員の接触から,学習時間の管

インディアナ大学の概観

インディアナ大学(IU)は八つのキャンパスを持つ州立大学システムで，ブルーミントン校はその中心です。1820年に神学校として設立され，1838年にインディアナ大学と呼ばれるようになりました。ブルーミントン校には2000人の教員と学士課程3万2000人，大学院9000人の学生がいます。学士課程には180の専攻分野で，330の学士プログラム，大学院には190の修士，博士，専門職の学位プログラムがあります。

IUはPublic Ivy(公立名門大学)の一つとみなされ，2011年の上海ランキング注1)では，全米48位，世界82位です。*Time*誌はブルーミントン校を，主要研究大学のうちで"2001 College of the Year"に選びました。*USA Today*誌はブルーミントンを，人口100万以下で「学生に優しい町」のトップ10の一つに選んでいます。
(Indiana University, http://www.indiana.edu/)

インディアナ大学
(ブルーミントン校サンプル門)

理や多様な学び方の尊重などの問題までカバーしています。このよい取組(GP)という考えがNSSEの開発の基礎でした。

　学生関与(student engagement)とは，学生が教育活動にどれだけの時間とエネルギーを費やすかを示します。関与度の高い学生ほど成功する確率が高いことが知られています。それはその大学を卒業する場合も，別の大学に移って卒業する場合も同じです。これがNSSEの学生関与に関わる面です。(National Survey of Student Engagement, http://nsse.iub.edu/nsse2013/)

教員調査(FSSE)

　私たちは教員調査(FSSE)も行っています。大学に出かけてNSSEのデータについて話すと，教員は「これは自分のやっていることだ」「これは自分のやらない活動だ」と考えます。そこで私たちは教員にこのよい教育的取組(GP)を評価してもらったら面白いだろうと考えたのです。現在535大学，12万人以上の教員がFSSEに参加しています。過去10年間に1300校超の米国の大学がNSSEに参加しました。

　では，なぜ授業(クラス)に注目するのでしょう？　私たち自身の経験でも，大学経営陣の意見でも，NSSEのデータに対する教員の反応は素朴です。参加大学全体の調査結果を見ると，教員は「私の学生ではない」と言います。教員は，自分のクラスの学生は授業によく関与しており，NSSEの回答者は自分のクラスの学生ではない，と考えがちです。

　この問題を解決するために，調査結果のデータを大学ごとに分割すると，賢い教員は「ああ，回答数が少なすぎますね」と言います。また「私の学生ではない」と言うのです。部局ごとに分けても同じことを言います。

　ボトムアップあるいは部局横断的なアプローチではしばしば，「自分のクラスで学生関与を測定するにはどうしたらいいか？」と教員が聞きますので，そういう調査を設計しました。教員はNSSEの結果を「ソフトデータ」と呼び，その結果は学生の見方であって，信頼性に疑問があると考えています。

　その頃私たちはFSSEを開発していましたので，NSSEのデータを教員調査のデータと照合しました。すると，項目によっては，学生と教員の考え

にギャップのあることが分かりました。

　表Ⅲ-1は三つの質問項目に対する学生と教員の回答のギャップの例です。まず最上級生に「どの程度クラスの討論に貢献したか？」，担当教員には「自分の学生がどの程度討論に貢献したと思うか？」と質問しました。「しばしば」あるいは「たいへんしばしば」質問をした，討論に参加したという最上級生は56％でした。一方教員は，自分の学生の94％はよく質問し討論に参加すると言います。おそらく質問の95％は1〜5人の学生がしたのです。こうしたギャップは驚くにあたりません。

　次に「指定された文献を読まずに，または宿題をせずに授業に出席したことはあるか？」と聞きました。教員は，学生は予習を十分してこないと考えがちですが(87％)，学生はいつも十分予習していると考えています(25％)。

　最後に「授業で多様な情報源から得たさまざまなアイディアや情報を統合する必要のあるレポートや課題に取り組んだことはあるか？」と聞きました。数値は完全に一致しました。

　このように，いい知らせもあれば，悪い知らせもあります。教員が喜んで受け入れるものもありますが，あいにく教員が逃げ出したくなることのほうが多いようです。

授業調査(CLASSE)

　さらに，クラスレベルの調査を開発しました。授業調査(CLASSE)は，クラスレベルで学生関与を測定します。学生には「どの程度しばしばこういうことをするか？」と質問し，対応する教員調査では「その活動はどの程度重要と思うか？」と質問します。教員には，学生はどれくらい頻繁にこうい

表Ⅲ-1　ギャップ分析の例：「しばしば」と「たいへんしばしば」を合算した割合

	担当教員	4年生
授業で質問した，クラスの討論に貢献した	94%	56%
指定された文献を読まずに，または宿題をせずに授業に出席する	87%	25%
授業で多様な情報源から得たさまざまなアイディアや情報を統合する必要のあるレポートや課題に取り組んだ	83%	83%

う活動をすると思うかと聞くか，あるいは，どれがいちばん重要だと思うかと聞くかで議論になり，後者のほうがずっと重要だと考えました（図Ⅲ-1）。

三角測量のように2種類のデータを照合したいので，NSSEの質問項目をたくさん使いました。私たちは全国データと大学別データを持っています。CLASSEではデータをクラスレベルまで小分けします。たとえば大学全体では，50％の学生が授業で質問したと答えていますが，CLASSEでは，クラスで何が起きているのかについてもっと多くの証拠が得られます。

重要なのは，CLASSEがまったく自発的な調査だということです。FDセンターなどが教員に調査への参加を促し，そのデータは教員本人だけに提供されるべきです。個々の教員はそれを自分のポートフォリオに加えたり，部局長と共有したりすることができます。CLASSEは安全な港であり，教員を脅迫することなく，教育改善のために使われるべきです。

また，これはきわめて慎重に行うべきで，すべての教員に，すべての学期に，すべてのクラスで実施するよう求めるべきではありません。そうでないと学生は「調査疲れ」になってしまいます。

さらに，教員にはこのデータを確実に利用してほしいのです。ただデータを集めるだけでは不十分で，このやり方をとるなら，教員が前の調査結果を

CLASSE 学生用
調査対象の授業の中で，多様な学習行動を行っている頻度を尋ねます。

CLASSE 教員用
調査対象の授業の担当者に，多様な授業のやり方が学生の学業達成を促進する上で，どの程度重要かを尋ねます。

図Ⅲ-1　CLASSE調査票の質問形式

表Ⅲ-2　CLASSE 調査票の構成

Part I	関与活動に関する項目(19)
Part II	認知的技能に関する項目(5)
Part III	そのほかの教育活動に関する項目(10)
Part IV	授業の雰囲気の印象に関する項目(4)
Part V	その授業に固有の追加項目(8)
Part VI	性別・民族的背景等(比較には使用しない)

活用したことを示せるまでは，次の調査は認めないよう強くお勧めします。
　CLASSE の質問項目をグループごとに概観しましょう(表Ⅲ-2)。
　Part I は「関与活動」について「授業で質問したか？　授業外にレポートを書いたか？　多様な情報源からさまざまなアイディアを得てレポートをまとめたか？」など 19 項目を含みます。これらの質問は NSSE にもあります。
　「認知的技能」(Part II)に関する質問は Bloom の教育目標分類表からとっています(Bloom, 1956)(本書 168 ページ)。これらの項目は，学生の多くは知識の修得と暗記に集中しているのに対して，教員は総合と分析に焦点を合わせていることを示していて，とても有益です。これは教員が試験やレポートで何を評価・分析しているのかを問う，絶好の FD の機会です。
　「そのほかの教育活動に関する項目」(Part III)で，個々の教員が重要だと思う質問を 5 件追加できることも，この調査のいいところです。教員が何かユニークな取組を行っていて，学生が成果を上げているか，本当に知りたいときに利用できます。
　「あなたの先生は話しかけやすいですか？」など教室の雰囲気に関する質問もあります(Part IV)。これも教員が少し助言を受ける必要のある点です。
　私は 100 番台(初年次生向け)，200 番台(2 年次生向け)の数学の授業のプロジェクトに参加しました。教員がデータを利用する様子を観察し，優秀教育賞を受賞した教員と共に，数学教育に学生がもっと積極的に参加するよう促す工夫を助言するのはとても興味深いことでした。
　CLASSE は形成的評価にも，総括的評価にも使えます。形成的な方略として使うなら，学期の途中に行うことができます。その場合，調査の前に，

学生がその授業を十分経験しており，授業での経験について詳しく意見を言うことを確認する必要があります。つまり学期の途中に行う調査は授業の最初の2週間に行うことはできません。

形成的な方法で行う場合，先生がクラスに戻って，この調査から学んだことを学生に話すよう強くお勧めします。そうすれば学生はなぜこの調査の記入に時間とエネルギーを費やす必要があったのかよく理解できます。学生が意見を言った結果，教員が変わりはじめていることが学生にも分かります。

模擬調査報告書

調査報告書の作り方について，模擬データを使ってご説明します。

表Ⅲ-3は，私たちの作成した二つの速報レポートの一つで，模擬調査報告書と呼んでいます。これは実際のデータに似せた模擬データに，教員の意見を加えたものです。たとえば，教員は学生が授業で質問することは重要だと考えていますが，1学期間に1〜2回質問をした学生は51%だけです。これは学期の最後に総括的調査として行ったものです。これを，レポートを出す前に2〜3回下書きしてから提出したことが「1回もなかった」学生は74%という数字と比べてください。おそらく入門レベルの心理学の授業では，

表Ⅲ-3 教員の意見を加えた調査報告書

この調査は，受講中のこの授業(心理学1300)で行われている多様な活動に，あなたがどの程度関わったかについておたずねするものです。この授業をよりよくし，さらに質の高い学習経験を提供するために，あなたのお気持ちを率直にご回答くださるようお願いします。

パート1：学生の関与行動	学生の回答				教員の重要度評定
今学期のこの授業で次のことをどの程度の頻度で行いましたか？	なし	1〜2回	3〜5回	5回超	
この授業で質問した	16%	51%	25%	8%	重要
この授業で行われた討論への貢献	9%	28%	44%	19%	とても重要
この授業で課されたレポートは，2〜3回下書きをしてから提出した	74%	16%	7%	3%	少し重要
この授業で多様な情報源から得たさまざまなアイディアや情報を統合する必要のあるレポートや課題に取り組んだ	10%	68%	16%	6%	重要

レポートを書く機会は少なく、学生は大して重要なこととは考えていないのでしょう。しかしレポートの宿題がある以上、これはあまりよくありません。

四分割分析レポート

図Ⅲ-2は、教員がその質問項目の行動をどの程度重視しているかを示す四分割分析です。左上は、教員は重視しているが、学生はあまりやらないと答えている行動です。これはFDのよいテーマになります。

右上の領域には「？」マークが付いています。これは、教員は重視しており、学生も多少はやっている、両者の考えがある程度一致している行動です。

右側の2領域は、教員の評価は重視すると、重視しないに分かれ、学生はよく参加している行動です。これは教育学的に重要で、それを教員にも教えなければならないことか、あるいは学生が不必要な忙しい仕事に時間を浪費しているか、どちらかです。いずれにしても対話の機会になります。

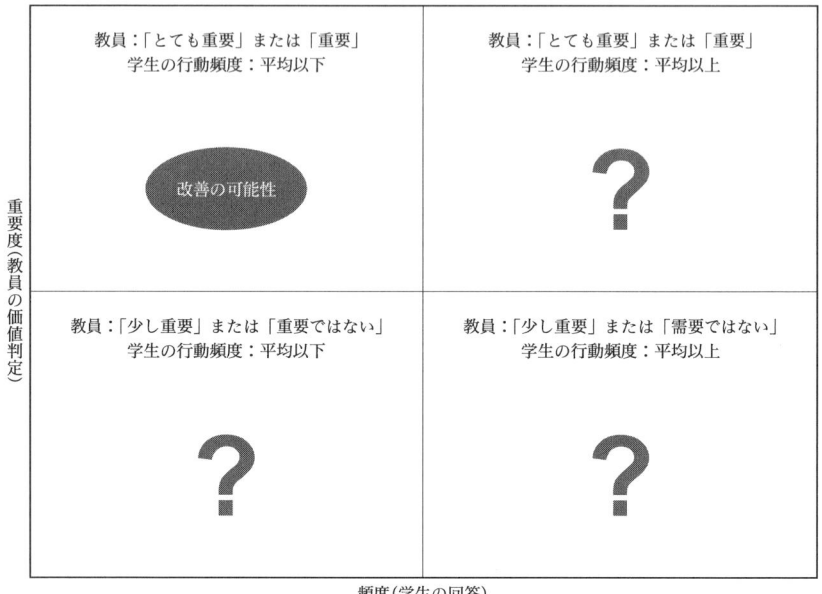

教員:「とても重要」または「重要」 学生の行動頻度:平均以下 改善の可能性	教員:「とても重要」または「重要」 学生の行動頻度:平均以上 ？
教員:「少し重要」または「重要ではない」 学生の行動頻度:平均以下 ？	教員:「少し重要」または「需要ではない」 学生の行動頻度:平均以上 ？

重要度(教員の価値判定) / 頻度(学生の回答)

図Ⅲ-2 四分割分析(教員の評価)

1. 教員研修による学習成果向上　　161

　最後に，左下は両者の認識が一致して，教員は重視せず，学生もやらないことです。

　図Ⅲ-3は，調査結果の出力状況を示します。四分割分析は，調査データに関心がない，あるいは結果を恐れている教員でも使えるよう考えてあります。この提示方法は，クラスで学生に何が起こっているかを教員が知るために，簡単で近づきやすい形式だと思います。

　図Ⅲ-3のＱ6は，ある教員が作った追加の質問項目で，「他の受講生にインパクト」を与えることについて，学生の見方を測定しようとしています。学生はそれをやったり，やらなかったりですが，教員はそれを重視しています。こういう場合，教員は学生にこうした活動をもっと行うよう強く促した

教員：「とても重要」または「重要」 学生の行動頻度：平均以下（$\bar{x} < 2.5$）	教員：「とても重要」または「重要」 学生の行動頻度：平均以上（$\bar{x} > 2.5$）
(Q2) 妥当性に対する疑問を発した，明瞭化を求めた（$\bar{x}=2.38$） (Q6) 他の受講生に対するインパクトの認知（$\bar{x}=2.46$） (Q18) 授業以外の時間にいろいろなテーマについて教員と議論する（$\bar{x}=2.00$） (Q34) 学生が3時間以上かけて予習をする（$\bar{x}=2.38$）	(Q1) 授業で学んだことを日常生活に応用する（$\bar{x}=2.92$） (Q3) Students not discourteous（$\bar{x}=2.69$） (Q4) 自分のしていることへ熱意がある（$\bar{x}=3.23$） (Q5) 授業で扱われた各テーマには明確なつながりがある（$\bar{x}=2.77$） (Q7) 質問をした（$\bar{x}=3.08$） (Q11) 予習をして授業に出た（$\bar{x}=1.77$） (Q17) 教員にEメールを出した（$\bar{x}=2.77$） (Q20) 迅速で有益なフィードバックがある（$\bar{x}=3.00$） (Q24) 授業の内容を友人と議論する（$\bar{x}=3.46$） (Q25) 授業中の討論で多様な視点が含まれていた（$\bar{x}=2.85$） (Q26) 他の授業で学んだことと結びつけとりいれた（$\bar{x}=3.00$） (Q27) 授業では様々な考え方を統合することが重視された（$\bar{x}=3.31$） (Q29) 授業では分析することが重視された（$\bar{x}=3.54$） (Q30) 授業では総合することが重視された（$\bar{x}=3.69$） (Q31) 授業では判断することが重視された（$\bar{x}=3.25$） (Q32) 授業では概念を分析することが重視された（$\bar{x}=3.62$） (Q36) 難しくやりがいのある試験（$\bar{x}=3.62$） (Q37) もっと勉強する必要がある（$\bar{x}=3.31$）
教員：「少し重要」または「重要ではない」 学生の行動頻度：平均以下（$\bar{x} < 2.5$）	教員：「少し重要」または「重要でない」 学生の行動頻度：平均以上（$\bar{x} > 2.5$）
(Q13) 授業のノートを見直し復習する（$\bar{x}=2.15$） (Q15) サービスラーニングのプロジェクトに参加（$\bar{x}=1.54$） (Q16) 「復習の時間」に出席（$\bar{x}=1.46$） (Q19) オフィスアワーに教員と成績評価について話す（$\bar{x}=1.92$） (Q23) 「study partnerships」に参加した（$\bar{x}=2.15$） (Q28) 授業では暗記が強調された（$\bar{x}=2.46$） (Q33) 1時間以上かかかる複雑な課題があった（$\bar{x}=1.92$） (Q35) 5枚以上書くレポートがあった（$\bar{x}=2.31$）	(Q8) 授業での討論に参加する（$\bar{x}=3.46$） (Q9) 授業でノートをとる（$\bar{x}=3.08$） (Q10) 授業に出席する（$\bar{x}=3.38$） (Q12) レポートは2回以上下書きをしてまとめる（$\bar{x}=2.54$） (Q14) 宿題について友人とEメールで話す（$\bar{x}=2.69$） (Q21) 授業のなかで他の受講生と課題に関する作業を行う（$\bar{x}=3.62$） (Q22) 授業時間外に他の受講生と宿題をいっしょにした（$\bar{x}=2.54$）

重要度（教員の価値判定）　　　　　　　行動頻度（学生の回答）

図Ⅲ-3　四分割分析「科学の方法」（結果）

り，こうした教育に役立つ宿題を作ったりするといいでしょう。

　私は授業調査の回答をFDに利用するためのいくつかのオプションについてお話ししました。クラスレベルのデータを把握することにより，教員は授業改善のための形成的および総括的情報を獲得できます。

　CLASSEには「この教材にはどの程度興味を持ちましたか？」という質問もあります。私はこの項目が大好きですが，私の同僚は大嫌いでした。理由は，同僚が分析した回答には分散がなく，私が分析した回答には分散がとても大きかったからです。私はさまざまなレベルの数学で調査したのに対して，同僚は400番台（上級者向け）の授業だけ調査したのです。

　学生が教材に興味を持つのは，その科目が自分の主専攻である場合です。ネバダ大学リノ校の副教務委員長は物理のクラスを教えていて，私と共に調査に参加しました。これは物理学専攻と工学部の学生にとって必修の100番台の上級の授業でした。学生の約30％がこの教材には興味がないと言うので，彼は気落ちしていました。結局彼は自分が教えているのは物理学専攻と工学部の学生向けの科目で，工学部の学生はなぜこの教材を勉強しなければならないのか理解できないのだと気づきました。そこでこの授業を工学部生に合わせて作り直し，物理学専攻の学生向けとは別に，工学部生にもっと適した宿題を作り，主専攻別に2種類の宿題を出すことにしたのです。この調査がなければ，彼は決してそんなことはしなかったでしょう。私は教材に関するこの質問をトップに置いておくために戦わなければならなかったのですが，彼はいつまでもこの質問項目に感謝しています。調査結果を検証するときは，どういう学生が対象かを慎重に見きわめなければなりません。

　CLASSEは教員が関心のある質問を追加できて，たいへん柔軟です。私たちはよりよい回答を得ようと何か細工をしないことを確認するため，追加の質問項目をどこで使うかにはきわめて厳格です。この追加項目は，自校の数学のクラス全部で調査を行いたい大学のために作りました。たとえばリノ校には代数のクラスが56あるので，この科目全体の結果を集めて，教員は誰でも自分のクラスの学生と，他のすべてのクラスの学生を比較できるようにしました。教員はこのデータを，学生に何かをさせるための授業の手法と

して使うことができます。これは分野を横断したアイディアの共有です。

　もう一つのすばらしい点は，その教材で学生は何を学ぼうとしているのか，すぐに情報が得られることです。データを得るのに学期の最後まで待つ必要はありません。学生の行動は大差ありませんから，次の学期のクラスを教えるときにこのデータを使って，うまくいかない点を修正できます。

質疑応答

(教員が GSI と共に教える大人数講義で授業調査を行ったことは？)

　質問1：授業調査を教員が GSI と共に教える大人数講義で使ったことはありますか？　この調査から教員と GSI の間にきわめて興味深い対話が生まれると思いますが？

　ウィメー：あります。ネバダ大学リノ校には通常の大人数の心理学の授業とは別に，SPIN (self-paced instruction) という自分のペースで学ぶ心理学の授業があります。SPIN のクラスには学生が500〜800人いて，大部分は TA が運営しています。学生は討論クラスに出るほか，毎週小テストに合格しなければなりません。通常の授業は大講堂で TA が3人ついて行われます。教員と TA 両方に調査用紙に記入してもらい，学生には，この調査ではまず TA に，次に教師に焦点を絞って答えてもらうように言いました。その結果，ある TA はより近づきやすく，小グループ討論では学生に質問する機会を十分に与えていることが分かりました。別の TA は討論クラスの指導に飽き飽きしていて，教室に入ると「さあ，このプレゼンを見て。(ビデオの) ボタンを押して，テキストを読みなさい。私は45分したら戻るから」と言うのです。このように，いいこともあれば，心理学科に直してもらわなければならないこともあります。これはこういう調査をしなければ分かりません。

(NSSE と CLASSE の違い)

　質問2：NSSE では，学生は無作為抽出ですが，授業調査で学生と教員に質問する場合は別のやり方になると思います。その点で NSSE と CLASSE

は違うのですか？

ウィメー：両者はまったく別のものです。CLASSEの実施には，米国では過去3年間NSSEに参加した実績が必要です。CLASSEは無料で，サポートはありません。マクロを提供して，ご自分で運用してデータを集めていただきます。SurveyMonkey.comを利用すれば，簡単で分かりやすく，とても早く情報が得られます。これはレポート生成のやり方です。しかし紙ベースの調査では，各大学がデータを入力し分析しなければなりません。これはただのツールで，サポートはありません。次年度にNSSEはこの調査をツールキットの一部としてもっと広く利用するでしょう。

NSSEは各大学に，学生調査をやりすぎないよう警告しています。よいFDプログラムを行おうとして，授業調査をやりすぎて，学生が疲れ果ててしまうのが心配です。各大学独自の調査のあとNSSEの調査が来ても，すでに同じようなアンケートをやっているので，学生は回答しません。このようにさまざまな反響があるため，NSSEは授業調査を乱用しないよう，慎重に扱っています。

（よい質問を作るには？）

質問3：私は東京大学で1年半前に始まったプログラムの責任者をしています。常勤教員10人が学士課程初年次向けの統一プログラムで教えています。

一つ私たちが苦労している問題は，授業について学生の本音をどうやって聞き出すかです。NSSEの調査方法はたいへん役に立ちます。私たちは調査の専門家ではないので，学生調査の質問の作り方ではいろいろ苦労しました。カリキュラムやクラスの作業に実際に反映できる反応を引き出したいのですが，なかなかうまくいきません。NSSEの調査のお仕事には，私たちのプログラムを改善するためのヒントがあります。ありがとうございます。

ウィメー：言い忘れました。私たちはみな誰でもとても上手に質問項目を作れると思っていますが，そうはいきません。たくさんお金と時間をかけたけれど，うまくいかない。回答データを集めたが，クズだということもよく

あります。だからこそ調査の専門家がいるのです。5件の追加の質問を作るときは，そのことによく留意してください。私たちはさまざまな種類の適切な質問を集めたデータベースを持っています。5件の追項目を認めたのは，教員から質問を仕入れたかったからです。しかし私たちは調査項目が意味のあるものであることも確認したいのです。

（毎回違った特別注文の調査をしたい）

　質問4：学生の考えと教員の考えを照合するのは，いい方法だと思います。授業方法の改善にはたいへん重要でしょう。ただ，授業にはさまざまなタイプがあります。たとえば私の授業は，しばしば知識の暗記をベースにしています。15回の授業で，授業設計と学生の反応が毎回違って，翌年のために最上の取組を見つけたいこともあります。15回の授業で1回ごとにやり方が違う場合，毎回違った質問をしなければなりません。毎回特別注文の調査が必要です。この点はどうお考えですか？

　ウィメー：そこがこの調査の素敵なところです。言い忘れましたが，教員が一つの科目を複数回教える場合，教員調査は1枚だけ回答していただきます。一方，万一，一人の教員が15の別の科目を教えることがあれば，教員調査は1科目に1枚，計15枚書いていただきます。1枚ごとにそれぞれ科目名を書きます。それから調査の仕上げに，教員はクラスに焦点を絞り，自分の教えるクラスごとに特別注文の質問項目を用意することができます。

　また，同じ科目を違った時間に教えることについて，興味深い結果があります。数学の授業で，学生は昼食後には，昼食前や朝方よりも関与度が低いのです。教育は午前も午後も同じように教えても，学生の反応は違います。

　ですから，毎年違った授業をなさるのでしたら，前の学期にやって何か学べた質問をされるようお勧めします。新しい学生に調査をして，教材を変更してどうだったか，教員として授業のパフォーマンスはどうなのかを知ることができます。調査データを活用されているのなら，毎学期調査しても問題ないと思います。しかしデータを見ていないのなら，少し時間をとって考察してみるのもいいと思います。

注1) 上海交通大学の公表する世界大学ランキング。(Academic Rankings of World Universities, http://www.shanghairanking.com/index.html)

References
Bloom, B. S. (1956). *Taxonomy of Educational Objectives, Handbook I: The Cognitive Domain*. New York: David McKay Co Inc.
Chickering, A. & Gamson, Z. (1987). "Seven Principles of Good Practice in Undergraduate Education." *AAHE Bulletin* 39, 3-7.

（参考3）学士課程教育におけるよい取組の七つの原則

Seven Principles of Good Practice in Undergraduate Education

1. 学生と教員の接触を促すこと

教室内外での学生と教員の頻繁な接触は，学生の動機づけと関与において最も重要な要因です。教員の関心は，学生が困難なときを乗り切り，学び続ける手助けになります。数人の教員を知っていることが，学生の知的関心を向上させ，自分の価値観や将来の計画について考えるよう促します。

2. 学生の間に助け合いと協力を発展させること

学習は，孤独な競争よりもチームの努力に似ているとき，向上します。よい学習は，よい仕事と同じように，協働の社会的な営みであり，孤独な競争ではありません。他者と共に働くことは，しばしば学習への関与を強めます。各人のアイディアを共有し，他者の反応に応答することは，思索を鋭くし，理解を深めます。

3. 能動的な学習方略を用いること

学習はスポーツの観戦とは違います。学生は，ただ教室に座って先生の話を聞き，出来合いの宿題を暗記し，回答をはき出すだけでは，多くを学ぶことはできません。学生は，学んでいることについて語り合い，それについて書き，それを過去の経験と結びつけ，日々の生活に関係づけ，学んだことを自己の一部としなければなりません。

4. すぐにフィードバックをすること

自分が何を知っていて，何を知らないかを知ることは，学習の焦点を定めます。学生が授業から利益を得るためには，自分の成果について適切なフィードバック

が必要です。授業のはじめには，学生は自分の知識や能力を自覚するための援助が必要です。教室で，学生はしばしば，何かをやってみて改善のための助言を受ける機会が必要です。大学生活のさまざまな局面で，またその最後で，学生は自分が学んだこと，さらに知る必要のあることについて考察し，また自分の行為を評価する機会が必要です。

5. 学習に必要な時間を重視すること

学習は，時間とエネルギーの総和です。仕事のタイミングは何ものにも代えがたいものです。自分の時間を上手に使うことを学ぶことは，学生にとっても，専門職にとっても，きわめて重要です。学生は，効果的な時間管理を学ぶために援助が必要です。現実的な時間配分は，学生にとっては効果的な学習，教員にとっては効果的な教育を意味します。大学が学生や教員，管理者，そのほかの専門職員に対して時間の期待を明確にすることにより，すべての人々の高い成果を引き出すことができます。

6. 高い期待を伝えること

期待が大きければ，成果も大きくなります。高い期待は，準備不足の人々，精進努力の嫌いな人々，元気はつらつやる気満々の人々など，あらゆる人々にとって重要です。学生への高い成果の期待は，教師や大学が自分自身に対して高い期待を維持し，格段の努力をするときには自己実現ができるでしょう。

7. 才能と学び方の多様性を尊重すること

学習の途は多様です。人々は多様な才能と学びのスタイルを持って大学に来ます。セミナーで目立つ学生は，実験室やアートのスタジオでは不器用かもしれません。実技の体験が豊富な学生は，理論面は不得意かもしれません。学生には自分の才能を示し，自分がうまくやれる学習方法で学ぶ機会が必要です。そうすれば，簡単には行かない新しい学び方でもこなせます。

出所）Linda von Hoene, UC Berkeley, GSI Teaching & Resource Center. Handouts. Workshop "Preparing Future Faculty: An Introduction to Teaching and Writing," Hokkaido University, July 27–August 2, 2011.

(参考4) Bloom の教育目標分類表(認知領域)

Bloom's Taxonomy of Educational Objectives (The Cognitive Domain)

　Benjamin Bloom 率いる大学間委員会の報告(Bloom, 1956)において，教育活動の三領域(認知領域，情意領域，精神運動領域)を区別し，各領域のなかにレベル(低⇒高段階)を設定し，各レベルに対応した説明用動詞を例示している。その後も修正を加えつつ利用され，現在もシラバスにおける学習目標の記述などで参照される。以下に「認知領域」の一覧表の例を示す。

認知レベル	説明用動詞	定義
記憶	配列する，定義する，記述する，再現する，区別する，分類する，列挙する…	以前に学んだ情報を想起する
理解	分類する，変化させる，擁護する，議論する，識別する，見積もる，解説する…	情報の意味を把握する
応用	応用する，変える，選ぶ，計算する，例示する，発見する，劇的に表現する…	知識を現実の状況に応用する
分析	分析する，査定する，細分する，算定する，特徴を記述する，分類する…	ものや考え方をより単純な部分に細分し，各部分の関係や構成をみる
評価	査定する，論争する，評価する，選択する，比較する，結論づける，対比する…	内在的な証拠と外在的な基準に基づいて判断する
創造/総合	配列する，組み立てる，特徴づける，収集する，組み合わせる，条件を満たす…	要素となるアイディアを配列し直して新しい全体を作る

出所) 参考3に同じ

2. 教育改善のための学生調査
―― 新入生調査(JFS)と上級生調査(JCSS) ――

山田　礼子(同志社大学)

　まず，私の発表資料のほかに，もう一つの配布資料をご覧ください。それは，平成21年度文部科学省大学教育充実のための戦略的大学連携支援プログラムとして，代表校が同志社大学，連携校は北海道大学，大阪府立大学，甲南大学の4大学が参加しております「相互評価に基づく学士課程教育質保証システムの創出――国公私立4大学IRネットワーク」注1)という取組のパンフレットです。

　本日ご説明しますJFS(Japanese Freshman Survey)，JCSS(Japanese College Student Survey)という学生調査を通じての研究は，この連携取組のもとになった基礎研究と位置づけられます。蓄積された基礎研究をもとに，どのように応用して使っていくかが大事なポイントですが，その一つの例がこの戦略的連携取組になります。

日本における学生調査の現状
　最初に日本の学生調査の現状をご説明します。日本では，高等教育分野において多様な学生調査と研究が行われています。一連の調査は，学生文化研究，労働市場への移行研究，学生の適応研究および学生が獲得した能力研究に集中しています。

　しかし，アメリカの高等教育機関で重要視されている，カレッジインパクト理論(Astin, 1993)に基づいた学生調査研究は，まだ日本ではそれほど重視されてきませんでした。そのかわりに，チャーター理論注2)やスクリーニング理論注3)などが重要な理論とされてきました。

　こうした状況は，日本では多くの人々が依然として大学のブランドを重視

> **同志社大学の概観**
>
> 　本学は1875年に新島襄によって創立された同志社英学校を前身とし，1912年に同志社大学が開校され，1920年に関西地区では初めて大学令に基づく大学となりました。
>
> 　新島は1870年に米国・マサチューセッツ州のアマースト大学(Amherst College)を卒業，日本人初の学士(理学士)となりました。アマースト大学では，のちに札幌農学校教頭となるウィリアム・スミス・クラークの化学の授業を受け，クラークにとって最初の日本人学生であり，クラークはその縁で来日することになったといわれます。
>
> 　現在は13学部，15研究科があり，学士課程学生はおよそ2万6000人，大学院生は約2500人，教員数は800人弱です。
> (同志社大学，http://www.doshisha.ac.jp/japanese/)

同志社大学(クラーク記念館)
提供：同志社大学

しており，大学のブランドに基づいて大学や学生を評価する文化が続いていること，そして大学生に関する継続的な研究自体が不足していることを示しています。その結果，日本ではラーニングに関するアセスメントも進展していないといえるでしょう。

ラーニング・アウトカムの評価としては，数多くのアセスメントがあり，そこでは学業達成，TOEFL，TOEICなどに焦点が当てられています。日本においては，高等教育の学習成果に関しては，学業達成に焦点が当たり，教育の効果に関するアセスメントは不足しています。

しかし，中教審答申にも示されている，大学の教育力重視への政策転換の動きのなかで，ラーニングに関するアセスメントの重要性が認識されはじめています。その一つの要素として，ここでは，学生の情緒的側面（これは学生の心理，あるいは認知，行動の内面を意味します）を，学生調査を通じていかに測定するか，また大学ごとに共通性や差異があるか，見ていきます。その結果は高等教育における学習とティーチングの向上に利用できます。

では日本における学生調査の向上には何が必要なのでしょうか？　また，なぜ向上が必要なのでしょうか？

まず学生調査の意義についての認識不足があります。文化的な問題や教員の認識の問題もあるかと思います。そしてこれは世界中どこでも見られる傾向かもしれませんが，現実を知らされることへの抵抗感，たとえば教員の実態，あるいは学生の学習成果や満足度を知ることへの抵抗感，そして結果が大学間や学部間で比較されるのではないかという懸念があります。教員は大学間で比較されること，同じ大学でも違う学部と比較されることを嫌う，あるいはあまり好まない状況にまだあるのです。

また，大学の教員は客観的なデータを信頼せず，自分個人の経験に信頼を置く傾向があります。要は主観的なものを信頼する傾向を持っています。

しかし，現在日本の教育政策は教育志向への転換期にあり，それにともなって，学生調査，学生調査研究も転換期にあるのかもしれません。アメリカ，ヨーロッパ，アジア，日本において，アウトカム・アセスメントに焦点が当てられはじめています。

アウトカム・アセスメントには多様な種類があり，そのなかには学習成果や学業達成の直接アセスメントがあります。テスト，レポート，卒業研究，プロジェクトの成果物，あるいはポートフォリオは，直接アセスメントと分類されます。

一方，間接的なアセスメントは，情緒的側面に基づいており，プロセスに基づいたアセスメントとも呼ばれます。これは，学生の学習プロセスを通じてその成果が分かる，そしてその結果をティーチングと学習のプロセスに反映できるということです。

文部科学省は高等教育の政策転換を進めており，大学におけるティーチングと学習に対して非常に高い期待がありますので，各大学は大学の環境に焦点を当てることによって，ティーチングや学生のラーニングを充実させようと試みています。それゆえ，教員，研究者たちはカレッジインパクト理論の重要性に目を向けはじめているといえるでしょう。

JFS と JCSS について

次に，JCSS および JFS の枠組みをご説明します。

JCSS（Japanese College Student Survey）は米国の上級生調査（College Senior Survey: CSS）の日本版，JFS（Japanese Freshman Survey）は新入生調査（the Freshmen Survey: TFS）の日本版です。CSS および TFS はカリフォルニア大学ロサンゼルス校の高等教育センターで開発され，それをもとに日本でも同様の調査を開発し，2004 年にパイロットとして JCSS を導入し，引き続き 2005 年，2007 年と継続的に実施しました。JFS は 2008 年に初めて実施し，2009 年にも実施しました。

JCSS 調査は，学習行動，価値観，意欲，自己評価，満足度から成り立っています。この調査の有用性は，学生の回答により大学の環境や学生の経験を測定できることにあります。

JFS は日本の新入生のための調査で，JCSS は大学 2 年，3 年，4 年という上級生に適用できます。両者のデータを比較することもできます。このプログラム全体を JCIRP（Japanese Cooperative Institutional Research Program：日本版大学生調査研究プログラム）と総称しています。

JCIRP は大学教育改革のために非常に役立ちます。新入生のリクルートにも役立ちます。低コストで間接評価エビデンスとしても有効です。ベンチマークとしても使用できます。国際社会と比較できるという点も特徴の一つ

です。

　筑波大学でのシンポジウムで，小笠原正明先生から「これだけ多くの質問から，どのように理論を検証するのか」とご質問をいただき，カレッジインパクト理論の基盤となる Astin 教授が提示した I-E-O モデル(Input：既得情報，Environment：環境，Outcome：成果)によって検証するとお答えしました。

　JCSS 2004 では環境とその成果の関係についての分析枠組みを構築し，関与理論にも焦点を当てました。学生の知的成長は学習への関与の質と量に関連しています。そして教育政策，実践および教員と学生の関わりが，学生の関与と学習および教育成果に貢献しているというのが関与理論の核です。2004 年，2005 年の調査結果をもとに，大学の環境の重要性を認識しました。また教員，学生の関与の度合いも重要であるという結果が得られました。学生は大学環境によって変わっていくことも確認いたしました(山田，2009)。

　図Ⅲ-4 は，学生の大学での関係，環境との相互作用，その結果の結びつき方を示しています。

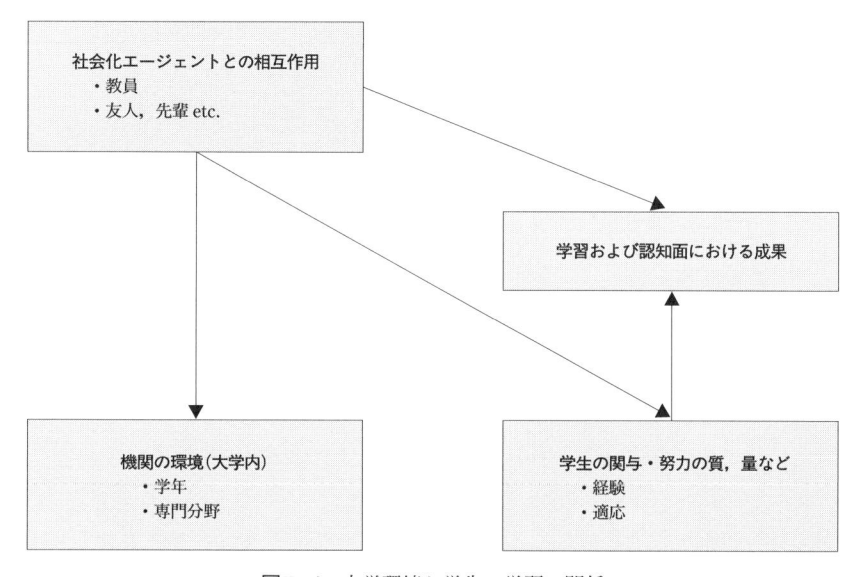

図Ⅲ-4　大学環境と学生の学習の関係

表Ⅲ-4 JCSS 2005(2005年11月〜2006年1月)参加大学のプロフィール

大学名(選抜性)		回答数	設置者	地域	タイプ
A	きわめて選抜的	1,091	国立	都市	伝統校
B	たいへん選抜的	322	国立	都市	伝統校
C	選抜的	318	国立	地方	伝統校
D	たいへん選抜的	271	私立	都市	伝統校
E	選抜的	666	私立	都市	伝統校
F	選抜的	242	私立	都市	伝統校
G	選抜的	678	私立	都市	新設校
H	中位	373	私立	都市	新設校
計		3,961	8校		

　JCSSとJFSの調査の第二の目的は，学生の情緒的側面から学生を前向き，あるいは後ろ向きにしている要因を検討することです。そして情緒的側面の充実が学生の成長にとってどのような意味を持っているかを考えることに焦点を当てています。

　表Ⅲ-4は，2005年のJCSSに参加した大学のプロフィールです。国立，私立大学合わせて8大学，回答総数は約4000人でありました。

JCSSの分析結果から

　図Ⅲ-5は，満足度から見える学生の自己評価を示しています。図Ⅲ-5のaは読解力の獲得度です。このデータから大学の経験全般に満足している学生群の自己評価が高いこと，たとえば読解力スキルに関する獲得度が高いことが分かります。彼らは内面的な認知性と，とりわけ外面的な情緒性の両面での自己評価が高くなっています。外面的な情緒性とは，a.読解力，b.リーダーシップ，c.やる気という観点から見たものです。

　図Ⅲ-6は，大学での経験への満足度と1週間の活動時間の関係です。宿題をする，大学の授業や実験などの項目に関する経験を調査しました。満足度が高い学生は大学などの活動に活発に参加しています(テレビ鑑賞は除く)。満足していない学生に比べて，満足している学生は学習や読書，サークル活動，友人との交流など多様な側面で活動していることが分かります。

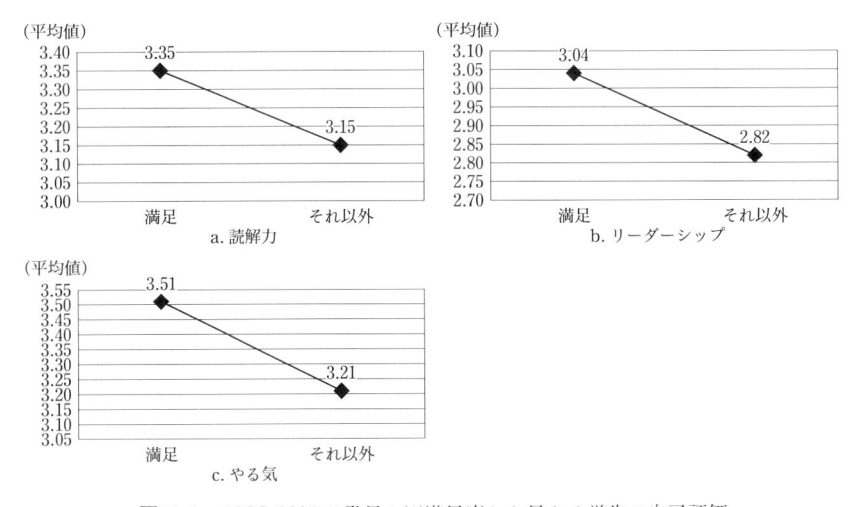

図Ⅲ-5　JCSS 2005 の発見：(1)満足度から見える学生の自己評価

注）平均値は 1〜5 ポイント。ポイントが高いほど満足度が高い。

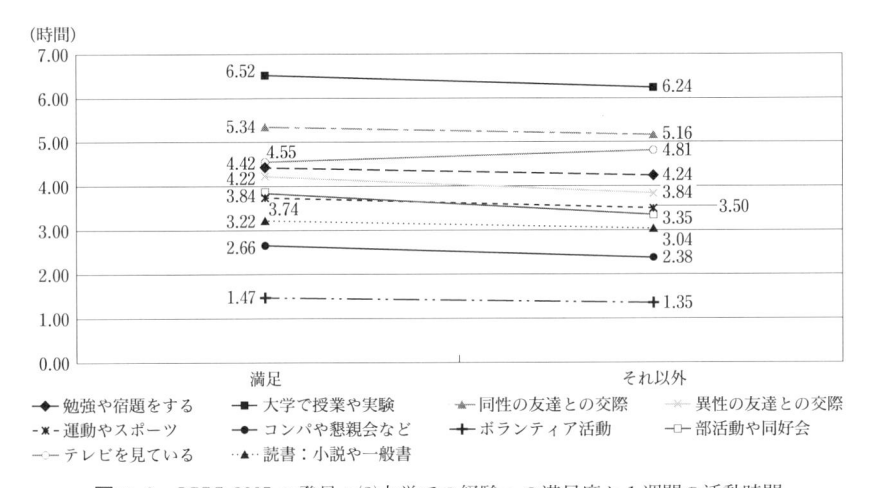

図Ⅲ-6　JCSS 2005 の発見：(2)大学での経験への満足度と 1 週間の活動時間

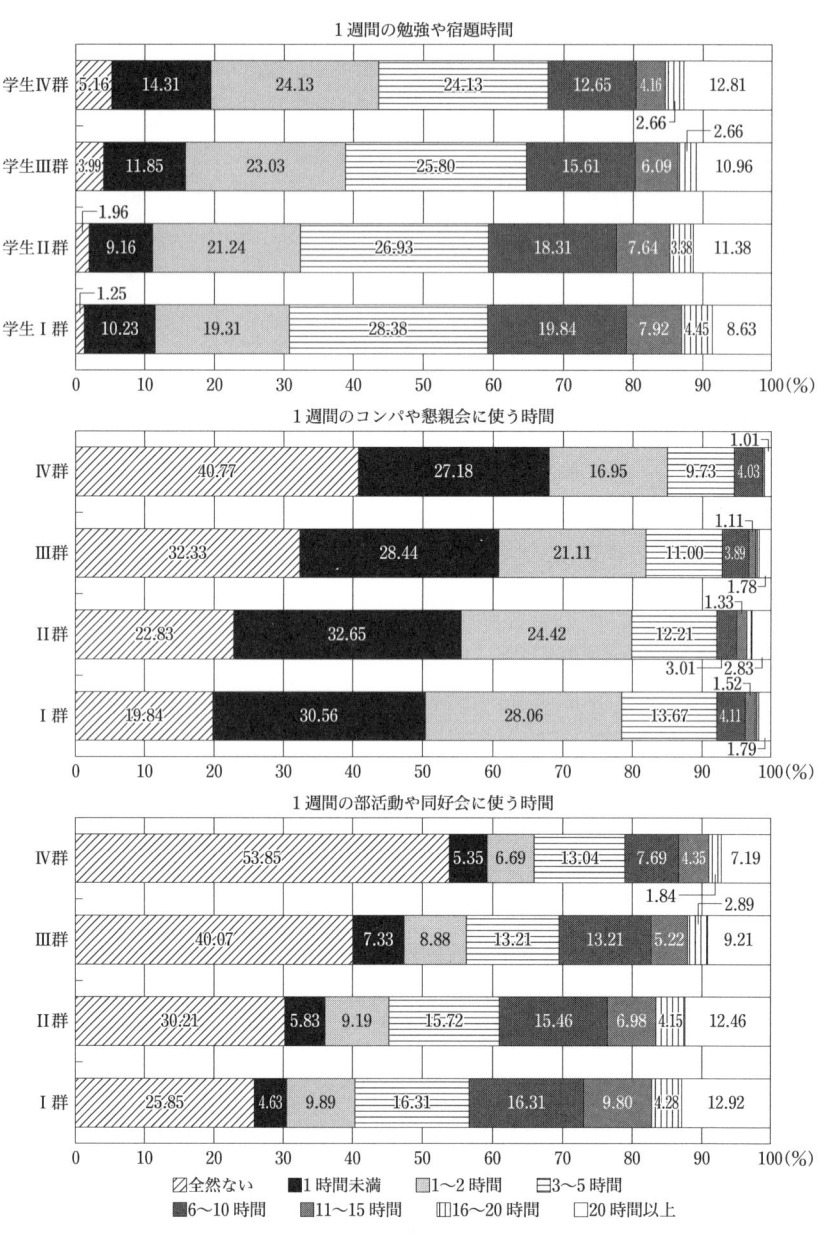

176　第Ⅲ部　学生・教員調査を活用した教員研修

1週間の勉強や宿題時間

群	全然ない	1時間未満	1〜2時間	3〜5時間	6〜10時間	11〜15時間	16〜20時間	20時間以上
学生Ⅳ群	5.16	14.31	24.13	24.13	12.65	4.16	2.66	12.81
学生Ⅲ群	3.99	11.85	23.03	25.80	15.61	6.09	2.66	10.96
学生Ⅱ群	1.96	9.16	21.24	26.93	18.31	7.64	3.38	11.38
学生Ⅰ群	1.25	10.23	19.31	28.38	19.84	7.92	4.45	8.63

1週間のコンパや懇親会に使う時間

群	全然ない	1時間未満	1〜2時間	3〜5時間	6〜10時間	11〜15時間	16〜20時間	20時間以上
Ⅳ群	40.77	27.18	16.95	9.73	4.03			1.01
Ⅲ群	32.33	28.44	21.11	11.00	3.89	1.11		1.78
Ⅱ群	22.83	32.65	24.42	12.21	3.01	1.33		2.83
Ⅰ群	19.84	30.56	28.06	13.67	4.11	1.52		1.79

1週間の部活動や同好会に使う時間

群	全然ない	1時間未満	1〜2時間	3〜5時間	6〜10時間	11〜15時間	16〜20時間	20時間以上
Ⅳ群	53.85	5.35	6.69	13.04	7.69	4.35		7.19
Ⅲ群	40.07	7.33	8.88	13.21	13.21	5.22	1.84	9.21
Ⅱ群	30.21	5.83	9.19	15.72	15.46	6.98	4.15	12.46
Ⅰ群	25.85	4.63	9.89	16.31	16.31	9.80	4.28	12.92

凡例：◨全然ない　■1時間未満　■1〜2時間　目3〜5時間　■6〜10時間　■11〜15時間　Ⅲ16〜20時間　□20時間以上

図Ⅲ-7　JCSS 2005の発見：(3)学生類型と1週間の活動時間

図Ⅲ-7は，学生の類型と1週間の活動時間の関係を示しています。日本の学生調査プロジェクトにおいては，私たちは学生類型に応じてオリジナルな尺度を作りまして，①ポジティブな学生と，②ネガティブな学生に分類しました。ポジティブな学生ほど多様な活動に時間を使う傾向があります。特に人との交流や課外活動に積極的です。ネガティブな学生は，授業には出て，学習は一生懸命するけれども，友人との交際，アルバイト，部活動にはそれほど時間を使わない傾向があるようです。

　ここでは，入学時と現在の学生のタイプの組み合わせによる学生類型を作りました。自己決定志向のポジティブな学生は，自主的な学習に意欲的です。他者決定志向のネガティブな学生は，授業でも，課題においても，後れが見られます。そしてネガティブな学生は授業をつまらなく感じる傾向が強く，ポジティブな学生は円滑に大学生活に適応する傾向があります。

　これはそれぞれ大学生活への適応を示しているのですが，自己決定型のポジティブな学生は適応度が高く，他者依存型のネガティブな学生は，経験はしているけれども，そういった経験を適応に結びつけにくい傾向が見られます。それに対してポジティブな学生は自分たちの経験をすべて自分の学生生活における適応に関連づけて考えることができるようです。大学生活を通じてネガティブな学生をどうしたらポジティブな学生に変えていくことができるか，考える必要があるでしょう。

　図Ⅲ-8は，決定木を使った分析です。その分析対象は，学生生活の満足度です。学生生活の満足に結びつく最も重要な要素は，全体的な授業の質に対する満足度です。また専門分野の授業の内容等も重要な要素となっています。さらに三つ目，授業以外においては学生同士の交流，友人関係，そして大学への適応といった要素が大きく関係しています。

　次に大学という環境においては，設備等のハード部分よりも，教育プログラムなどのソフトの部分，学生間の関係，適応が情緒的アウトカムに関係しているということです。大学は建物や教室を改装することができますが，それと同時に重要なのは，どのようにしてソフト部分を改善していくのか，たとえば授業をどのように行うか，といったことです。ハードよりもソフトの

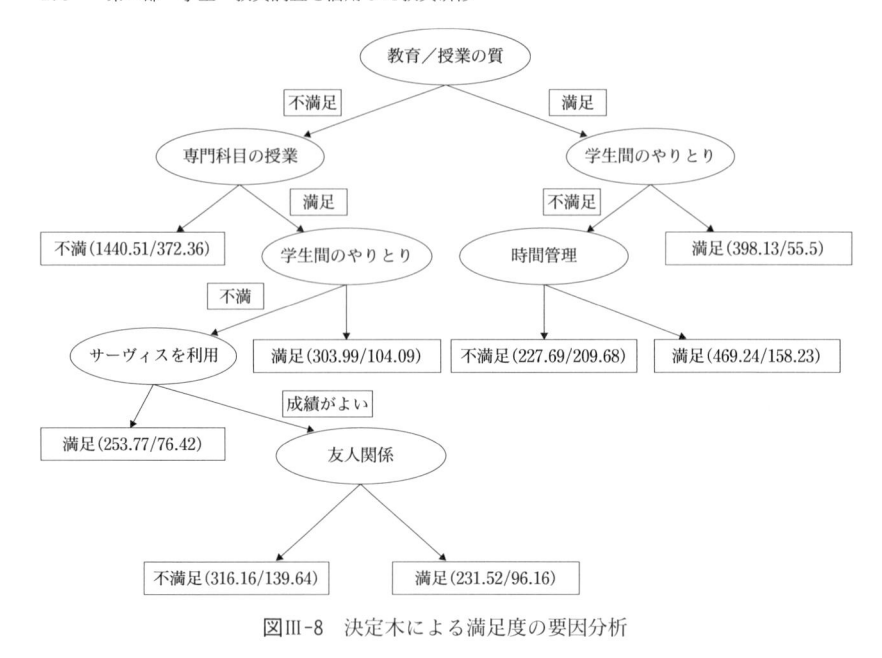

178　第Ⅲ部　学生・教員調査を活用した教員研修

```
                        教育／授業の質
                    不満足 /      \ 満足
                        /          \
              専門科目の授業      学生間のやりとり
              /     \満足        不満足/     \満足
         不満/      学生間のやりとり   時間管理    満足(398.13/55.5)
    不満(1440.51/372.36)  不満/  \       /    \
                          /    満足(303.99/104.09) 不満足(227.69/209.68) 満足(469.24/158.23)
                    サーヴィスを利用
                    /    \成績がよい
              満足(253.77/76.42)  友人関係
                              /      \
                       不満(316.16/139.64)  満足(231.52/96.16)
```

図Ⅲ-8　決定木による満足度の要因分析

部分のほうが重要ともいえるでしょう。

　JFS の分析結果から

　次に，2008 年に実施した JFS について見ていきましょう。JFS は新入生を対象に 6 月〜7 月，すなわち入学してから 3〜4 カ月後に行われます。2008 年には四年制の 163 大学から約 2 万人の 1 年生が参加しました。

　JFS のサンプルは日本の国立，公立，私立大学全体に比例しており，サンプルとしては比較的日本の大学全体の比率を示しています（表Ⅲ-5）。

　JFS 2008 においても学生の尺度を 2 種類作成しました。一つ目は①ポジティブな学生と，②ネガティブな学生という尺度，そして二つ目は，違うタイプの学生尺度ですが，高校時代における学習状況に基づいて行った分析で，潜在クラス分析により①無目的型②探究学習型③高校指導従順型④受験勉強型という 4 タイプに分類しました。

表Ⅲ-5 JFS 2008の参加大学，学生(新入生のみ)の基本的情報

設置形態	度　数	比　率
国　立	3,523	17.9
公　立	1,568	8.0
私　立	14,570	74.1
合　計	19,332	100.0

　図Ⅲ-9は，課外活動において1週間に授業外の時間をどれだけ費やしているかを示しています。宿題をする，友達と交流する，クラブに参加するといったことについて，ポジティブな学生は多様な活動を行っており，特にほかの学生との交流や課外活動への参加度が高くなっています。それに対してネガティブな学生は授業には出席しますが，ほかの学生との交流やアルバイトや課外活動には消極的です。この結果はJCSSの結果と一貫性があるといえます。回答者は異なりますが，傾向は同じです。1年生と，2年生から4年生の学生の回答傾向に整合性があることが確認できたといえるでしょう。

　図Ⅲ-10は，補習(支援)授業に参加している学生の類型です。グラフでいちばん比率が高いのは，英語の補講授業の受講生です。以下，数学，理科，そして文章表現の授業です。英語の補習授業を受ける学生の比率がいちばん高かったわけですが，上記の①無目的型②探究学習型③高校指導従順型④受験勉強型という学生尺度を使って分けられます。

　③高校指導従順型とは，高校の先生の指導にたいへん従順であった学生を指します。高校で指導従順型だった学生が大学で補習授業を受けている場合が多いわけです。これは何を意味しているのか，私たちの仮説としましては，こういった高校での指導従順型の学生は，自分でモチベーションを上げて勉強することができなかった。すなわち自主的学習の基礎が確立されておらず，その意味で大学生の生活に適応していないと考えられます。

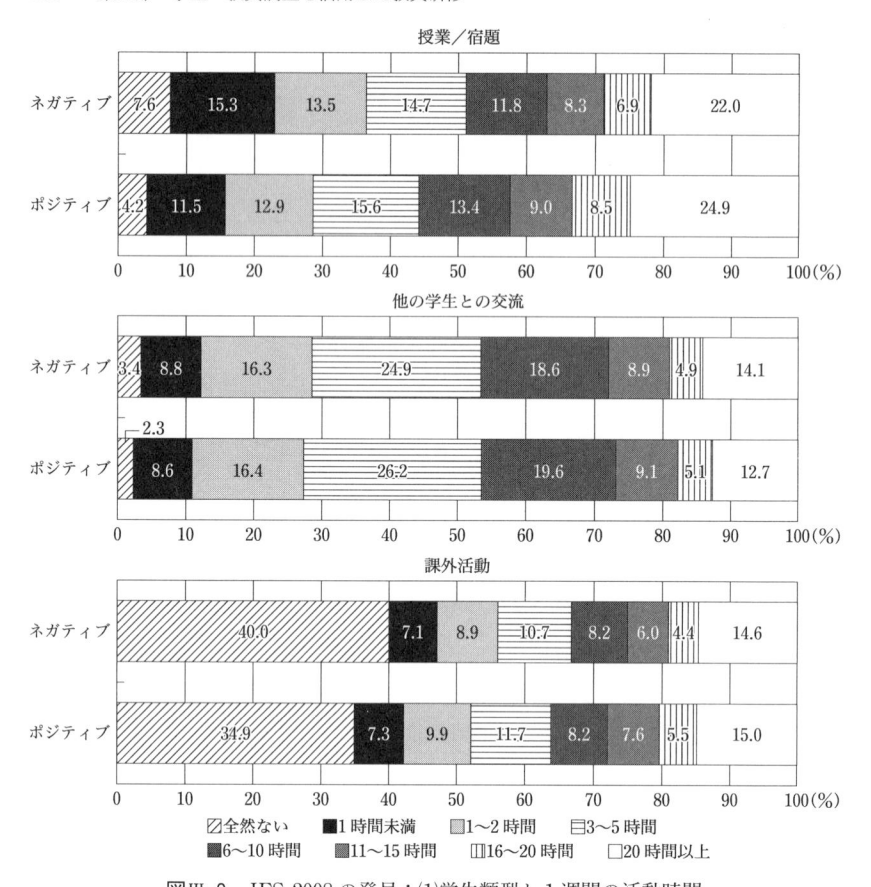

180　第Ⅲ部　学生・教員調査を活用した教員研修

図Ⅲ-9　JFS 2008 の発見：(1)学生類型と 1 週間の活動時間

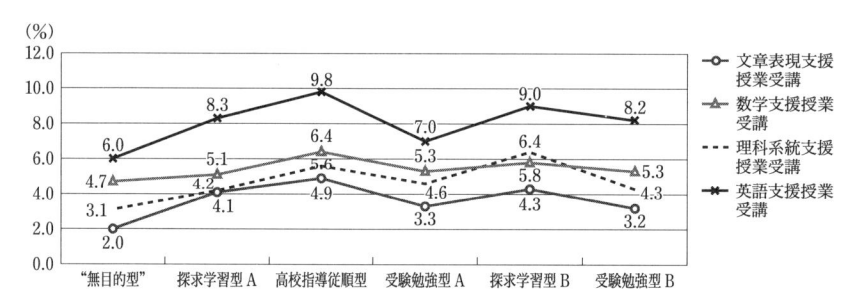

図Ⅲ-10　JFS 2008 の発見：(2)補習(支援)授業と学生類型(高校時代の学習タイプ)

結　論

　結論としまして，日本の大学においてカレッジインパクト理論はどのような意味を持つか，ご説明します。

　まず一つ目は，情緒的側面の充実は学生をポジティブ，前向きにさせます。つまり，学生が情緒的側面から，すなわち内面において満足していれば，学生はポジティブになれるのです。もともとポジティブでなくても，高校や大学1年生で満足していない状況にあっても，情緒的側面を充実させることができれば，ポジティブになります。

　また，情緒的側面と教育上の成果は関係があります。日本の高等教育機関においては，学習の成果，すなわちテストのアウトカムなどを注視することが多いわけですが，情緒的側面，すなわち学生の満足が教育上の成果につながっていくことを認識しなければなりません。

　さらに，大学という環境は学生を成長させます。教員との関係，そして学生同士の交流，大学生活の全体が，学生の成長にとってたいへん重要です。学生生活を通じて学生が成長していくために，大学は何をすべきかをここから探ることができます。また大学生の縦断的な研究は，教育改革を通じて日本の大学の教育の向上に役に立つのです。

　大学生の学習に関するプロセス評価は，日本の大学における直接的なアウトカム・アセスメントと結びつけることができます。本調査は間接的な調査であり，かつプロセス・アセスメントですが，間接的評価とポートフォリオやルーブリック（評価指標）などを組み合わせることも可能でしょう。直接・間接アセスメントの組み合わせにより，学生のアウトカムの改善にもつなげていけるのではないでしょうか？　これが私たちの研究のメッセージです。

質疑応答

(カレッジインパクト理論)

質問1：カレッジインパクト理論について簡単にご説明いただけますか？

山田：大学は学生の成長，発達に影響(インパクト)を与えます。つまり，大学における学生―教員の関係，あるいは教育と学習が四年間の大学生活を通じて学生を成長させるのです。これがカレッジインパクト理論です。ウィメーさんが説明された Chickering と Gamsor の学士課程教育におけるよい取組の七つの原則(本書 166 ページ)と，Astin 教授の作り上げた I-E-O モデルがカレッジインパクト理論の基礎になっています。I(既得情報)は学生の高校での経験，E(環境)は大学，O(成果)は学生がその両者から得るものです。これもカレッジインパクト理論の一部で，大学での改善は学生によいアウトカムをもたらすでしょう。

(ネガティブな学生はどうしたら変わるか？)

質問2：ポジティブな学生，ネガティブな学生というお話を非常に興味深く聞きました。ご存じのとおり，日本では多くの学生が自殺します。それらはネガティブな人たちでしょうか？　また山田先生の結論では，達成感の向上と情緒的側面の充実が学生をポジティブにするということですが，プレッシャーをかけるとますます学生が落ち込むことはないですか？　ネガティブな学生をもっと勉強するよう励ますためには何をしたらいいでしょうか？　ネガティブな学生にカウンセリング，あるいは励ましは役に立つのでしょうか？　学業の成功という意味ではなく，学生として，人間として自分の人生をもっと楽しむためです。成功が学生の第一の，最終的なゴールと思われていますが，人生において学生がもっとポジティブになり，自信を持てる方策が何かあるでしょうか？

山田：非常に重要なご質問です。学生の内面的達成感と情緒的側面の充実は非常に重要だと思います。ご指摘のように，多くの日本人の学生はネガティブです。私どもの回答者のなかで，ほとんどのネガティブ学生は，大学入試の結果が何らか関連しています。大学受験に失敗しているのです。第1

志望の大学に合格すれば通常はポジティブです。第2志望に合格するのも大丈夫です。第3，第4志望の大学に入学した学生はネガティブになりがちです。こういう気持ちは大学での経験によって変えることができます。大学でいい経験をすれば，そういう学生もネガティブからポジティブに変われます。ですから，教員と学生の交流はとても重要です。

　一つ付け加えたいのは，JCSS 2005の結果には入試の難易度の高い，いわゆるブランド大学のサンプルも含まれていますが，そうした第1志望のブランド大学にも一定の割合のネガティブ学生が存在することです。つまり，ネガティブな学生がいることは，大学のブランドには関係ありません。たぶん，教員や学生の仲間といい関係が構築できない学生だろうと推察できます。

　そういう学生にはカウンセリングが一つの解決策になります。あるいは大学側が，ネガティブな学生が適応できるようなサービスを提供することです。そして教員と学生の間にアカデミックな関係を作ることも非常に重要です。

（学生はカウンセリングへ行くか？）
　質問3：ネガティブな学生は，カウンセリングや励ましを求めているでしょうか？
　山田：私の大学の場合は，カウンセリングのチャンスは限られています。カウンセリングに行かない学生もいますが，カウンセリングに行ったり，学生サービスプロジェクトに参加したりする学生もいます。

注1)　戦略的連携取組「相互評価に基づく学士課程教育質保証システムの創出──国公私立4大学IRネットワーク」においては，以下のような学生調査の結果が公表されている。(http://www.irnw.jp/index.html)
　・「一年生調査2009年」調査報告書，平成21年度文部科学省大学教育充実のための戦略的大学連携支援プログラム「相互評価に基づく学士課程教育質保証システムの創出──国公私立4大学IRネットワーク」(2010.3.31)，同志社大学高等教育・学生研究センター，(http://www.irnw.jp/report2009.html)
　・「一年生調査2009年」北海道大学を中心とした比較分析報告書(2011.2.15)，北海道大学高等教育推進機構，(http://socyo.high.hokudai.ac.jp/freshmansurvey09.pdf)

- 「一年生調査 2010 年」調査報告書，平成 21 年度採択文部科学省大学教育充実のための戦略的大学連携支援プログラム「相互評価に基づく学士課程教育質保証システムの創出――国公私立 4 大学 IR ネットワーク」(2011.3.31)．同志社大学高等教育・学生研究センター，(http://www.irnw.jp/report2010.html)
- 「一年生調査 2010 年」北海道大学を中心とした相互評価のための比較分析報告書 (2012.2.15)．北海道大学高等教育推進機構．(http://socyo.high.hokudai.ac.jp/freshmansurvey10.pdf)

注2) メイヤーの提示したチャーター(個々の大学に対して社会が付与した「免許」)という概念に基づき(Meyer, 1977)，日本の大学の教育力について，大学の「ブランド力」や入試の「難易度」の影響を強調する考え。1980 年代にカレッジインパクト理論が日本でも紹介されたが，当時浸透していたチャーター概念により，カレッジインパクト理論は日本の大学教育や高等教育を説明する概念としてそれほど受け入れられなかった経緯がある。

注3) 教育にはより能力の高い労働者を選び出す機能があり，選ばれた労働者はより高い所得を得ることができるという考え。長らく産業界など採用側は，威信の高い大学はこの機能を果たしていると考え，威信の高い大学から学生を採用する根拠としてきた。

References

Astin, A. W. (1993). *Assessment for Excellence: The Philosophy and Practice of Assessment and Evaluation in Higher Education.* Phoenix, Arizona: Oryx Press.

Meyer, J. W. (1977). "The Effects of Education as an Institution." *American Journal of Sociology*, 83(1), 55-77.

山田礼子(2009)．学生の情緒的側面の充実と教育成果――CSS と JCSS 結果分析から――．大学論集，広島大学高等教育研究開発センター，40，181-198. http://ci.nii.ac.jp/naid/110007186491

第Ⅳ部　日本の大学における
プロフェッショナル・ディベロップメント

1. 北海道大学における 新任教員研修，FD，TA 研修

細川 敏幸

本日は，まず北海道大学の概観，次に最近の日本政府の動き，続いて北海道大学における新任教員研修，全学 FD，TA 研修の歴史，最後に FD の新しい動向の順でお話しします。

日本における変化

この 20 年間で日本政府自体が大きく変わり，それが大学に重大な影響を及ぼしています。一つは 700 兆円という膨大な財政赤字で，1980 年代のバブル経済がはじけたあと，90 年代から経済に深刻な問題が生じました。

一方，大学教育の制度は第二次世界大戦後 60 年間大きな変化はなかったのですが，1991 年に大学設置基準が大綱化され，各大学がカリキュラムを自ら管理することが可能になりました。それまで大学のカリキュラムは文部科学省がコントロールしていたのですが，規制緩和され，2004 年には，国立大学は独立行政法人化されました。文部科学省が教育研究における大学の独自性が重要であることを認識しはじめたのです。しかし，国立大学への経済的助成はここ 5〜6 年，毎年 1%ずつ減少しています。

法人化後，国立大学は文部科学省に中期計画を提出して認可を受けることが義務づけられ，これが大学の教育の質保証になっています。以前は大学の教育研究が一定の基準に達しているかをチェックする方法はなかったのですが，現在は日本政府が国立大学の質を点検・評価しています。また，国立大学だけでなく，すべての大学に，認証評価機関による評価を受けることが義務づけられました。

中央教育審議会(中教審)という，日本の教育制度を審議する，国の委員会

> **北海道大学の概観**
>
> 本学は，前身の札幌農学校が 1876 年に創立された，日本では最も古い大学の一つです。
>
> 学部数は 12 で，学士課程学生はおよそ 1 万 2000 人，大学院生は約 6000 人，教員数は 2000 人弱です。2010 年度には 2610 人が学士課程を卒業し，1636 人が修士課程を修了しました。博士課程を修了した者は 527 人です。（北海道大学，http://www.hokudai.ac.jp/）

北海道大学（農学部）
提供：北海道大学

があります。従来，中教審は活発に議論しても，影響力は大きくなかったのですが，今は中教審の答申に従って，大学は変わらなければなりません。

　こういう状況下で，日本の各大学はいくつか変化をとげました。一つは教養教育の履修科目数の削減，もう一つは教養部の解体です。本学も教養部を廃止しましたが，責任部局体制をとり，効果的・効率的な教育を目ざし，教養教育の維持発展に努めています。

　三つ目は，大学における高等教育センターの設立です。1995 年頃から北海道大学を含めて七つの主要国立大学に高等教育センターが新設され，現在では国立大学のうち 40 校以上がこのようなセンターを持っています[注1]。

四つ目の変化は，各国立大学が新しい教育制度を導入・実施したことです。こうした努力にもかかわらず，私たちは米国やカナダに20年ほど後れをとっていると思います。

北海道大学における変化

北海道大学では，過去10数年間にさまざまな新制度の導入を試みました。学生による授業評価，教員の教育・研究活動，大学運営および社会貢献の実績の公開，全学FD，TA制度，コアカリキュラムおよびeラーニングシステムの導入。入門科学，あるいは物理学，化学，生物学などの科目における新しい能動的授業方法の導入。これらはいずれも日本では新しいものです。

GPA(Grade Point Average)制度とCAP制(履修登録単位数の上限設定)も，日本ではまったく新しいものです。CAP制導入以前は，学生は好きなだけたくさんの科目を登録することができて，1学期に40単位，20科目も履修する学生もいました。これでは一つの科目の予習復習に十分な時間を充てることは難しいので，CAP制を導入しました。

適切な成績評価の導入も行いました。それ以前は，何の基準もなしに教員に学生の成績評価を依頼していました。教員は自分の教育観に従って絶対評価で成績をつけます。二つのクラスで学生の学習能力が同等だとしても，ある教員は一つのクラスで成績をAとし，別の教員はもう一つのクラスでBという成績をつけるのが普通でした。学生から成績評価の極端なバラツキについて不満が多く出たため，これを改め，学生に対して公平で，適切な成績評価を実現するため，成績評価基準のガイドライン，クラスごとの成績分布の公表などの方策を導入しました。

本学における学生による授業評価の導入は1992年で，日本の大学では早いほうです。授業評価の結果は，全体の集計と共に各教員に伝えられます。そこでは各教員の点数と順位が示され，大学のなかでの教師としての自分の位置が分かります。これは私の結果ですが，1002人中183位ですから，それほど悪くはないといえるでしょう。

もう一つの改革は，各教員の教育・研究活動，大学運営および社会貢献に

関する実績を記録し公開することです。従来はこういうデータは外部からはアクセスできず，教員同士でも見ることはできませんでした。本学では90年代後半にこの制度を導入しました。研究業績は，著者名つきの論文や研究発表ですから，容易に示せます。しかし教育活動，あるいは社会的貢献は，評価するにはいくつか問題があるため，評価はしていませんが，データを収集し，公表しています。それによって学生をはじめ誰でも，各教員が最近数年間にどんな活動をしたかをホームページで見ることが可能になりました。

北海道大学におけるFD

次は，今回のシンポジウムの主要なテーマである，FDについてお話しします。FDのやり方はいろいろありますが，本学では，ワークショップあるいはグループ学習で教育について学ぶ方法を採用しています。温泉ホテルで2日間，研修のあとは温泉につかり，おいしい夕食を食べることができます。ここでは30分程度の短い講義のあと，参加者の小グループ作業により，授業設計に関する課題について議論して，発表してもらいます。

ほかにも研修会を実施しています。一つは新任教員のための1日の研修会です。また，大学院生の新任TAを対象とする1日のTA研修会も行っています。これら三つの取組はFDとして重要な活動です。特に，将来教員になる大学院生に教育について初めて学ぶ機会を与えるTA研修が重要です。

研修のなかで，教育の仕組みとして図Ⅳ-1を見せます。10年ほど前には，この図は非常に新鮮なものでした。教員は講義だけ，中央の部分だけを考えていましたから。研修では，全体の構造を見せて，大学の教育には社会，学生，職業，教員，学術分野，大学からいろいろな要望が寄せられ，そこからさまざまな問題点や制約が生じることを示します。これらを総合して，各科目の目標ができます。次に各科目の方略を考えます。さらに各科目の，学生，教員，そして目標を評価し，その結果に基づいて目標や方略を変更する必要があります。こういう，目標，方略，評価を一巡するループを教えます。

3年前から，全学FDに職業倫理の教育を導入しました。教員に教育研修を行うとき，これが最も重要だと思います。決して難しいことではありませ

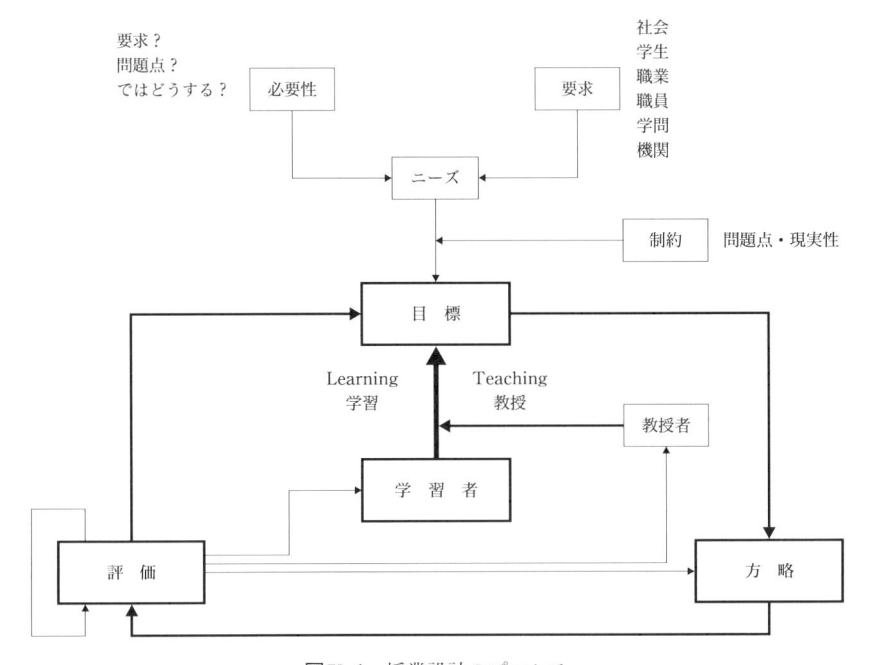

1. 北海道大学における新任教員研修，FD，TA 研修　　191

要求？　　　　　　　　　　　　　　　　　　社会
問題点？　　　　　　　　　　　　　　　　　学生
ではどうする？　　必要性　　　　　要求　　職業
　　　　　　　　　　　　　　　　　　　　　職員
　　　　　　　　　　　　　　　　　　　　　学問
　　　　　　　　　　　　　　　　　　　　　機関

　　　　　　　　　　　　　ニーズ

　　　　　　　　　　　　　　　　　制約　　問題点・現実性

　　　　　　　　　　　　　目　標

　　　　　　　Learning　　　Teaching
　　　　　　　　学習　　　　　教授　　　　　教授者

　　　　　　　　　　　学　習　者

　　　評　価　　　　　　　　　　　　　　　　方　略

図Ⅳ-1　授業設計のプロセス

ん。学生に対する敬意，ていねいな態度と言葉づかい，職業上知り得たことの守秘義務，もちろんハラスメントは禁止。最後に，学生の学習を励ますことが教員の職責だという認識が重要です。

　表Ⅳ-1 は，私たちが開催する教育ワークショップの実際のプログラムです。講演のあと，ミニ講義，次いで討論を行い，討論の結果を発表します。それを 2 日間に 3 回繰り返します。たとえばカリキュラムの構成要素とシラバス，また学習目標に関する講義を行ったあと，各グループで学習目標を設定するために討論を行います。

　最初のグループ作業は，授業の設計 1「科目名，目標の設定」です。まず科目名，それから目標を設定します。そのあと方略の話をして，グループ作業でこの科目の方略を考えます。

　翌日は評価に関して講義を行い，各グループは，設定した科目に対する成

192　第Ⅳ部　日本の大学におけるプロフェッショナル・ディベロップメント

表Ⅳ-1　2003年度北海道大学教育ワークショッププログラム

(第1日)11月7日(金)
- 8：30　北大学術交流会館前集合
- 8：45　バス出発
　　　　研修開始：オリエンテーション
- 9：55　ないえ温泉「ホテル北乃湯」到着，玄関前で記念写真
- 10：00　中村睦男総長の講演「新たなる北大の飛躍をめざして」(30分)
　　　　総長との懇談(30分)
- 11：00　研修のオリエンテーション
　　　　ミニレクチャー1「専門職としての大学教員」「ワークショップとは」(30分)
- 11：30　ミニレクチャー2「教育の要素」+アイスブレーキング(30分)
- 12：00　昼食(60分)
- 13：00　ミニレクチャー3「カリキュラムの構成要素とシラバス」「学習目標」(30分)
- 13：30　グループ作業1の課題の説明・グループ学習室への移動(10分)
- 13：40　グループ作業1「授業の設計1：科目名・目標の設定」(60分)
- 14：40　発表・全体討論1(50分)
- 15：30　休憩(20分)
- 15：50　ミニレクチャー4「方略」「学生参加型授業」(30分)
- 16：20　グループ作業2の課題の説明・グループ学習室への移動(10分)
- 16：30　グループ作業2「授業の設計2：(目標の手直しと)方略」(60分)
- 17：30　発表・全体討論2(50分)
- 18：20　散歩・風呂など(60分)
- 19：20　夕食
- 20：30　懇親会

(第2日)11月8日(土)
- 7：30　朝食
- 8：30　ミニレクチャー5「評価」(30分)
- 9：00　グループ作業3の課題の説明・グループ学習室への移動(10分)
- 9：10　グループ作業3「授業の設計3：(方略の手直しと)評価」(60分)
- 10：10　休憩(10分)
- 10：20　発表・全体討論3(50分)
- 11：10　デモンストレーション授業1　物理学(50分)
　　　　四方周輔　北海道東海大学
- 12：00　昼食(60分)
- 13：00　デモンストレーション授業2　社会学(50分)
　　　　櫻井義秀　文学研究科
- 13：50　参加者の個人的感想や意見
- 15：10　バス出発
- 16：30　北大学術交流会館前到着

績評価の基準と方法を考えます。教員はこのようにしてシラバスを作成する手順と方法を学びます。そのほか，この年は物理学や社会学に関するデモ授業を行いました。このように2日間のワークショップで参加者は自分のシラバスの作り方や新しい教育技術を学びます。

　新任教員研修会もワークショップ形式を取り入れ，グループ討論のあとに結果を発表します。午前中は，たとえば本学における会計事務の取扱いについてなど，とても有用な講義があります。午後の部では，修学指導，セクシャルハラスメント，双方向的授業などのテーマでグループ討論を行います。

　三つ目はTA研修会です。2010年度には全学教育で，のべ千人近くの大学院生TAを採用しました。米国やカナダと比べると，TAの給与と研修はまだ不十分です。1科目を1学期間担当して給与は4万円程度，担当コマ数も1人1コマ～数コマです。本学のTA研修は1日だけですが，それでも組織的な研修を実施している大学は，日本ではまだきわめて少数です。

　日本では，TAは本当にアシスタントで，自分で講義を行うわけではなく，教員のお手伝いです。しかし私たちは，TA研修は将来教員になるかもしれない学生に教育に関する教育を行う最初のよい機会だと考えています。

　表IV-2は，TA研修会の実際のプログラムです。この年は瀬名波栄潤先生がTAとは何か，その役割は何かという話をし，西森敏之先生が大学教育の基礎について講義をしました。そのあとはパネル討論で，教員2人とTA経験のある大学院生2人がパネラーとして参加しました。午後はグループ作業で，各TAは，たとえば一般教育演習，講義，論文指導，情報学，実験，外国語などの担当科目ごとに分かれ，グループ作業によって事例研究を行います。グループ数は現在では10を超えています。それぞれの授業で起こる可能性のある課題について，グループで討論したあと発表をします。

　TA研修会の参加者は，当初は50人程度でしたが，現在は200～300人です。新任教員研修会の参加者は毎年50～100人でした。これは2006年度で終了し，2日間のFDワークショップに統合しました。FDワークショップの参加定員は最大40人までです。2007年度からは2日間のワークショップを年2回開催しており，年80人が研修を受けられます。

表Ⅳ-2　2003年度北海道大学全学教育TA研修会プログラム

日時：2003年4月4日(金)
会場：大講堂(全体会会場)，N 302，N 304，N 棟2階演習室ほか
主催：高等教育機能開発総合センター

9：15	受付開始
9：30	挨拶：中村睦男総長
9：35	講演「北海道大学の全学教育」徳永正晴センター長・副学長，安藤厚，小笠原正明
10：10	ミニ講義「大学教育の基礎について」西森敏之
10：25	講演「Teaching Assistant」瀬名波栄潤
10：55	休憩
11：05	パネル討論「TAの可能性〜現状と理想」 　　　司会：瀬名波栄潤 　　　パネラー：奥聡，中戸川孝治，藤井光(大学院生)，堂河内寛(大学院生) 　　　質疑応答
12：00〜	昼食
13：00〜	コーヒーブレーク(自由参加) 　　　TA経験者の談話：藤井光，堂河内寛
13：30	授業形態別セッション 会場：N 304，N 302，N 231，N 232，N 233，N 242，N 243，N 244，N 270，N 271 　A．グループ学習【N302(主会場)，N231，N242】：小笠原正明，鈴木誠，山岸みどり 　　　グループ学習の実際：鈴木誠 　　　グループ討論(ケーススタディ，レポート評価) 　B．講義【N 304(主会場)，N 232，N 243】：瀬名波栄潤，西森敏之 　　　論文指導の実際：西森敏之 　　　大講堂の使い方 　　　グループ討論 　C．情報【N 271】：大内東，川村秀憲，森康久仁(大学院生) 　　　情報処理教育について：川村秀憲 　　　情報処理TAの実際：森康久仁 　　　グループ討論：情報処理教育特有の問題について 　D．実験【N 233(主会場)，N 244】：米山輝子，細川敏幸，市川端彦 　　　実験指導とTAの役割：米山輝子，市川端彦 　　　グループ討論 　E．語学【N 270】：竹本幸博，渡辺浩司 　　　語学教育のポイント：竹本幸博，渡辺浩司
16：00	終了

　そのほかにも，たとえば高等教育ジャーナルを年1回，ニュースレターを隔月に発行しています。倫理科目などの新科目の開発や新教育手法(eラーニング，クリッカーなど)の紹介を行い，ホームページにさまざまなデータ資料を公開しています。これには誰でもアクセスできます。

日本の大学における FD の新しい動向

最後に，日本の FD の最近の動向についてお話しします。まず多様化と構造化，次いで各学部における FD，最後は地域コンソーシアムの形成です。

今日，日本の大学の FD の手法は，たとえば学生による授業評価，授業参観，授業コンサルティング，講演，カリキュラム改訂など，多様化しています(2 ページ図序-2，205 ページ図Ⅳ-2 参照)。

FD の構造化も重要です。私たちは，今後の FD プログラムは①職業倫理観②体系的な教育理論③新技術を取り入れた学習方略を含むと考えています。

①と②については基礎的な知識の教育が必要で，各大学が別個に実施しますが，その内容はほぼ同じです。

一方，③は各学部が別個に実施しますが，学術分野の内容や新技術の普及は，地域コンソーシアムあるいは学協会で行うほうが効果的です。

そのため，この 1～2 年コンソーシアムの数が劇的に増えています。日本全体で 30 ほど，北海道でも四つの FD コンソーシアムが設立されています。日本には 700 余の大学があります。小規模な短大や単科大学も多く，そうした小規模大学は FD プログラムを自ら行うのは難しいのですが，コンソーシアムにすれば可能です。

結 び

日本の大学は，教育方法については最近多くの改革を行っていますが，FD はまだ発展途上です。FD によって大学は多くの点で改善されます。多くの教員は今でも教育より研究に関心が高いので，私たちは学生も教員も，学習と教育にもっと真剣になるように仕向けなければなりません。日本の大学では，これはいまだに重要な課題です。

質疑応答

(2000人近くの教員をどうやって動かすか？)

質問1：私は函館工業高等専門学校でFDを担当しています。お話の最後の点はまったく同感です。学生および教員に対して学習や教育にもっと真剣になれというのは非常に難しいです。教員は教えることは好きですが，教育に関する学習を支援するのは難しいです。北海道大学のような2000人近くの教員のティーチングコミュニティにおいて，FDのためのプラットホームの形成と動機づけはどのようにしておられるのですか？

また，どうやって教員団は学生の成績評価の基準，スタンダードを作られたのでしょうか？

細川：最初のご質問へのお答えは難しいです。私たちのセンターはおよそ15年前に設立されましたが，最初の5年ほどは教員のほとんどは研究には非常に熱心でも，教育にはそれほど熱心ではなかったのです。そこで私たちは，一歩ずつ段階を追って進めてきました。こういうPDプログラムを始めるには，いろいろ交渉して，総長あるいは副学長の同意が必要です。これが最初の一歩で，それから活動の場ができました。しかしすべてがトップダウンだったわけではなく，ボトムアップのアプローチもありました。

あらゆる可能性を試してみて，成功したものもあれば，あまり成功しなかったものもあります。ティーチングは重要なことだという認識を育成するには，多大な努力が必要です。

二つ目のご質問へのお答えも難しいです。私たちは長いこと，おそらく4～5年も議論しました。詳細は小笠原先生からお答えいただきます。

小笠原：北海道大学で働いていたので，知っている範囲でお答えします。最初の質問は「プラットホームは何か？」ですね。FD活動，研修やeラーニングシステムには，インフラあるいはプラットホームが必要です。それには教養教育がよい出発点でした。北海道大学では，教養教育あるいは一般教育は全学の責任で実施されています。したがって，このプラットホームにはフィールドがありました。教養教育に対する全学的責任があったので，そのテーマに沿って教員に研修を行い，働きかけることができたのです。それは

トップダウンであると同時に，草の根からのボトムアップでもありました。

　二つ目のご質問，成績評価の問題も，それに関係します。これは各学部や各学術分野に大きく依存するため，簡単には手をつけられない問題です。ただ教養教育に関しては，15〜20年ほど前から，学生から成績評価の極端なバラツキを何とかしてくれという不満が非常にたくさん出ていて，それに応える形で，教養教育の改革と成績評価の標準化の努力を進めてきました。それが今各学部に波及しつつあるのだと思います。

　まとめれば，教養教育を一つの起点として，それを全学に及ぼした。そのプロセスはトップダウンであると同時にボトムアップでもあったといえます。

(TAをもっと生産的に活用するには？)

　質問2：これは討論を進めるためのコメントです。私は2000〜2003年に北海道大学でTAをしました。今は私立大学で教えていて，自分のTAもいます。両方の経験があるので，何が起こっているのか分かります。

　日本の大学はどこでも同じでしょうが，TAは教師になるためのプロセスではなく，本当に教授の助手なわけです。コピーを準備し，資料を配布し，学生さんのお手伝いをするといったことです。私がTAだったときには，大した仕事でもないので，あまり気にもしませんでした。もちろん給料も少なくて，タダ同然でした。

　でも自分がTAを持つ立場になって，新しい科目に新しいTAが来るたびに，TAをもっと生産的に活用できる，いろいろな方法があると感じます。TAにとってもよい学びの機会ですし，私の授業も向上できると思います。

　自分の授業ではTAをとても効果的に使います。たとえば私のTAは学生の名前を全部覚えて，学生の面倒をよくみます。学生が授業を理解していなければ，TAに教えてもらいます。授業の前にその日の授業計画をTAと話し合って，ときどき誉めてやります。そうするとTAも参加意識を持ちます。TAはときどき興味深いフィードバックをしてくれます。たとえば「授業でこういうことをやって，これだけの効果がありました。でも，こういう風に変えれば，もっと効果が上がるのではないですか？」と言ってくれ

ます。これはとても役に立つし，同時にTAの参加意識と自尊心が高まります。彼らは，まるで教師を目ざして進化しつつあり，ひょっとしたら将来教師になれるかもしれないという気持ちになります。こういう風に日本の大学でTA制度をもっと組織的，構造的な形にできないでしょうか？

　細川：これはとても重要なポイントだと思います。こういう形のTA制度の導入は，私たちの教育を変える一つのチャンスだと思います。なぜなら少なくとも科目あるいは授業内容についてTAと話すわけです。その過程で，各教授は自分の授業内容をより真剣に考えます。こういう理由でTA研修は重要だと思います。

（留学生はTAになれますか？）

　質問3：北海道大学の留学生大学院生です。今のお話で，北海道大学ではTA制度が今発展しつつあることがよく分かりました。ただ，実際は学生の参加数は少ないわけです。北海道大学では，学生はどういう条件を満たせばTAになれるのでしょうか？　TAになるための選考の手続きや基準はあるのですか？　あるいはこれはボランティアですか？　また，外国人学生のTA制度への参加数はどのくらいですか？

　細川：それはそれぞれの教授次第でしょう。ほとんどの場合，教授が学生にTAになってと頼むケースが多いのですが，ときにはTAがたくさん必要で，全学の大学院生に公募することもあります。選考方法は，それほど厳格ではないと思います。仕事は難しくないので，選考はそんなに厳しくないでしょう。留学生TAの数は知りませんが，全学教育では留学生をもっとTAに採用する方策を検討していると聞いています。

注1）　全国大学教育研究センター等協議会
　　http://rihe.hiroshima-u.ac.jp/viewer.php?i＝217

2. 日本におけるファカルティ・ディベロップメント

石田 東生(筑波大学)

　私の専門は土木工学ですが，現在筑波大学の教育企画室長として，新たな制度改革に取り組んでいます。ここでは，日本におけるファカルティ・ディベロップメント(FD)に関して，背景となる情報を少しお話しします。

変化の芽
　日本の大学においてFD活動は増加傾向にあります。1996年に何らかのFD活動を行っている大学は200校以下でしたが，2006年には600校以上が実施しています。これは全国の大学の約86%にあたります。このようにFD活動はたいへん一般的になってきました(2ページ図序-1)。

　本書2ページの図序-2は2006年の日本の大学におけるFD活動の内容です。いちばん多いのはFD講演会で，次はFD委員会の設立です。非常に形式的な方略で，ダルハウジー大学や北海道大学のボトムアップのやり方に比べると，あまり実践的活動的ではありません。

　文部科学省はFD活動を支援しようとしています。1999年9月にFDの実施が努力義務化され，2006年3月には大学院におけるFDの実施が義務化されました。今日では学士課程におけるFDも義務化され，FDはますます一般的になっています。

　しかし現実は少し違います。2008年12月の中央教育審議会答申「学士課程教育の構築に向けて」は，FD関連のさまざまなプログラムの問題点を列挙しています。①多くの講演会が行われているが実践的な活動は少ないこと，②大学には「ピアレビュー」の文化がまだなく，教員はほかの教員に教えられることを好まず，教育と学習の成果を測る適切な指標に注意を払わないこ

筑波大学の概観

筑波大学は，1872年創基の師範学校に始まるよき伝統を生かしながら，東京教育大学の移転を契機に，従来の制度にとらわれない新しい構想に基づく大学として，1973年に創設されました。ノーベル賞とオリンピック金メダルを共に輩出する，日本で唯一，世界でもまれに見る大学です。

学部数は9で，学士課程学生がおよそ1万人，大学院生が約7000人，教員数が2000人弱です。2010年度には2297人が学士課程を卒業し，1776人が修士課程を修了しました。博士課程を修了した者は395人です。（筑波大学，http://www.tsukuba.ac.jp/）

筑波大学(祈りの像)
提供：筑波大学

と，また③FD活動にPDCAサイクルが欠けていること，さらに④大学には非常勤教員の数が多く，ますます増加しているのに，非常勤教員向けのFDが少ないことなどです。

このギャップの理由は，おそらくFD活動の目的が非常に狭いためです。FDの目的は授業とクラス運営のスキルの改善だけと考えられています。あ

われな教授たちにとって，FDとは自分の日程をタイトにするだけのもので，彼らは束縛を嫌うのです。彼らは自分が教えてきたこと，今まで自分がやってきたことに自信を持っています。彼らは真のFDが嫌いというよりは，ただ馴染みがないのです。私は彼らが教育と学習の改善に熱意を持っていることを疑いませんが，FDについて誤解が広まっているのだと思います。

どうしたらPDを促進できるか？

最後に，PDあるいはFDに関連したいくつかの課題を挙げます。北米の大学に比較すると20～30年後れている日本では，PDあるいはFDの目的，目標を共有することが重要です。これが，私たちがこの国際シンポジウムの表題を「高等教育におけるプロフェッショナル・ディベロップメント」とした理由です。一緒にPDについて考え，PDに関する明確な定義を定めたい，そして日本の大学の昔ながらの伝統的な考え方の教員にもこれを理解し，取り入れてほしいと思います。

PDあるいはFDの対象についても，現在および新任，将来の大学教員，職員，TAなど広範囲にする必要があります。そして機器や職員など，大学の環境インフラの改善への投資も必要です。そしてよいPDおよびFDプログラムを持ち，PD活動のノウハウやアイディアおよびその成果を共有するために，複数大学間の協力に基づくネットワークを開発することがきわめて重要です。もちろん，PD活動と学習成果の関係に関する研究も重要です。

質疑応答

質問1：石田先生のご発表におけるFDのコンセプトに焦点を当てたいと思います。文部科学省が義務化したFDとは，どういう意味のものでしょうか？ 中国では，教員向けのPDには学術分野の学習も含みます。日本では，FDは教育と学習のスキルだけに焦点を当てているのですか？ それとも学術分野の開発も含むのでしょうか？

石田：日本の大学の状況は違っています。文部科学省の焦点はたいへん広く，FDには教育全般，教育と学習の改善のための活動は何でも含まれます。

しかし私たちの FD に関する解釈の歴史はまだ短く，FD はこれまで主に授業スキルの改善だったわけです。FD のコンセプトの形式的な意味と，実際の意味の間にある種の不一致があるのです。私たちは，自分の教育活動を改善したいと思う多くの教員に参加してもらうために，FD や PD が実際に何を意味するのか，明確な見方を持つ必要があります。

(追記)

筑波大学では，平成 20 年度教育 GP 採択取組「筑波スタンダードに基づく教養教育の再構築——世界水準の教養教育を目指す全学的取組——」において，2009 年 2 月に計 4 回の TA 研修会を試行したのを踏まえて，2010 年 4 月に初めての全学的研修の試みとして 1 日の TA 研修会を実施した。同年 10 月には TA の活用に関する FD/TA 研修会を，教職員と TA 希望の大学院生の双方を対象に開催し，2011 年 3 月末に『筑波大学 TA ハンドブック』を発行した。(筑波大学 TA ハンドブック，http://www.ole.tsukuba.ac.jp/sites/default/files/ta-hanndobukku.pdf)

(2011 年 12 月)

3. 北海道大学における 授業開発コンサルタントの将来性

山岸 みどり

北海道大学におけるFDプログラムの拡充

本日はナイキスト先生にワシントン大学のマイクロティーチング活動について話していただきました(29ページ)。北米の大学では，マイクロティーチングは，唯一ではないにしてもたいへん重要なFDの手法です。北海道大学でも最近，もっと個々の教員のニーズに合ったFDプログラムが必要で，マイクロティーチングは有望な手法だと考えはじめています。

北海道大学では10年以上にわたり1泊2日のワークショップを中心にFDプログラムを実施してきました(10，190ページ)。現在このプログラムを拡充するために「次世代FD研究会」を設置し，次の10年に必要なFDプログラムの研究を進めています。本発表もその研究プロジェクトの一部です。

日米四大学の教育学習センターの比較

米国の大学の教育学習センター(CTL)と日本の大学の高等教育センターはずいぶん違ったものです。ナイキスト先生は昨年名古屋大学高等教育研究センターに3カ月間滞在され，北海道大学にもお招きしましたので，日本のセンターの教員がたくさんの授業を持っているのを見て，日米のセンターの任務の違いに当惑されたと思います。

ここでは日本の北海道大学と愛媛大学，米国のワシントン大学とポートランド州立大学を例にとり，日米の教育学習センターのあり方を比較します。

北海道大学と愛媛大学のセンターは，英語では同じ名称ですが，日本語では少し違っています。愛媛大学は北海道大学より規模が小さく，センターの

教員数も北海道より少ないですが，基本的な構造と任務は似通っています。両大学とも点検評価は別の組織が担当しています。

ワシントン大学の授業開発研究センター(CIDR)や教育アカデミー，教育評価室(OEA)など，教育と学習の向上に携わる学内諸組織のコンソーシアム(TLC，のちにCALT)については，ナイキスト先生が紹介されました(19ページ)。一方，ポートランド州立大学には高等教育卓越性センター(Center for Academic Excellence: CAE)と教育評価委員会(Institutional Assessment Council: IAC)があります。両大学とも，これらとは別に，副学長のもとにIR組織があり，大学レベルでさまざまなデータを収集・分析し，教育研究活動の成果と質を監視し，大学運営の意志決定を助ける資料を提供します。

四大学とも，教育と学習の改善とサポートに携わるセンターは大学首脳部に直属しています。日本の両大学のセンター長は学務担当副学長です。ワシントンのCIDRは大学院長に，ポートランド州立大学のCAEとIACは学務担当副学長に直属しています。

また四大学のセンターはいずれも専任の教員あるいは職員を持っています。

しかし日米の差異も大きく，たとえば米国の大学のセンターには教育や評価の専門職員がいます。彼らはPh.D.その他の学位を持ち，教育に関する研究とコンサルテーションを行っています。2003年にワシントン大学CIDRには職員が13人いて，その大部分はコンサルタントでした。

一方，北海道大学と愛媛大学のセンターには一般教育カリキュラムの運営と評価に責任を持つ部門が置かれています。また北海道大学のセンターには，生涯学習と入学者選抜制度について実践的研究を行う研究部も置かれています。毎年のFDプログラムは高等教育開発研究部所属教員3名と兼任の部長が中心となって実施しています。そのため，教育と学習の向上を願う教員の多様なニーズにどのように応えるかは，大きな課題です。

愛媛大学も状況は同じで，センターの先生は，限られた時間のなかで，いくつもの授業を持ちながら，たいへん包括的なFDプログラムに取り組んでおられます。

日本の大学における FD の手法

石田東生先生は日本の大学における FD の現状について紹介されました。

図Ⅳ-2 は，日本の大学の初任者研修の実施形態別の実施率を示しています。約 80％が講演会，20％あまりがワークショップ(グループ討論)で，実践的な内容は多くありません。文部科学省の調査からも，日本の FD プログラムは講演中心であることが分かります(2 ページ図序-2)。

では，私たちはなぜ授業コンサルテーションに関心を持つのでしょうか？ナイキスト先生は大学教員の教育改善の支援のためにこの手法を開発された最初の一人です。北米で授業コンサルテーションアプローチが開発されたのは 1970 年代で，比較的最近，Brinko 博士は，コンサルテーションアプローチは学生の評価に基づいて授業を改善しようとする教員を支援する手法として最も広く行われている，と書いています(Brinko & Menger, 1997)。

日本の大学においても，もっと個々の教員のニーズに合った研修プログラムの構築を検討する必要があります。日本の大学のなかでは，愛媛大学が授業コンサルテーションアプローチを先進的に取り入れています(佐藤, 2009)。愛媛大学の佐藤浩章先生はワシントン大学の Wulff 博士のもとでジョブシャドウイング[注1] を実践しました。Wulff 博士はナイキスト先生のかつての大学院生で，CIDR の二代目のセンター長になり，授業コンサルテーションの有効性の研究を行いました。しかし愛媛大学でコンサルテーションサー

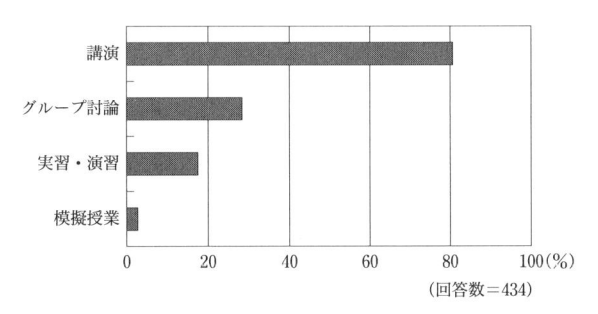

図Ⅳ-2　初任者研修の実施形態別の実施率(4 年制大学)
出所) 田口，西森，神藤ほか(2006)

ビスを利用した教員の数はまだきわめて少数です。コンサルテーションサービスは徳島大学と長崎大学でも行われています。

北海道大学における学生による授業評価

図Ⅳ-3 および図Ⅳ-4 は，2007 年度の北海道大学における学生による授業評価の結果です。私たちはこの調査をもう 10 年以上続けていますが，これを「授業アンケート」と呼んでいます。学生は授業の構成，教員の授業のやり方，および自分の学習状況について 16 の設問に答えます。

図Ⅳ-3 は 2004～2008 年の授業評価の総合点の授業タイプ別の平均値です。本学で 1995 年に初めて授業アンケートを試行したときの総合点の平均値は 3.11 でした。それ以来，総合点は多少変動しながら次第に上昇し，2008 年の全体の平均値は 3.81 です。総合点の上昇の原因はいろいろ考えられます。

全体として，およそ 3 分の 2 の学生は授業に満足していますが，残りの 3 分の 1 は，授業は改善を要すると考えています(図Ⅳ-4)。

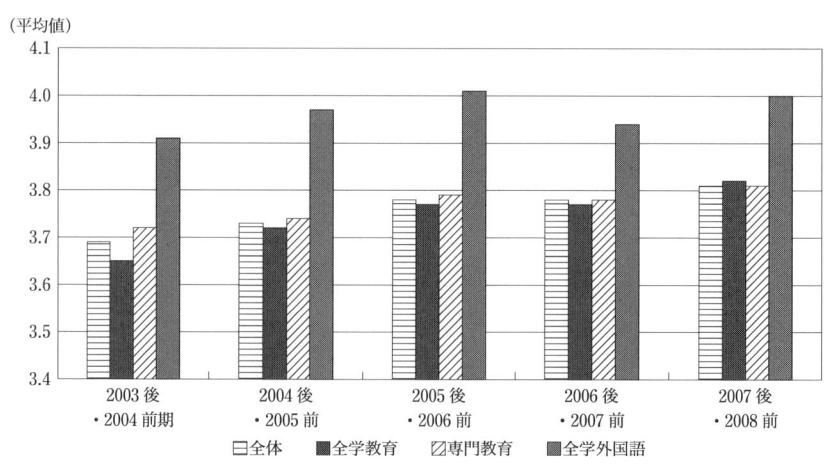

図Ⅳ-3　学生による授業アンケートの総合評価の推移(2004～2008 年度)

注）総合評価は学生の行動に関する 3 項目を除いた 13 項目の評点の平均値を指標としている。
出所）学生による授業アンケート報告書(2007 年度)
　　　http://www.hokudai.ac.jp/bureau/tenken/hokoku/2008/s1/00.html

3. 北海道大学における授業開発コンサルタントの将来性　207

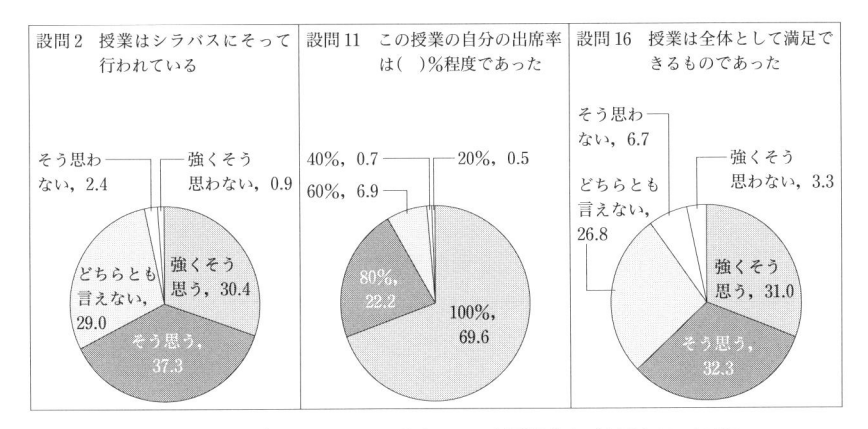

設問2　授業はシラバスにそって行われている	設問11　この授業の自分の出席率は(　)％程度であった	設問16　授業は全体として満足できるものであった
そう思わない, 2.4／強くそう思わない, 0.9／どちらとも言えない, 29.0／強くそう思う, 30.4／そう思う, 37.3	40％, 0.7／20％, 0.5／60％, 6.9／80％, 22.2／100％, 69.6	そう思わない, 6.7／強くそう思わない, 3.3／どちらとも言えない, 26.8／強くそう思う, 31.0／そう思う, 32.3

図Ⅳ-4　北海道大学における学生による授業評価の結果(2007年度)
出所）図Ⅳ-3に同じ

北海道大学全学FD参加者へのアンケート調査

本学における過去10年以上にわたるFDプログラムの有効性について証拠を得るため，全学FD参加者へのアンケート調査を2009年7月に行いました。

2008年度末までに全学FDは13回開催され，416人の本学教員が参加しました。そのうち何人かはすでに定年退職あるいは他大学へ転出し，第1回全学FDの参加者名簿は見つかりませんでした。確認できた全学FDに参加経験のある現職教員，総計361人にeメールおよび学内郵便でアンケート用紙を送り，eメール，ファックスあるいは学内郵便で回答を得ました。アンケートは6問だけの簡単なものです。回答率はたいへん高く，216人(59.8％)が回答を寄せました。回答者の大多数(76.6％)は理系科目の担当教員です。

この調査は参加経験の回顧的な評価であり，厳密には私たちのFDプログラムの有効な影響の考察とはいえないかもしれません。

最初に「FDプログラムに参加したあと，あなたの関心あるいは行動は変わりましたか？」と質問しました。たいへんうれしい結果で，30％以上の参加者が「教育改革や授業改善に関心が高まった」，28％が「シラバスを見直

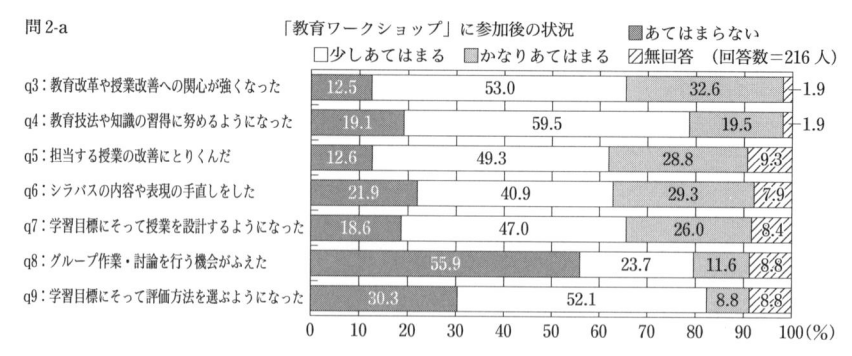

208　第Ⅳ部　日本の大学におけるプロフェッショナル・ディベロップメント

問2-a　「教育ワークショップ」に参加後の状況
■あてはまらない　□少しあてはまる　■かなりあてはまる　☒無回答　(回答数＝216人)

質問	あてはまらない	少しあてはまる	かなりあてはまる	無回答
q3：教育改革や授業改善への関心が強くなった	12.5	53.0	32.6	1.9
q4：教育技法や知識の習得に努めるようになった	19.1	59.5	19.5	1.9
q5：担当する授業の改善にとりくんだ	12.6	49.3	28.8	9.3
q6：シラバスの内容や表現の手直しをした	21.9	40.9	29.3	7.9
q7：学習目標にそって授業を設計するようになった	18.6	47.0	26.0	8.4
q8：グループ作業・討論を行う機会がふえた	55.9	23.7	11.6	8.8
q9：学習目標にそって評価方法を選ぶようになった	30.3	52.1	8.8	8.8

図Ⅳ-5　北海道大学教育ワークショップ（全学FD）の効果

した」と答えています（図Ⅳ-5）。

　本学のFDプログラムでは1学期間の授業の設計の仕方の概要を指導します。3回の小グループ討論で科目の目標の設定，異なったタイプの授業の学習方略の開発，成績評価と授業評価の設計について議論します。

　この調査結果から，私たちのFDプログラムは，参加した教員に対して最低限の影響は与えているといえます。回答者の大多数は理系科目の担当で，なかにはFDで紹介された能動的学習方略を使ってみたいと思ったが，機会がなかったと回答した方がいます。

　二番目の質問では，FDプログラムに参加したあとの教育に関する意識と行動，およびその後全学あるいは部局のFD活動に参加したかどうかをたずねました。さらに，教育改善の方法として「教育ワークショップ」（全学FD）や部局のFD以外に，どのようなことを期待しているか聞きました。いちばん希望が多かったのは，効果的な教育方法についての講演です（図Ⅳ-6）。

　全学FDに参加した教員の多くが授業スキルと教育方法の改善を強く望んでいます。最後に「将来の私たちのFDプログラムでどのようなテーマを取り上げることを希望しますか？」と質問しました。

　回答は授業スキルと教育方法の改善が最高点でした。もう少し細かく見ると，授業スキルの改善を望む教員の多くが，たとえばエクセレント・ティーチャーズに選ばれた教員などのよい例を参考にしたい，あるいは教育に関す

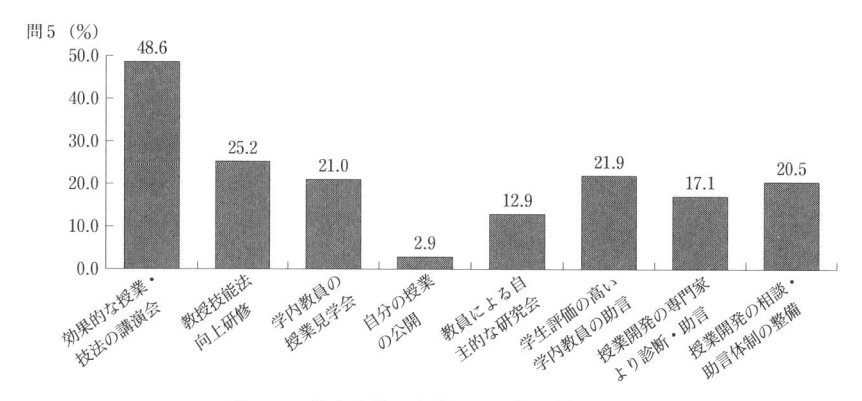

図Ⅳ-6　教育改善の方法として何を望むか？

問5のグラフ：
- 効果的な授業・技法の講演会：48.6%
- 教授技能法向上研修：25.2%
- 学内教員の授業見学会：21.0%
- 自分の授業の公開：2.9%
- 教員による自主的な研究会：12.9%
- 学生評価の高い学内教員の助言：21.9%
- 授業開発の専門家より診断・助言：17.1%
- 授業開発の相談・助言体制の整備：20.5%

る専門家であるコンサルタントの指導を受けたいと答えています。教員は単に高等教育についての知識を学ぶことよりも，よりよい授業スキルの開発を望んでいることが分かります。

　水曜日のナイキスト先生のマイクロティーチングワークショップはすばらしい経験でした(24，33，42ページ)。ワークショップで本学の先生方の相互作用・共同作業を拝見して，日本でもマイクロティーチングや授業コンサルテーションのスキルを学ぶことは可能だと，希望がわきました。コンサルタント(ファシリテーター)のついたグループ作業によって，先生たちは相互の関係を深め，お互いのニーズを知り，助け合ってそれに応えました。

さまざまなタイプのコンサルテーションプログラム

　表Ⅳ-3は，コンサルテーションには異なったさまざまなアプローチがあることを示しています。私たちはコンサルタントを雇えば万事解決と思いがちですが，実際は，日本では高等教育における専門家のコンサルタントの数が足りず，資格を持った人を雇うことはほとんど不可能です。しかし，そのほかにもさまざまなコンサルテーションのやり方があります。伝統的な，専門家のコンサルタントを雇う方法のほかにも，ピア(同僚)コンサルタント，あるいはピア(同僚)パートナーの手法を用いることもできます。私たちは教

表IV-3　授業コンサルテーションのモデル
コンサルタントの役割と関係性

対象		コンサルタントは授業開発専門家	コンサルタントは同僚	同僚集団
	個人	従来型	ピアコンサルタント	ピアパートナー
	集団	専門家主導のワークショップ	同僚主導のワークショップ	サポート・グループ

出所）授業コンサルテーションプログラムの類型(Morrison, 1997)

員がお互いにコンサルタントとして成長してゆく方法を見いだすべきです。単にコンサルタントを雇って教員にコンサルテーションを提供するだけでは不十分で，教育の改善にはもっと協働的な文化を創造する必要があります。

エクセレント・ティーチャーズへのアンケート調査

　北海道大学では2003年から，学生による授業評価に基づき，優秀な教師を毎年30人ほどエクセレント・ティーチャーズとして選定しています。これは賞金のつかない表彰です。毎年，大人数授業，文系科目，理系科目など，いくつかのカテゴリーに分けて，授業評価の総合点のトップ10を選び，これまでに全部で203人が選ばれました。複数回選ばれた方もいるので，のべ人数はもっと多くなります。

　この203人の優秀教員に，FDプログラムで同僚の先生の授業改善を手伝う用意があるか，さらに講演者，コンサルタント，あるいはアドバイザーとして働いてもらえるか，質問しました。

　回答者の半数以上は「いいえ」と答えました。その大きな理由は，彼らがエクセレント・ティーチャーズに選ばれたのは1回限りの授業評価の結果であるため，自分が優秀な教師なのか確信が持てないからでした。ほかの先生は「忙しくてできない」という回答でした。つまり，ポジティブな「いいえ」とネガティブな「いいえ」がありました。

　一方，40％以上の教員が「やります」と答えました。これだけの人数がいれば，同僚コミュニティを援助する資源として本学の教員を活用する，よいスタートになると思います。

　図IV-7の円グラフ(問2)によれば，エクセレント・ティーチャーズのうち，

同僚の先生から教育について助言を求められたことのある方は20%以下です。本学では，この表彰はあまり広く知られていません。アンケート用紙を送ったとき，自分がエクセレント・ティーチャーズに選ばれたことを知らない先生がいました。現在はエクセレント・ティーチャーズの名前は評価室のウェブサイトに公表されています。

　以上たいへん小規模な調査ですが，本学のFDプログラムの次の段階で，私たちと共に働いてくださる人的資源として，本学の教員を有効に活用し，相談・助言体制を整備することが可能だと示唆されました。

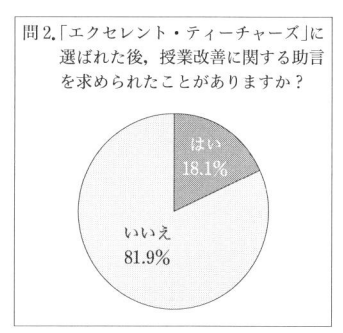

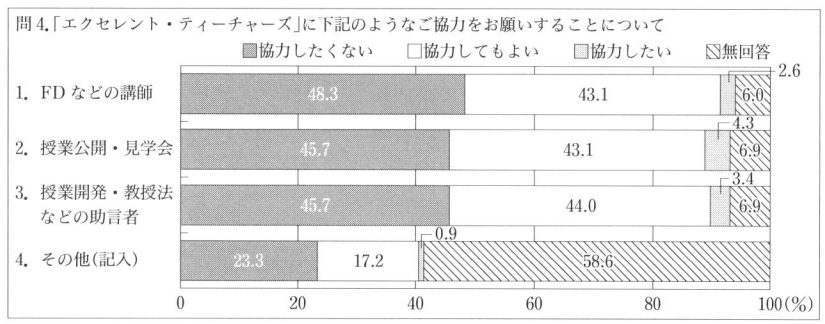

図Ⅳ-7　エクセレント・ティーチャーズの活用の可能性

質疑応答

(教室の文化の違い)

質問1：欧米と日本の間には，FD環境の組織構成だけではなく，教室の文化の点で大きな違いがあるのではないでしょうか？　私の学校では，学生が授業を理解できないのは学生の落ち度で，教師の落ち度ではないと考える先生が多いと思います。これらの先生は古典的儒教的なスタイルで学んできたのです。そのような教室で，どうしたら西洋風のFDのアプローチを促進できるでしょうか？

山岸：本学のFDプログラムでは，シラバスの作成にあたって常に学生中心の授業目標の設定を強調し，先生方に，学生中心に考えてください，各部局や教員の仕事は学生の学習を促進することですとお話ししています。

細川：私の経験では，責任は教員の側にある場合も多いと思います。ただ，教員がこれを納得するには長い時間がかかるでしょう。

学生中心の教育について，北海道大学教育倫理綱領には，教員は「すべての学生に自律的個の確立を促し，その人格を尊重し，敬意をもって接する」「学習目標を明確に示し，つねに授業改善に努め，学生の自主的な学習を支援する」という風に記されています(214ページ参考5)。

質問：日本の先生のなかには，自分が習ったやり方で学んできたことに誇りを持ち，日本古来のスタイルに愛着を持っていらっしゃる方もいます。そういう先生はこのシンポジウムで語られるようなFDのスタイルの枠からはみ出すのかもしれませんが，アカデミックな視点からは，能力と熱意のある教師かもしれません。それまで否定してしまったら，非常にもったいないというか，ほかにもっとよい物差しはないものか，という気持ちで質問させていただきました。

小笠原：それはFDプログラムを実施するときにいつも出てくる意見で，また主催者がいつも感じる問題でもあります。私たちは10年以上FD活動をやってきて，世界のさまざまな国におけるいろいろな例も見聞きしましたが，今の問題は日本だけの問題ではなく，実は世界共通の問題で，どこの国でも「古きよき時代」の教育への愛着があります。何とかそのよさも保ちな

がら変えていかなければならないということで，このような FD 活動が行われているわけです。

ちなみに，北海道大学の FD では教育のやり方について何かをお伝えすることはあまりありません。私たちが今までやってきたのは，シラバスを書かなければなりませんという話と，シラバスの書き方の指導で，実際の講義のやり方についてはあまり話しません。ところがここ 4〜5 年は参加者のアンケートでも，授業の新しいやり方，あるいは効果的な授業のやり方を FD のなかで教えてほしいという要望が参加者のほうから出てきています。ですから，時代の流れとしては，日本の FD でも授業のやり方をこれから教えないといけないのかなと思いはじめています。

注1) 米国で定着している職業教育の一つ。中学生や高校生が半日程度，企業を訪ねて従業員に密着し，職場での仕事ぶりを観察する。さまざまなキャリア選択があることに気づくための探索活動で，職場で実務体験を積むインターンシップとは目的が異なる。

References

Brinko, K. T. & Menger, R. J. (Eds.) (1997). *Practically Speaking: A Sourcebook for Instructional Consultants in Higher Education*. Stillwater, OK: New Forums Press, Inc.

Morrison, D. E. (1997). "Overviews of Instructional Consultation in North America." In Brinko & Menger, 1997, 121-130.

佐藤浩章(2009)．FD における臨床研究の必要性とその課題――授業コンサルテーションの効果測定を事例に――．名古屋高等教育研究，9，179-198．

田口真奈，西森年寿，神藤貴昭ほか(2006)．高等教育機関における初任者を対象とした FD の現状と課題．日本教育工学会論文誌，30(1)[2006.5]，19-28．
http://ci.nii.ac.jp/naid/110006794598

(参考5) 北海道大学教育倫理綱領

　北海道大学は，札幌農学校に遡る長い歴史の中で，「フロンティア精神」，「国際性の涵養」，「全人教育」，「実学の重視」という教育研究の基本理念を培い，教育の基本的目標を，豊かな人間性と高い知性を涵養する幅広い人間教育，自由・自主独立の精神の涵養と自律的個の確立，人権を尊重し，社会的要請に的確に対応しうる基盤的能力の育成を目指すと定めている。これらの目標を達成するために，北海道大学の教員は，自らを律する規範を次のように定める。

第1　教員は，すべての学生が「高邁なる大志」を育み，新しい道を切り拓くことができるよう，模範と指針を示し，自由な学風の醸成に努める。
第2　教員は，すべての学生に自律的個の確立を促し，その人格を尊重し，敬意をもって接する。
第3　教員は，学習目標を明確に示し，つねに授業改善に努め，学生の自主的な学習を支援する。
第4　教員は，学生に明確な成績評価基準を示し，学習目標に即した公正な評価を行う。
第5　教員は，きめ細かな学生指導に努め，個人情報の保護に最大限の注意を払う。

4. 国際シンポジウムのまとめとその後の展開

> 筑波大学・北海道大学共催 2009 年度国際シンポジウム
> 《高等教育におけるプロフェッショナル・ディベロップメント》のまとめ
>
> 　　　　　　　　　　　　筑波大学　副学長　清水　一彦
> 　　　　　　　　　　　　北海道大学　副学長　脇田　稔
>
> 　シンポジウムにおいてわれわれは，高等教育の質の向上のため，プロフェッショナル・ディベロップメント(PD)推進の方策について討論し，以下のような目標を提起し，その実現の必要性を確認した。
> 　1．わが国の大学の FD 活動を，TA 研修，次世代教員養成(PFF)およびスタッフ支援プログラムを含む，プロフェッショナル・ディベロップメントというより広い一体的なアプローチとしてとらえること。
> 　2．データに基づいた教育改善と質保証をさらに推進すること。
> 　3．両大学において，能動的学習，混成型 e-ラーニング，ラーニングマネージメントシステム，マイクロティーチング，ティーチング／ラーニング・ポートフォリオなどの手法を研究・活用すること。
> 　さらに，PD プログラムを推進するため，両大学が全国的なネットワークの形成・普及に重要な役割を果たすことを提言する。
>
> 　　　　　　　　　　　　　　　　　　　2009 年 7 月 31 日，札幌

シンポジウムの終わりに，筑波大学と北海道大学の間で以上のような認識を確認し，その後，以下のような展開があった。
1)「FDネットワーク代表者会議(JFDN)」が，全国のFDネットワークをつなぎ，課題や知恵を共有し，それぞれのネットワークを活性化していくことを目的として，2009年9月に設立された。
(http://www.highedu.kyoto-u.ac.jp/fd/project/fdjfdn/)
2) 筑波大学での体験ワークショップの成功を受けて(105, 127, 140, 141ページ)，北海道大学でもフォンヘーネ先生，ソラッコ先生を講師として「大学院生のための大学教員養成(PFF)講座：ティーチングとライティングの基礎」を2010年3月，7月，2011年7〜8月に試行した。
(PFF Workshop 2011, http://socyo.high.hokudai.ac.jp/PFF2011.pdf)
3) 中央教育審議会答申「グローバル化社会の大学院教育——世界の多様な分野で大学院修了者が活躍するために——」(2011年1月)は〈TAの組織的導入と学生の教育指導能力の向上〉について以下のように記している。

　学生にとって，ティーチング・アシスタント(TA)は，単なる経済的支援としてのみならず，教育経験を積むことを通じてこれまで学修した知識を定着させる機能を果たし，また，高度な専門性に加え全体を俯瞰しながら知識・能力を教授することが求められる大学教員等の養成に重要な機能を果たす。優れたTAの存在は大学教育の質を高めることから，TAの取組を充実した修士課程・博士課程(前期)等の教育活動の中で組織的に推進することが求められる。
　国は，大学教員の教育力の向上のため，共同利用拠点の形成や，大学院における優れた大学教員の養成のための取組(プレFD)等を促すことが必要である。
(http://www.mext.go.jp/component/b_menu/shingi/toushin/__icsFiles/afieldfile/2011/03/04/1301932_01.pdf)

(2011年12月，安藤　厚)

結　語

細川　敏幸

諸外国の大学改革の現状

　本書を読まれた方は，PD・FD がテーマであるにもかかわらず，その議論の対象が多岐にわたっていることに驚かれたであろう。しかし，PD・FD の最終目的が教員研修を通して大学をよくすることである以上，大学改革に関連するすべての事項が議論の対象になるのは当然である。

　政府のかかえる 1000 兆円になろうとする膨大な財政赤字の影響は別にしても，高等教育にとって現在は変革の時代である。まず，18 歳人口が 30 年前に比較して半分になった。さらに，およそ 2 割あまりだった大学進学率が 5 割を超えた。日本の高等教育は，トロウ博士が 1960 年代に発表した，大学発展の 3 段階説の最後となる「ユニバーサル段階」に到達したのである。これは大学の大衆化と学生の多様化を意味し，大学はそれに応じた変化を求められている。すなわち，学生の量的な変化に対応して，高等教育の質を変えなければならない。それには，大学の管理・運営，財政，カリキュラム，授業編成，教員の採用と養成，学生の選抜方針，研究活動への援助方法，学生と教師の関係など，多岐にわたる改革が要求される。

　北海道大学における過去 20 年間の多くの教育改革はこの路線に沿っているが，まだ端緒についたにすぎない。我々がモデルとしている欧米の大学は日本以上のスピードで改革を進めている。またいくつかのアジア諸国の大学改革はすでに日本を追い越している。タイムズ誌 2010〜2011 年世界大学ランキングで香港大学がアジア 1 位に選定されたことはその一つの表れである。

　社会の仕組み自体も大きく変貌しつつある。冷戦後の社会のグローバル化と，コンピュータおよびインターネットの急速な普及がその大きな要因であ

る。これらの事情から，現在世界の大学にあまねく，国際化への対応と，急変する社会から要望される職業教育の実施が期待されている。

欧米の大学改革は，日本の大学を尻目に，この20年で大きく進展している。最初の10年では研究志向の大学から，研究と教育のバランスのとれた大学に変貌した。研究大学が教育に力を入れるようになった一方で，教育中心のリベラルアーツ大学が研究にも留意するようになったのである。

さらにこの10年間に，欧米の大学は研究者養成の象牙の塔から，労働需要に合わせた教育を行う機関に変わりつつある。すなわち，学士課程教育では，これまでの学部学科ごとの教育を刷新して，現代の職業分野に合わせたコースを設置する大学が現れた(メルボルン大学，ハーバード大学など)。メルボルンモデルでは，人文，生物医学，商業，環境，音楽，科学という六つのコースしかない。従来の学部学科はすでに消滅している。

大学院教育では，研究者養成だけではなく，専門分野の教育者，解説者としての能力の獲得を教育目標として掲げるようになってきた。これからの博士号取得者は研究能力だけではなく，教育能力も要請されるため，大学院の授業にPFFプログラムが導入され，TAの経験が必須になりつつある。

我々が留意すべきは，この変化が先進国だけではなく新興国・発展途上国でも起きており，日本を凌駕しながら世界が大きく変わりつつある点である。中国，韓国，台湾，シンガポールなどが国策として大学改革を急速に進め，日本の大学制度は旧弊なものになってきている。

本書のもとになった国際シンポジウムには，米国，カナダ，中国，韓国からの大学教職員が出席し，各国の大学改革の経緯と現状を生の言葉で述べている。読者のみなさんはこれらの記述を，よく吟味していただきたい。

たとえば，ワシントン大学のナイキスト先生は「学内諸組織の連携によるFDプログラム」のなかで，Ph.D.の育成過程を調査する研究プロジェクトについて述懐している(17ページ)。日本の企業からPh.D.取得者に寄せられる期待は，研究能力以外は，グローバルな研究に適応できる能力やコミュニケーション能力に，いまだ留まっている。しかし，10年前の米国でPh.D.取得者を採用した企業や政府機関など，あらゆる職種から寄せられた注文は

ただ一つ，「あなた方の学生は効果的に教えるための準備ができていない」だった。教育能力が必要とされるのは大学教員のみと，たかを括っていた当時の大学教員には衝撃的な内容である。考えてみれば，どんな組織でも中堅になると新入社員に教えることは山ほどある。教育能力はすべての職場で必須である。大学院の教育目標に教育能力の養成を加えた背景はここにある。

ナイキスト先生は，米国の大学に授業コンサルテーションを導入したパイオニアとして知られている。今回ご提供いただいた，マイクロティーチングのための①教員用準備ハンドアウト②マイクロティーチングワークシート③建設的フィードバックの方法④評価フォーム⑤ファシリテーターの手引き⑥ファシリテーターの言葉は重要で，これだけの資料があれば誰でもマイクロティーチングを自校で試すことができる。

清華大学のシ・ジンファン先生，ソウル大学のイ・ヘジュン先生の発表からは，中国，韓国の大学の変貌の様子と，FDの重要性が理解できる。私たちの研究部門では，最近シンガポール，インドネシアの大学におけるFDを調査した。新任教員の研修はいずれの大学でも行われており，パランカラヤ大学（インドネシア）では新任教員研修に米国よりも長い3週間を費やしている。教員研修を軽視してきた日本とは大きな違いがある。

ダルハウジー大学のテイラー先生と，カリフォルニア大学バークリー校のフォンヘーネ先生，ソラッコ先生の発表からは，米国・カナダの大学でTA制度とPFFプログラムがいかに重要視されているかが分かる。

インディアナ大学のウィメー先生と同志社大学の山田礼子先生は，いわゆるIR（Institutional Research：大学調査）の意義と重要性について発表された。PDCAサイクルに基づいて運用される大学の経営では，必ず何種類かの調査によりその成果が検証されなければならない。ここで紹介されている調査はそのためのツールである。北米では数百校の大学を対象に，毎年同一のアンケートが実施され，大学の評価に利用されている。同一であることが重要で，この結果を他校や全国平均と自校とで比較できる。一般に自校のデータのみを公表することはないようだが，教育改革の参考資料として重要な役割を担っている。他校に比べて自校の長所と弱点の認識が可能になり，

その弱点を補強することで自校の質を高めることができるからである。

FD の将来像

上記のような急速な変化に追いつくためには，大幅な制度改革とそれにともなう研修が必要になる。当分の間，教育制度改革と FD とは大学改革の車の両輪として補完し合うことになるだろう。

北海道大学では，本シンポジウムと並行して 2008 年度から FD の将来像を探る 3 年間の研究プロジェクトを実施し，教育の基本の習得と授業設計を基本にした従来の初任者研修の次のステップの研修を模索した。その結果，今後の課題は①教育倫理に関する研修②教員になる前段階（大学院生）の研修③国際化に対応した研修④中堅教員の研修であることが分かってきた。

①北海道大学教育倫理綱領は 2009 年 6 月に制定された（214 ページ参考 5）。教育の基本となる倫理綱領は，職業人としての教員には本来必要だが，日本の大学では今でも制定されている例はまれで，研修で伝える必要がある。教育倫理については 3 年前から本学の初任者研修（教育ワークショップ）に導入した。

②大学院生の教育に関する学習は，米国ではすでに正課に組み込まれている。将来教員になるためだけではなく，研究者・専門職としても自分の研究分野を社会や後輩に説明できなければならない。いかなる職業でも，後輩に教育を行う能力が必要で，職業教育の一環として教育力の養成が必須である。さらに，現在の日本の TA 制度では教員の補助的役割に留まっている大学院生の業務を，本格的な授業指導にまで高め，PFF 教育と一体で実施することにより，教育能力を修得する研修機会を設ける必要がある。

③国際化に対応した研修も必要である。英語による講義は大学院から始まり，次第に一般化していくだろう。国際化は教員にも学生にも要求されるので，教員や大学院生を対象にした効果的な研修が期待される。本学では，フォンヘーネ先生，ソラッコ先生をお招きして「大学院生のための大学教員養成（PFF）講座：ティーチングとライティングの基礎」を計 3 回開催し，②と③に対応する研修を試行した（105，127，140，141，216 ページ）。

大学改革は休むことなく続く。そのなかで④中堅教員はマネジャーとして改革の中枢を担う必要がある。そこで要求されるのは，研究でも教育でもなく，管理運営の能力である。私たちは誰もこれについて教育を受けていない。教育なら少なくとも学生として講義を受けた経験はあるが，管理運営の能力はしかるべき責任者になった途端に要求される。本学では 2010 年度に初めて中堅教員のマネジメント能力を養成する研修を試行し，2011 年度には第 1 回「教育改善マネジメント・ワークショップ」を本格実施した。

　研修は，一つの大学だけで行うのは人材や予算の調達が難しいことがある。地域コンソーシアムを媒介に協力し合うことが大切である。北海道地区では 2009 年からその活動を開始した。

　今後の教員研修は以上のような路線に沿って進展していくだろう。しかし，何の組織もなくこのような研修を運用することはできない。欧米の多くの大学やアジア諸国の先進的な大学では，教員研修と学生の学習サポートを行うために CTL (教育学習センター) が設置されている。日本でも教員数の多い総合大学では，同様な学習・教育支援のためのセンター創設が期待される。

　また，教育評価・IR(大学調査)機能の拡充も重要である。米国では，たとえばワシントン大学の教育評価室(OEA)，ポートランド州立大学の教育評価委員会(IAC)など，教育学習成果の評価担当部門が置かれ，全米学生調査(NSSE)からクラスレベルの調査まで，さまざまな調査・分析を支援している。今後は日本の大学でも，こうした機能の強化が期待される。

　山田先生が紹介されている，戦略的連携取組「相互評価に基づく学士課程教育質保証システムの創出——国公私立 4 大学 IR ネットワーク」(169 ページ)においては，IR システム(IRiS)が公開された(https://iris.irnw.jp/)。教育改善，教員支援の有力なツールとなるので，今後も IR ネットワークが維持発展されることを期待している。

大学院教育の将来像

　世界の大学の学士課程教育にメルボルンモデルが採用されつつあり，大学院教育では教育能力の獲得がアメリカ型大学院教育モデルの目標として定着

しはじめている。Ph.D. 取得者の就職先からの，教育能力の育成が必要という要望が，米国の多くの研究大学で取り入れられるようになってきたのである。この目標達成のためには二つの制度が必要である。

一つは，TA 研修，PFF 講義など，講義や研修の形式の学習機会である。現状では，日本でこれらの学習機会を導入している大学はきわめて少ない。北海道大学の TA 研修と PFF ワークショップはその希有な例であるが，筑波大学など，ほかの大学でも導入が始まっており，今後の展開に期待したい。

もう一つ必要なことは，TA 制度の拡充である。教育について学習するだけでは不十分で，実際に教育の場に立つべきである。日本の TA は教員の補助が主たる役割であり，出欠をとったり，資料を用意したりする程度の用務であることが多い。それにともない通常時給1300円程度，1科目1学期働いても4万円程度の収入しかない。米国では，TA は教員とほぼ同じ業務を行う。授業そのものはもちろんのこと，成績評価も彼らの仕事である。そして，週20時間働いて年間100～150万円前後の報酬を得ることができる。もともと，働き口が少ない田舎の大学で学生のアルバイトのために始められた TA 制度であるが，現在では大学院教育の一環として重要な役割を担うようになってきた。北海道大学を含め日本の大学では，この本格的な TA 制度（Graduate Student Instructor: GSI; Teaching Fellow: TF など呼び名はさまざまである）の導入を検討しはじめている。

おわりに

17世紀の科学革命，18世紀の産業革命にヨーロッパの大学が何も寄与しなかったことは，高等教育の歴史をひもとくと，必ず言及されている。ニュートンの力学は彼の死後100年以上もケンブリッジ大学で教えられたことはなかった。のちに蒸気機関車の実用化に成功するスチーブンソンは学力を得るために，大学ではなく小学校に入り直した。

しかし，19世紀になると，化学工学がドイツの大学で教育，研究されるようになり，大学が歴史上初めて産業やその雇用と密接な関係を築くようになった。11世紀の大学創設以来の職業教育であった神学，法学，医学に加

えて，工学，農学，科学などの職業教育を開始し，現在の大学のあり方の基礎ができた。ベルリン大学をモデルとした研究中心の，いわゆるフンボルト型大学の誕生である。これは歴史上大きな改革であった。

世界の高等教育は，今また急激な改革のなかにある。高校との接続では，ギャップ・イヤー(Gap Year: GY)を採用する国が増えている。GYは高校卒業後1年程度社会に出て労働の経験を積み，そのうえで大学を受験する制度である。GYを経験した学生は4年後の就職に際して堅実で，決してすぐに退職したりしないそうである(朝日新聞2011年8月3日朝刊)。

学士課程教育ではメルボルンモデルを採用する大学が出てきている。従来の学部学科に縛られず，六コース程度を設定し，就職に直結する教育を行う仕組みである。また，教育方法も従来の講義一辺倒から，学生の自主的な集団の活動を促すActive Learning(能動的学習)を取り入れた授業に変化してきている。それはeラーニングやクリッカーなどの新しいICTを利用した双方向型教育や，グループ学習やディベートなどの小グループ学習が創り出す，学生参加型の授業である。

大学院教育ではTA制度とPFF教育を組み合わせた教育能力をつける試みが多くの大学に取り入れられつつある。全米でPFF教育を導入した大学は70を超え，研究大学の半分がすでに導入している(フォンヘーネ先生私信2011年8月)。その狙いは，上記のようにPh.D.取得者の就職対策である。

以上の三つの改革はいずれもキャリア教育に端を発している。21世紀の高等教育は，20世紀型の細分化された学部・大学院教育を脱し，就職後において適応能力の高い卒業生を送り出すべく再編されるようになってきている。日本の大学すべてが，このような高等教育改革の本質を理解し，さらなる改革に勇気を持って乗り出すことを期待したい。

教育制度改革とFD研修は車の両輪である。改革の速やかな導入には研修が必要になる。今回の発表者一同，そのために本書が利用され役立つことを願っている。

(2011年12月)

(参考6) 国際シンポジウムプログラム

国際シンポジウム
《高等教育におけるプロフェッショナル・ディベロップメント》

2009年7月27日(月)～7月31日(金)
筑波大学・北海道大学共催

プログラムA in つくば
日時：2009年7月27日(月)～28日(火)
場所：つくば国際会議場(茨城県つくば市)

第1日：7月27日(月)(会場：大会議室101，小会議室405)
　　　　　　　　国際ワークショップ
　　　「若手研究者のためのプロフェッショナル・ディベロップメント」
　　司会：石田　東生(筑波大学教育企画室長，システム情報工学研究科教授)
10:00-10:05　**開会挨拶**　清水　一彦(筑波大学副学長，教養教育機構長)
10:05-10:15　講師およびカリフォルニア大学バークレー校の紹介
　　宮本陽一郎(筑波大学人文社会科学研究科教授)
10:15-10:45　バークレー校における先進的なPFFプログラム
　　リンダ・フォンヘーネ(米国・カリフォルニア大学バークレー校GSI教育資源センター長)
　　サブリナ・ソラッコ(米国・カリフォルニア大学バークレー校大学院機構アカデミックサービス部長)
11:00-16:00　ワークショップ①　TAを活用した成績評価基準の作り方と使い方
　　リンダ・フォンヘーネ
　　コーディネーター：宇田川拓雄(北海道教育大学函館校教授，北海道大学高等教育機能開発総合センター研究員)
　　　　ワークショップ②　研究成果を発信するためのアカデミックライティング実践
　　サブリナ・ソラッコ
　　コーディネーター：宮本陽一郎
　*12:30-14:30　昼休み

第2日：7月28日(火)(会場：中ホール200)
国際シンポジウム「教養教育・初年次教育のための
先進的プロフェッショナル・ディベロップメントの試み」
総合司会：小笠原正明(筑波大学特任教授)
13:30-13:35　開会挨拶　清水　一彦
13:35-14:00　講演1　バークレー校のGSIとともに教える教員セミナー
　　リンダ・フォンヘーネ
　　司会：小笠原正明
14:00-14:25　講演2　将来の教員のためのアカデミックライティング
　　サブリナ・ソラッコ
　　司会：宇田川拓雄
14:25-14:50　講演3　高等教育における質の高い混合型eラーニングのための
　　　　　　チュータリングシステム構築への挑戦
　　イ・ヘジュン(韓国・ソウル国立大学教育学習センターe-Learningサポート
　　　部長)
　　司会：石田　東生
14:50-15:15　講演4　日本における初年次教育の展開〜その発展過程と現状の
　　　　　　課題〜
　　山田　礼子(同志社大学社会学研究科教授，教育開発センター所長，北海道
　　　大学高等教育機能開発総合センター研究員)
　　司会：溝上智恵子(筑波大学FD委員会委員長，図書館情報メディア研究科
　　　教授)
15:15-15:30　休　憩
15:30-15:55　講演5　筑波大学における教養教育の再構築〜筑波スタンダード
　　　　　　に基づく世界水準の教養教育を目指して〜
　　石田　東生
　　司会：溝上智恵子
16:00-17:25　パネルディスカッション
　　パネリスト：リンダ・フォンヘーネ，サブリナ・ソラッコ，イ・ヘジュン，
　　　山田礼子，石田東生
　　コーディネーター：宮本陽一郎
17:25-17:30　閉会挨拶　溝上智恵子

プログラム B in 札幌
日時：2009年7月30日(木)～31日(金)
場所：北海道大学　情報教育館

国際シンポジウム「プロフェッショナル・ディベロップメントの諸相」
第1日：7月30日(木)(会場：3F　スタジオ型多目的中講義室)
　　司会：細川　敏幸(北海道大学高等教育機能開発総合センター教授)
 9:00- 9:30　開会挨拶
　　脇田　稔(北海道大学副学長，高等教育機能開発総合センター長)
 9:30-12:00　セッション1：高等教育におけるプロフェッショナル・ディベ
　　　　　　ロップメント～カナダと米国の事例～
講演1-1　研究大学におけるGTA(Graduate Teaching Assistant)訓練～ダルハウジー大学の事例～
　　K・リン・テイラー(カナダ・ダルハウジー大学学習教育センター長)
講演1-2　(発表取りやめ)
講演1-3　北海道大学における新任教員研修，FD，TA研修
　　細川　敏幸
ディスカッション　日本と米国におけるプロフェッショナル・ディベロップメント
　　石田　東生
　　ジョディ・D・ナイキスト(米国・ワシントン大学名誉教授，授業開発研究
　　　センター名誉センター長)
12:00-13:00　昼休み
13:00-16:00　セッション2：高等教育におけるプロフェッショナル・ディベ
　　　　　　ロップメント～中国と韓国の事例～
講演2-1　清華大学の組織的プロフェッショナル・ディベロップメント戦略
　　シ・ジンファン(史静寰，中国・清華大学教育研究院常務院長・教授)
講演2-2　ファカルティー・ディベロップメントと教育の質保証～ソウル国立大学の事例～
　　イ・ヘジュン
講演2-3　日本の大学におけるティーチング・センターとプロフェッショナル・ディベロップメント
　　宇田川拓雄
17:30-19:30　情報交換会(札幌アスペンホテル)

第2日：7月31日(金)(会場：3F　スタジオ型多目的中講義室)
　　司会：山岸みどり(北海道大学高等教育機能開発総合センター教授)
 9:00-12:00　セッション3：プロフェッショナル・ディベロップメントの手法1
講演3-1　学生の学習成果向上のための教員研修～授業成果に関する学生調査～
　　ジュディス・アン・ウィメー(米国・インディアナ大学学士課程教育担当副学長補佐，北海道大学高等教育機能開発総合センター客員准教授)
講演3-2　同志社大学のティーチング改善のための学生調査JFS(新入生調査)とJCSS(上級生調査)
　　山田　礼子
講演3-3　ワシントン大学授業開発研究センターにおけるマイクロティーチング
　　ジョディ・D・ナイキスト
講演3-4　日本の大学における授業開発コンサルタント(Instructional Consultants)の課題
　　山岸みどり
12:00-13:00　昼休み
13:00-16:00　セッション4：プロフェッショナル・ディベロップメントの手法2
講演4-1　カリフォルニア大学バークレー校の大学教員養成研修(PFF)
　　リンダ・フォンヘーネ
講演4-2　日本の大学における大学教授養成
　　宇田川拓雄
講演4-3　アカデミックサービス～カリフォルニア大学バークレー校における大学院生のためのアカデミックライティング・プログラム～
　　サブリナ・ソラッコ
ディスカッション　日本と米国におけるアカデミックライティング
　　宮本陽一郎
　　トム・ガリー(東京大学教養学部附属教養教育開発機構特任准教授，クリティカル・ライティング・プログラム)
　　司会：瀬名波栄潤(北海道大学文学研究科准教授)
16:00　　**閉会挨拶**
　　安藤　厚(北海道大学高等教育機能開発総合センター高等教育開発研究部長，文学研究科教授)

英語用語索引

英語用語(短縮形)(日本語訳) ··p.
　　　　　　　　　　　　　　　　　　　　＊つきの語は対象が多いためページは省略

A

academic integrity(アカデミックインテグリティ，学問における誠実さ) ············83, 116
active learning(能動的学習) ··208, 215, 223
Active Learning of English for Science Students(ALESS)(理系学生のための能動的英語学習)··144-146
advisor/supervisor(指導教官) ····················25, 84, 94, 99, 122-123, 130, 133, 137-138
Amherst College(アマースト大学) ··170
Association of American Colleges and Universities(AAC&U)(全米大学協会)
··103, 110

B

Blackboard ···69

C

Canadian Association for Graduate Studies(CAGS)(カナダ大学院教育研究協会)
··100
cap rule(CAP 制)(履修登録単位数の上限設定) ··189
career development(キャリア開発) ··4-5
Carnegie Academy for the Scholarship of Teaching and Learning(CASTL)(カーネギー教育学習研究アカデミー) ··32
Carnegie Classification of Institutions of Higher Education(カーネギー財団の大学分類)··117-118, 120-121, 125-126
Carnegie Foundation for the Advancement of Teaching(カーネギー教育振興財団)
··32, 102
Catalyst(IT 活用支援グループ) ··20
Center for Academic Excellence(CAE)(高等教育卓越性センター) ················204
Center for Curriculum Transformation(カリキュラム転換センター) ····················20
Center for Engineering Learning and Teaching(CELT)(工学学習教育センター)
···20-21
Center for Instructional Development and Research(CIDR)(授業開発研究センター)
··20-21, 24-27, 29, 32, 35, 50, 102, 204-205, 226-227
Center for Teaching and Learning(CTL)(教育学習センター)
··21, 65, 67-69, 71-73, 75-76, 116, 203, 221, 225
Center for the Advancement of Learning and Teaching(CALT)(学習教育推進センター) ··27, 204

Certificate in University Teaching and Learning (CUTL) (大学教育学習資格認定証明書) ··86, 90-100, 117, 125
Classroom Survey of Student Engagement (CLASSE) (授業調査) ··················153-168
CNLT 5000 ···86, 88-89
College Impact Theory (カレッジインパクト理論) ···············169, 172-173, 181-182, 184
College Senior Survey (CSS) (上級生調査) ···172, 184
Columbia University (コロンビア大学) ··7
Committee for Protection of Human Subjects (被験者保護委員会) ···············128-129
Committee on Science, Engineering, and Public Policy (COSEPUP) (科学工学公共政策委員会) ··21
computer assisted language learning (CALL) 授業 ··14
consultant (コンサルタント) ···26, 33, 68, 203-213, 227
consultation/consulting (コンサルテーション/コンサルティング)
 ··6, 12, 21-22, 50, 68, 76, 116, 128, 130-131, 195, 203-213, 219
Council of Graduate Schools (CGS) (大学院協会) ···103, 110
curriculum development (カリキュラム開発) ·······································4, 61, 83, 144-145

D

Dalhousie University (ダルハウジー大学) ···············6-7, 67, 79-103, 112, 199, 219, 226
Digital Rights to Management (DRM) Board ···69, 71

E

educational development (ED) (教育開発) ························4-5, 7, 80-81, 86-87, 97, 101
English as a Second Language (ESL) (第二言語としての英語) ·······················122, 145
e-teaching and learning (eTL) ··69, 71

F

facilitator (ファシリテーター, 進行役) ········30-31, 33-34, 36-40, 47-48, 50-51, 139, 209, 219
faculty & TA developer (授業改善の専門家) ···5
Faculty Council on Instructional Quality (FCIQ) (授業の質保証委員会) ········20-21, 27
Faculty Council on Teaching and Learning (教育学習委員会) ·······························27
faculty development (FD*) (ファカルティ・ディベロップメント, 教員研修)
 ··1-5, 9-12, 47, 65, 83, 120, 153, 199, 217, 219, 221, 226-227
faculty professional development (FPD) (教員の能力開発) ·················5, 53, 56-60, 63
Faculty Senate (大学評議会) ··21
Faculty Survey of Student Engagement (FSSE) (教員調査) ·········6, 8, 153, 155-156, 165
Fulbright Programs (フルブライトプログラム) ···128
future faculty (将来の大学教員) ···5-6, 8, 67
future professionals (将来の専門職) ··5-6, 8, 142

G

gap year (GY) (ギャップ・イヤー) ··223
GI Bill (GI 法, 復員兵援護法) ···107
good practice (GP) (よい取組) ···69, 153, 155, 166-167
grade point average (GPA) 制度 ··189

grading rubric（成績評価基準） ……………………………………105, 115, 189, 214, 224
Graduate Council（大学院委員会） ………………………………………………112
Graduate Fellowships Office（大学院研究助成室） ………………………………128
graduate student instructor（GSI*）（大学院生講師） ………………………6, 107, 222
Graduate Student Instructor Teaching and Resource Center（GSI 教育資源センター）
　………………………………………………………105, 111, 114, 116-117, 224
Graduate Student Professional Development Program（GSPDP）（大学院生 PD プログラム） ……………………………………………………………………130, 139
graduate teaching assistant（GTA）（大学院生 TA）
　……………………………6, 8, 25-27, 43, 79-80, 83-88, 92-93, 102-103, 193, 226

H

human resource development（人材育成） ……………………………………4-5

I

Indiana University（IU）（インディアナ大学） ………………6-7, 153-168, 219, 227
information and communication technology（ICT）（情報通信技術） ……6, 65, 223
Input-Environment-Outcome（IEO）model（I-E-O モデル） ………………173, 182
Institutional Assessment Council（IAC）（教育評価委員会） …………………204, 221
institutional development（大学開発） ……………………………………58, 63
institutional research（IR）（大学調査） …………6-8, 61-62, 169, 183-184, 204, 219, 221
instructional development（授業開発） ……………………………4, 83, 210, 227
Instructional Skills Workshop（ISW）（授業スキルワークショップ） ……………43
Integrated Postsecondary Education Data System（IPEDS）（高等教育統合データシステム） …………………………………………………………………………125
IRiS（IR システム） …………………………………………………………221

J

Japanese College Student Survey（JCSS）（日本版上級生調査） ……………169-184, 227
Japanese Cooperative Institutional Research Program（JCIRP）（日本版大学生調査研究プログラム） ……………………………………………………………………172
Japanese Freshman Survey（JFS）（日本版新入生調査） ………………169-184, 227

L

learning management system（LMS）（学習管理システム） ……………69-70, 113, 215

M

mentor/mentoring/mentorship（メンター/メンタリング, 相談役/相談活動）
　…………………………22, 25, 59, 108, 111-112, 115-117, 119, 122-123, 129
microteaching（マイクロティーチング, マイクロ授業）
　…………………………6, 8, 24, 29-52, 67-68, 113, 129, 203, 209, 215, 219, 227
Mills College（ミルズ大学） ………………………………………………121, 125-126
Moodle ………………………………………………………………………69

N

National Academies(全米アカデミー) ……………………………………………18, 21
National Science Foundation(全米科学財団) ………………………………128, 135
National Survey of Student Engagement(NSSE)[ネッシー](全米学生調査)
　………………………………………………………………………………7, 153-168, 221
National University of Singapore(シンガポール大学) …………………………7

O

Office of Educational Assessment(OEA)(教育評価室) ……………20-21, 204, 221
Office of Minority Affairs and Diversity(OMAD)(マイノリティー支援・多様性推進室)
　……………………………………………………………………………………………20-21
Office of the Ombudsmen(オンブズマン相談室) ……………………………………24
On-the-Job Training(OJT)(オンザジョブトレーニング) …………………………99
Open Course Ware(OCW)(オープンコースウェア) ………………………………72
organizational development(組織開発) ……………………………………………4, 83

P

Pew Charitable Trusts(Pew)(ピュー財団) …………………………………17, 109
Ph.D.(博士号) ………………19, 27, 56, 83, 94, 110, 118-119, 132, 145, 204, 218, 222-223
plan-do-check-act cycle(PDCAサイクル) …………………………………200, 219
portfolio(ポートフォリオ)
　………………………6, 91, 98-99, 101, 113, 116-118, 123, 133, 137, 157, 171, 181, 215
Portland State University(PSU)(ポートランド州立大学) …………121, 203-204, 221
preparing future faculty(PFF*)(将来の大学教員養成)
　……………………………………11, 100, 105, 110-111, 114-117, 133, 137, 142, 149, 167
preparing future professionals(将来の専門職養成) ………………………………149
Professional and Organizational Development Network in Higher Education(POD)
　……………………………………………………………………………5, 7, 86, 102, 109, 149
professional development(PD*)(プロフェッショナル・ディベロップメント,能力開発)
　……………1, 3-5, 7-8, 19, 27, 53, 56, 79, 102-103, 109, 115, 127, 134, 146, 201, 215, 224-227

R

re-envisioning the Ph.D.(Ph.D.教育の見直し) ……………………6, 17, 27, 102, 106, 110
research assistant(RA)(リサーチアシスタント) …………………………………120
rubric(ルーブリック,評価指標) ……………………………………………………181

S

San Francisco State University(サンフランシスコ州立大学) ……………………7
self-paced instruction(SPIN)(自分のペースで学ぶ授業) …………………………163
Seoul National University(SNU)(ソウル国立大学) …………6-7, 65-76, 84, 219, 225-226
SMS ……………………………………………………………………………………………69
Sonoma State University(ソノマ州立大学) …………………………………………7
Speak Test ……………………………………………………………………………………121
St. Mary's College(セントメアリー大学) …………………………………………121

英語用語索引　233

staff development(SD)(職員研修) ……………………………………………4-5
Stanford University(スタンフォード大学) ………………………………7, 30, 43
steward(執事) ……………………………………………………………83-84, 102
student engagement(学生関与) ……………………………………………155-156
Student Information System(SIS)(学生情報システム) ……………………69
student union(学生組合) ………………………………………………75, 94, 100
supervisor(指導教官)：see "advisor"
Syracuse University(シラキュース大学) ……………………………………7

T

taxonomy(分類表) ……………………………………………………158, 166, 168
Teaching Academy(教育アカデミー) ……………………………………20-22, 204
Teaching and Learning Consortium(TLC)(教育学習コンソーシアム) ……20, 204
teaching assistant(TA*)(ティーチングアシスタント)
　　　　　……………………………………9, 21, 34-35, 40, 102, 107, 146, 194, 216
teaching assistant development(TAD)(TA研修*) ……………………………4
Teaching English to Speakers of Other Languages(TESOL)(他言語話者への英語教育) …………………………………………………………………………121
teaching fellow(TF) ………………………………………………………222
tenure(テニュア, 終身教授職) ………………………24-25, 68, 76, 118, 121, 131
Test of Spoken English(TSE)(口語英語試験) ………………………………121
the Freshmen Survey(TFS)(新入生調査) ……………………………………172
Tsinghua University(清華大学) ………………………………5-7, 53-64, 219, 226

U

Undergraduate Research Program(URP)(学士課程研究プログラム) ……20-21
University of California, Berkeley(UCB)(カリフォルニア大学バークリー校)
　　　　　………………………………………………………6-7, 105-140, 167, 219
University of California, Davis(UC Davis)(カリフォルニア大学デービス校) ……109
University of California, Los Angeles(UCLA)(カリフォルニア大学ロサンゼルス校)
　　　　　………………………………………………………………………110, 172
University of California, Santa Barbara(UCSB)(カリフォルニア大学サンタバーバラ校) …………………………………………………………………………117
University of Colorado(CU), Boulder(コロラド大学ボルダー校) ……………109
University of Hong Kong(香港大学) …………………………………………7, 217
University of Massachusetts(UMASS)(マサチューセッツ大学) ……………7, 30
University of Nevada, Reno(UNR)(ネバダ大学リノ校) ………………162-163
University of Palangka Raya(Unpar)(パランカラヤ大学) …………………219
University of Washington(UW)(ワシントン大学)
　　　　　………………………………6-7, 17-52, 67, 112-113, 203-205, 218, 221, 226-227

V

Voice Authoring Tool ……………………………………………………69, 71

日本語用語索引

日本語用語（英語訳）（短縮形） ···p.
　　　　　　　　　　　　　　　　　＊つきの語は対象が多いためページは省略

あ　行

IRシステム（IRiS） ··221
I-E-Oモデル（Input-Environment-Outcome（IEO）model） ·······················173, 182
IT活用支援グループ（Catalyst） ···20
アカデミックインテグリティ（学問における誠実さ, academic integrity） ··········83, 116
アマースト大学（Amherst College） ··170
インディアナ大学（Indiana University）（IU） ·····················6-7, 153-168, 219, 227
オープンコースウェア（Open Course Ware）（OCW） ··72
オンザジョブトレーニング（On-the-Job Training）（OJT） ··································99
オンブズマン相談室（Office of the Ombudsmen） ··24

か　行

科学工学公共政策委員会（Committee on Science, Engineering, and Public Policy）
　　（COSEPUP） ··21
学士課程研究プログラム（Undergraduate Research Program）（URP） ··········20-21
学習管理システム（learning management system）（LMS） ············69-70, 113, 215
学習教育推進センター（Center for the Advancement of Learning and Teaching）
　　（CALT） ···27, 204
学生関与（student engagement） ···155-156
学生組合（student union） ··75, 94, 100
学生情報システム（Student Information System）（SIS） ···································69
学問における誠実さ→アカデミックインテグリティ
カナダ大学院教育研究協会（Canadian Association for Graduate Studies）（CAGS）
　　··100
カーネギー教育学習研究アカデミー（Carnegie Academy for the Scholarship of
　　Teaching and Learning）（CASTL） ··32
カーネギー教育振興財団（Carnegie Foundation for the Advancement of Teaching）
　　···32, 102
カーネギー財団の大学分類（Carnegie Classification of Institutions of Higher
　　Education） ···117-118, 120-121, 125-126
カリキュラム開発（curriculum development） ·······················4, 61, 83, 144-145
カリキュラム転換センター（Center for Curriculum Transformation） ··············20
カリフォルニア大学サンタバーバラ校（University of California, Santa Barbara）
　　（UCSB） ···117
カリフォルニア大学デービス校（University of California, Davis）（UC Davis） ········109

カリフォルニア大学バークリー校(University of California, Berkeley)(UCB)
....6-7, 105-140, 167, 219
カリフォルニア大学ロサンゼルス校(University of California, Los Angeles)(UCLA)
....110, 172
カレッジインパクト理論(College Impact Theory) 169, 172-173, 181-182, 184
ギャップ・イヤー(gap year)(GY) 223
CAP 制→履修登録単位数の上限設定
キャリア開発(career development) 4-5
教育アカデミー(Teaching Academy) 20-22, 204
教育開発(educational development)(ED) 4-5, 7, 80-81, 86-87, 97, 101
教育学習委員会(Faculty Council on Teaching and Learning) 27
教育学習コンソーシアム(Teaching and Learning Consortium)(TLC) 20, 204
教育学習センター(Center for Teaching and Learning)(CTL)
....21, 65, 67-69, 71-73, 75-76, 116, 203, 221, 225
教育評価委員会(Institutional Assessment Council)(IAC) 204, 221
教育評価室(Office of Educational Assessment)(OEA) 20-21, 204, 221
教員研修→ファカルティ・ディベロップメント
教員調査(Faculty Survey of Student Engagement)(FSSE) 6, 8, 153, 155-156, 165
教員の能力開発(faculty professional development)(FPD) 5, 53, 56-60, 63
工学学習教育センター(Center for Engineering Learning and Teaching)(CELT)
....20-21
口語英語試験(Test of Spoken English)(TSE) 121
高等教育卓越性センター(Center for Academic Excellence)(CAE) 204
高等教育統合データシステム(Integrated Postsecondary Education Data System)
(IPEDS) 125
CALL 授業(computer assisted language learning) 14
コロラド大学ボルダー校(University of Colorado(CU), Boulder) 109
コロンビア大学(Columbia University) 7
コンサルタント(consultant) 26, 33, 68, 203-213, 227
コンサルテーション/コンサルティング(consultation/consulting)
....6, 12, 21-22, 50, 68, 76, 116, 128, 130-131, 195, 203-213, 219

さ　行

サンフランシスコ州立大学(San Francisco State University) 7
GI 法(復員兵援護法)(GI Bill) 107
GSI 教育資源センター(Graduate Student Instructor Teaching and Resource Center)
....105, 111, 114, 116-117, 224
執事(steward) 83-84, 102
指導教官(advisor/supervisor) 25, 84, 94, 99, 122-123, 130, 133, 137-138
GPA(grade point average)制度 189
自分のペースで学ぶ授業(self-paced instruction)(SPIN) 163
終身教授職→テニュア
授業改善の専門家(faculty & TA developer) 5
授業開発(instructional development) 4, 83, 210, 227
授業開発研究センター(Center for Instructional Development and Research)(CIDR)

　　　　　　　　　　　　　　　…………………20-21, 24-27, 29, 32, 35, 50, 102, 204-205, 226-227
　授業スキルワークショップ(Instructional Skills Workshop)(ISW) ……………43
　授業調査(Classroom Survey of Student Engagement)(CLASSE) …………153-168
　授業の質保証委員会(Faculty Council on Instructional Quality)(FCIQ) ………20-21, 27
　上級生調査(College Senior Survey)(CSS) ……………………………………172, 184
　情報通信技術(information and communication technology)(ICT) ……………6, 65, 223
　将来の専門職(future professionals) ……………………………………5-6, 8, 142
　将来の専門職養成(preparing future professionals) ……………………………149
　将来の大学教員(future faculty) ……………………………………………5-6, 8, 67
　将来の大学教員養成(preparing future faculty)(PFF*)
　　　　　　　　　………………………11, 100, 105, 110-111, 114-117, 133, 137, 142, 149, 167
　職員研修(staff development)(SD) ……………………………………………4, 5
　シラキュース大学(Syracuse University) …………………………………………7
　シンガポール大学(National University of Singapore) ……………………………7
　進行役→ファシリテーター
　人材育成(human resource development) ………………………………………4, 5
　新入生調査(the Freshmen Survey)(TFS) ………………………………………172
　スタンフォード大学(Stanford University) ……………………………………7, 30, 43
　清華大学(Tsinghua University) ……………………………………5-7, 53-64, 219, 226
　成績評価基準(grading rubric) ……………………………………105, 115, 189, 214, 224
　セントメアリー大学(St. Mary's College) ……………………………………121
　全米アカデミー(National Academies) …………………………………………18, 21
　全米科学財団(National Science Foundation) ……………………………………128, 135
　全米学生調査(National Survey of Student Engagement)(NSSE)[ネッシー]
　　　　　　　　　………………………………………………………7, 153-168, 221
　全米大学協会(Association of American Colleges and Universities)(AAC&U)
　　　　　　　　　……………………………………………………………103, 110
　相談役/相談活動→メンター/メンタリング
　ソウル国立大学(Seoul National University)(SNU) …………6-7, 65-76, 84, 219, 225-226
　組織開発(organizational development) ……………………………………………4, 83
　ソノマ州立大学(Sonoma State University) ………………………………………7

た　行

　大学院委員会(Graduate Council) ……………………………………………112
　大学院協会(Council of Graduate Schools)(CGS) ……………………………103, 110
　大学院研究助成室(Graduate Fellowships Office) …………………………………128
　大学院生講師(graduate student instructor)(GSI*) ……………………………6, 107, 222
　大学院生 TA(graduate teaching assistant)(GTA)
　　　　　　　　　………………6, 8, 25-27, 43, 79-80, 81, 83-88, 92-93, 102-103, 193, 226
　大学院生 PD プログラム(Graduate Student Professional Development Program)
　　　(GSPDP) ……………………………………………………………130, 139
　大学開発(institutional development) ……………………………………………58, 63
　大学教育学習資格認定証明書(Certificate in University Teaching and Learning)
　　　(CUTL) ……………………………………………………86, 90-100, 117, 125
　大学調査(institutional research)(IR) ……………6-8, 61-62, 169, 183-184, 204, 219, 221

大学評議会(Faculty Senate) ……………………………………………………………21
第二言語としての英語(English as a Second Language)(ESL) ………………122, 145
他言語話者への英語教育(Teaching English to Speakers of Other Languages)
　　(TESOL) …………………………………………………………………………121
ダルハウジー大学(Dalhousie University) ……………6-7, 67, 79-103, 112, 199, 219, 226
TA 研修*(teaching assistant development)(TAD) ……………………………………4
ティーチングアシスタント(teaching assistant)(TA*)
　　……………………………………………………9, 21, 34-35, 40, 102, 107, 146, 194, 216
テニュア(終身教授職, tenure)……………………………………24-25, 68, 76, 118, 121, 131

な　行

日本版上級生調査(Japanese College Student Survey)(JCSS) ……………169-184, 227
日本版新入生調査(Japanese Freshman Survey)(JFS) ……………………169-184, 227
日本版大学生調査研究プログラム(Japanese Cooperative Institutional Research
　　Program)(JCIRP) ………………………………………………………………172
ネバダ大学リノ校(University of Nevada, Reno)(UNR) ……………………………162-163
能動的学習(active learning) ……………………………………………………208, 215, 223
能力開発→プロフェッショナル・ディベロップメント

は　行

博士号(Ph.D.) ……………………19, 27, 56, 83, 94, 110, 118-119, 132, 145, 204, 218, 222-223
パランカラヤ大学(University of Palangka Raya)(Unpar) ………………………………219
Ph.D. 教育の見直し(re-envisioning the Ph.D.) ……………………6, 17, 27, 102, 106, 110
POD(Professional and Organizational Development Network in Higher Education)
　　……………………………………………………………………………5, 7, 86, 102, 109, 149
被験者保護委員会(Committee for Protection of Human Subjects) ……………128-129
PDCA サイクル(plan-do-check-act cycle) ……………………………………………200, 219
ピュー財団(Pew Charitable Trusts)(Pew) ……………………………………………17, 109
評価指標→ルーブリック
ファカルティ・ディベロップメント(教員研修)(faculty development(FD*))
　　…………………………………………1-5, 9-12, 47, 65, 83, 120, 153, 199, 217, 219, 221, 226-227
ファシリテーター(進行役)(facilitator) …30-31, 33-34, 36-40, 47-48, 50-51, 139, 209, 219
復員兵援護法→GI 法
フルブライトプログラム(Fulbright Programs)……………………………………………128
プロフェッショナル・ディベロップメント(能力開発, professional development)(PD*)
　　…………1, 3-5, 7-8, 19, 27, 53, 56, 79, 102-103, 109, 115, 127, 134, 146, 201, 215, 224-227
分類表(taxonomy) ………………………………………………………………158, 166, 168
ポートフォリオ(portfolio)
　　………………………………6, 91, 98-99, 101, 113, 116-118, 123, 133, 137, 157, 171, 181, 215
ポートランド州立大学(Portland State University)(PSU)……………121, 203-204, 221
香港大学(University of Hong Kong) ……………………………………………………7, 217

ま　行

マイクロティーチング(マイクロ授業, microteaching)
　　……………………………………………6, 8, 24, 29-52, 67-68, 113, 129, 203, 209, 215, 219, 227

マイノリティー支援・多様性推進室(Office of Minority Affairs and Diversity)
　　(OMAD) ··20-21
マサチューセッツ大学(University of Massachusetts)(UMASS) ·······················7, 30
ミルズ大学(Mills College) ···121, 125-126
メンター/メンタリング(相談役/相談活動, mentor/mentoring/mentorship)
　　···························22, 25, 59, 108, 111-112, 115-117, 119, 122-123, 129

や　行

よい取組(good practice)(GP) ··69, 153-155, 166-167

ら　行

理系学生のための能動的英語学習(Active Learning of English for Science Students)
　　(ALESS) ··144-146
リサーチアシスタント(RA)(research assistant) ···120
履修登録単位数の上限設定(cap rule)(CAP制) ··189
ルーブリック(評価指標, rubric) ···181
ワシントン大学(University of Washington)(UW)
　　··6-7, 17-52, 67, 112-113, 203-205, 218, 221, 226-227

安藤　厚(あんどう　あつし)
　　1947年生まれ
　　東京大学大学院人文科学研究科修士課程修了
　　北海道大学名誉教授　元北海道大学大学院文学研究科教授

細川敏幸(ほそかわ　としゆき)
　　1956年生まれ
　　北海道大学大学院環境科学研究科修士課程修了
　　北海道大学高等教育推進機構教授　医学博士(北海道大学)

山岸みどり(やまぎし　みどり)
　　1949年生まれ
　　ワシントン大学大学院博士課程修了
　　北海道大学高等教育推進機構教授
　　教育心理学 Ph.D.(ワシントン大学)

小笠原正明(おがさわら　まさあき)
　　1943年生まれ
　　北海道大学大学院理学研究科修士課程修了
　　北海道大学名誉教授
　　元北海道大学高等教育機能開発総合センター教授
　　工学博士(北海道大学)

プロフェッショナル・ディベロップメント——大学教員・TA研修の国際比較
2012年3月30日　第1刷発行

　　編著者　安藤　厚・細川敏幸
　　　　　　山岸みどり・小笠原正明
　　発行者　吉田克己

発行所　北海道大学出版会
札幌市北区北9条西8丁目　北海道大学構内(〒060-0809)
Tel. 011(747)2308・Fax. 011(736)8605・http://www.hup.gr.jp/

㈱アイワード　　©2012　安藤厚・細川敏幸・山岸みどり・小笠原正明

ISBN978-4-8329-6761-8

大学入試の終焉 ―高大接続テストによる再生―	佐々木隆生著	四六・280頁 定価1890円
21世紀の教育像 ―日本の未来へ向けて―	栃内香次 編著 木村　純	四六・280頁 定価1800円
北海道大学大学院教育学研究院研究叢書2 排除型社会を超える生涯学習 ―日英韓の基礎構造分析―	鈴木敏正著	A5・296頁 定価5800円
地域づくり教育の誕生 ―北アイルランドの実践分析―	鈴木敏正著	A5・400頁 定価6700円
環境科学教授法の研究	高村泰雄 丸山　博 著	A5・688頁 定価9500円
青年期を生きる精神障害者へのケアリング	葛西康子著	A5・254頁 定価6400円
脳障害者の心理療法 ―病識回復の試み―	小山充道著	A5・262頁 定価4500円

〈価格は消費税を含まず〉

北海道大学出版会